清代乾隆年间的显微镜（台北故宫博物院藏）

透明玻璃圆镜，两面微呈凸面，嵌于木框中，执以观物，有放大效果。收贮此件圆镜的木盒刻有丙子年（乾隆二十一年，1756）乾隆皇帝《咏显微镜》御制诗一首："玻璃制为镜，视远以堪奇。何来偎逮器，其名曰显微。能照小为大，物莫遁毫厘。远已莫可隐，细又鲜或遗。我思水清喻，置而弗用之。"

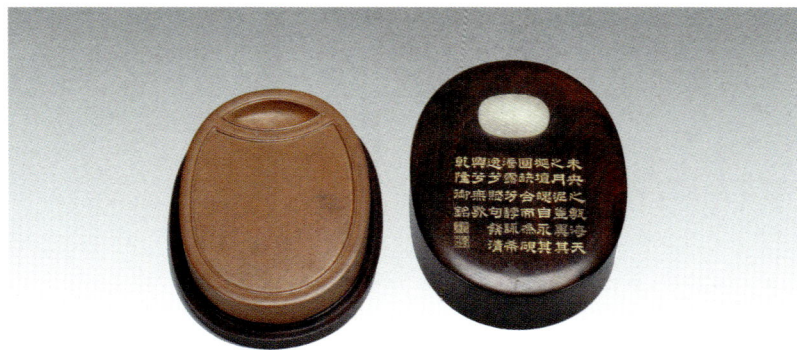

澄泥仿汉未央砖海天初月砚（台北故宫博物院藏）

清乾隆四十一年（1776）之后曾有大量仿制古砚。此砚为椭圆形，系以澄泥制作，砚额壁刻"仿汉未央砖海天初月砚"十字。砚背镌乾隆御题铭一首。

清代铁子母炮

中国清代制造的一种轻型佛郎机铳。由一门母炮和若干子炮组成。子炮可预先装填好弹药，战时轮流发射。具有较高的射速。

清代宫中餐具

青玉柄金羹匙、铜镀金胎掐丝珐琅万寿无疆碗、金镶木柄果叉、青玉镶金箸、金胎珐琅柄鞘刀。

清代咸丰帝御用甲胄

清代咸丰帝御用的主要用布和棉花制作的铠甲。以布为表里，内装棉花制成。清代八旗士兵大多装备棉甲，甲上钉有成排的金属圆钉，以增强防护效能，并起到装饰作用。

浙江杭州府天目山獅子禪寺住持臣僧行淳謹

奏為遵

旨進繳

御書御札恭謝

天恩事臣僧係福建延平府將樂縣人於順治五年叨依先

本師

勅封大覺普濟禪師座下侍奉巾鉢者貳拾餘年承先師付囑

嗣法先住報恩寺復奉遺命令住天目山纘念先師山

林野衲於順治拾伍年間紫

—1—

《宫中档康熙朝奏折》

清代宫中所藏康熙朝经皇帝朱批的内外臣工奏折汇编。由台北故
宫博物院故宫文献编辑委员会编纂，1976年原文影印出版，精
装本，被列入故宫文献特刊。

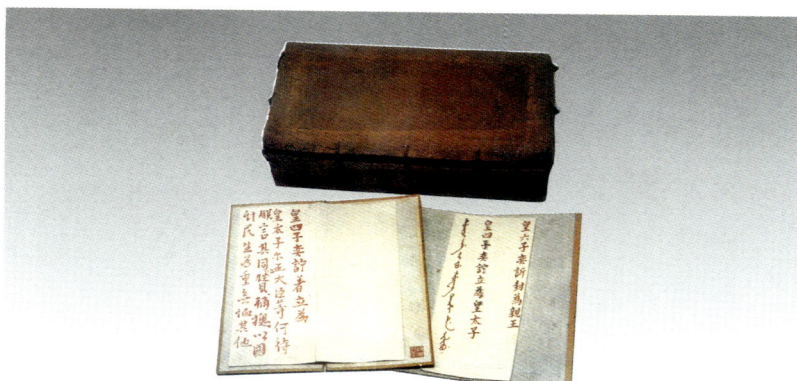

秘密建储匣

雍正帝继位后，汲取历代建储承嗣的经验教训，始创秘密立储制度。他亲书继位皇子名字于"御书"密封匣之中，藏于乾清宫正大光明匾额之后，待日后临死前或死后，由御前大臣、军机大臣等共同取出，按"御书"所定之嗣皇帝继位。

金奔巴瓶

用于金瓶掣签。金瓶掣签指中国用掣签于金瓶以确定藏传佛教大活佛转世人选的制度，始自清代乾隆五十七年(1792)。

清代乾隆年间的"八徵耄念之宝"玉玺（台北故宫博物院藏）

全器选用整块碧玉琢制而成。印面为正方形，双龙钮系黄绦，钮作双龙相背伏卧之姿，印面琢三行六字篆书"八徵耄念之宝"，印文四周围以宽边。

清代乾隆年间的玉兽面纹钺（台北故宫博物院藏）

玉质。边缘有深褐色斑，乾隆视同古玉之沁色而弥足珍贵。器形仿上古玉钺之形式，而琢有双孔。主体纹饰共两组：一为涡纹；一为兽面纹；中以弦纹、回纹相隔。

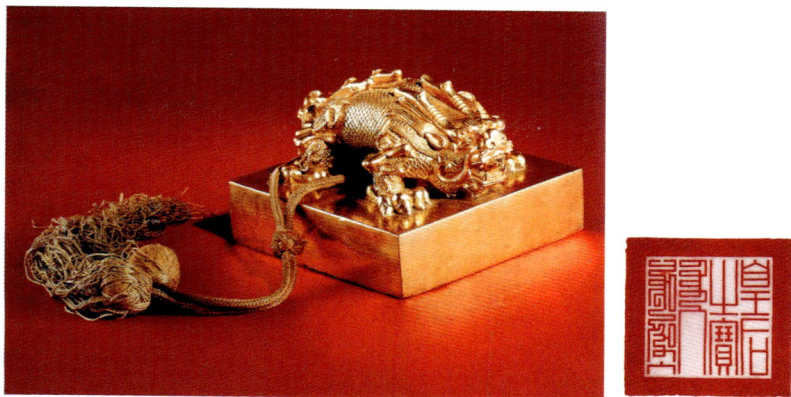

清代宫中金印：皇后之宝（故宫博物院藏）

金质，交龙钮。长 14 厘米，宽 14 厘米，高 10 厘米。清制规定，凡册立皇后，尊封皇太后、太皇太后，均进金册、金宝。册立皇后时颁金宝、金册各一，是皇后身份的象征。

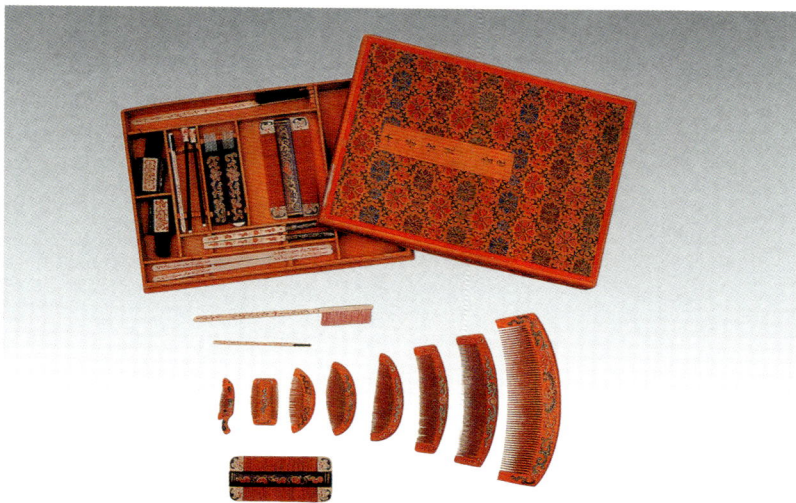

清代宫中黄杨木梳

清宫帝后的梳具以象牙、黄杨木为大宗，另有少量的玳瑁、枣木及清末的化学梳篦。

清代钱币（左上为努尔哈赤称汗时所铸"天命通宝"，1616）

清代制钱基本形制为圆形方孔。钱币正面铸有"某朝通宝"字样（咸丰以后有改铸"某朝重宝""某朝元宝"）；背面一般铸有钱局简称，文字为汉字或满汉文并用。

清代生活与政治文化

冯尔康 —— 著

中国大百科全书出版社

图书在版编目（CIP）数据

清代生活与政治文化 / 冯尔康著 . -- 北京 : 中国
大百科全书出版社 , 2025. -- ISBN 978-7-5202-1893-1

Ⅰ . K249.07-53

中国国家版本馆 CIP 数据核字第 2025GY3830 号

出 版 人	刘祚臣
策 划 人	曾　辉
责任编辑	张　琦
责任校对	邬四捐
责任印制	李宝丰
封面设计	今亮后声
出版发行	中国大百科全书出版社
地　　址	北京阜成门北大街 17 号
邮政编码	100037
电　　话	010-88390635
网　　址	http://www.ecph.com.cn
印　　刷	北京市白帆印务有限公司
开　　本	880 毫米 × 1230 毫米　1/32
印　　张	12.5
插　　页	8
字　　数	242 千字
版　　次	2025 年 5 月第 1 版
印　　次	2025 年 5 月第 1 次印刷
书　　号	ISBN 978-7-5202-1893-1
定　　价	88.00 元

本书如有印装质量问题，可与出版社联系调换。

弁　言

　　呈现这个读史随笔的小册子给尊敬的读者，有什么想法要交流的呢？我是研习中国古代历史的，又钟情于社会生活史，写作就离不开本行，于是想到三点：第一，君主专制政治体制笼罩中国两千多年，民众被帝王崇拜、家国一体的观念控制，虽然生活困窘，却自得其乐；第二，清代后期知识精英开始放眼世界，探求与传播近现代文化教育，谱写历史新篇章；第三，呈现清代民众形形色色的职业生涯及多灾多难的生活状态。这三点想法，在书中就用三个部分表达出来：第一编，清代政事花絮；第二编，从传统文化到筹办近代教育；第三编，清代人的谋生与社会风貌。

　　本书内容涵盖清代人物、事件，关乎帝王将相，更关乎"贩夫走卒"、芸芸众生。写作状况可区分为几种情形：一些篇章是近年草写的，没有披露过，如《王致诚笔下乾隆间圆明园买卖街》《乾隆帝与传教士王致诚"合作"绘画肖像》等；有一些是从发表过的论文中摘选的，其中有两种状况，一是简单的节选，另一是进行加工，赋予些许新意。我有几本读书笔记，如2021年中国工人出版社出版的《古人日常生活与社会风俗》《清代社会日常生活》。前一本书的主题先后有湖南出版社的《古人社会生活琐谈》、中国社会出版社的《古人生活剪影》、中华书局的《去古人的庭院散步》，连同中国工人出版社的本子，共四本，唯有第一本是原装的读史札记，其后的本子就有从论文节选的篇目了，本书也有这种情形。那么，我为什么总爱从论文中摘选呢？原因是论文基本上是给同行看的，是小众读物，而我致力于社会史研究，力求使历史知识为大众接受，也就是让历史知识成为大众文化，所以一再将论文改写为读史札记。但是我有一个原则：凡是在一本随笔读物中出现过的文字，就不再选进另一本随笔；不仅如此，我的文集用过的，除有特别必要，也不汇入。

本书写了众多历史人物，叙述人物应当有情节有个性，令文字有可读性。笔者也力求如此，但笔力不尽如人意，难免愧对读者。

下面我将在编写本书中的处置难点交代出来，敬请读者谅宥。

文章归入哪个部分：有的文章既可以编入第一编，也可以编入第二编，如《清朝皇帝"上国"观念的厚往薄来——以接待马戛尔尼使团的开支为例》《清朝英睿君主严重昧于世界发展潮流》《英国使节评议清朝政府的故步自封》等篇。

　　我的随笔著述大多有多幅配图，而今有所缺略（有的篇目甚少），不无遗憾！何以如此？出于精力和心态。三年新冠疫情间耳闻目睹人间灾难，心不能安，就难于勉力而为了。心态，在后疫情时代或许会好起来，留待以后弥补吧。

　　　　　　　　　　　　　　　　　　　　　　冯尔康

　　　　　　　　　　　　2023 年 7 月 8 日初笔，10 月 23 日续笔

╱ 目 录 ╱

第一编　清代政事花絮

第二编　从传统文化到筹办近代教育

第三编　清代人的谋生与社会风貌

第一编

清代政事花絮

年青的顺治皇帝与老年传教士
汤若望的密切关系

日耳曼人、传教士汤若望（Johann Adam Schall von Bell，1592—1666）为中国人所知，固然是因为他制作《时宪历》的业绩，而更广为人知的是，他的建言确定了康熙帝（1654—1722，1662—1722 年在位）继承顺治帝皇位，而这对清朝历史的影响是巨大的。那么，一个年青的皇帝——顺治帝（1638—1661，1644—1661 年在位），何以会倾听一个"夷人"（西洋人，或者说"客卿"）——汤若望的论道？且看他们过从的点点滴滴情形。

汤若望获得顺治帝礼遇的背景

汤若望，出生在德国科隆，到罗马学习天主教神学，掌握天文学、物理学等学科的知识，成为神父、耶稣会士。明万历四十七年（1619）到澳门，天启二年（1622）进入广东，次年

图 1-1　汤若望像

初到达北京，直至故世，在中国约 48 年。这里需要指出，康熙八年（1669）五月初五，传教士利类思（Lodovico Buglio，1606—1682）、安文思（Gabriel de Magalhães，1610—1677）、南怀仁（Ferdinand Verbiest，1623—1688）请求为"历案"（"历狱"）中汤若望和其他传教士昭雪，谓"远臣汤若望，自西来住京四十八载……世祖皇帝数幸堂宇，赐银修造、御制碑文、门额'通微佳境'，锡望'通微教师'"。[1] 所以，说汤若望在北京生活 48 年是不准确的。

汤若望于明朝末年在北京，大体上做了三件事：治历、铸炮、传教。其中最主要的是制定历法，他在大学士徐光启的招引下，参与历法的制作。崇祯七年（1634）成历书 29 卷；崇祯十四年（1641），汤若望晋呈"十五年新历"，崇祯帝令颁行，实际上官员并未执行。汤若望与传教士毕方济等人铸造钢炮（火炮）。治历、铸炮都是传教的手段。清代教徒文献记载，在明末，汤若望及其西洋教友传教颇有成效，"奉教者有数千人，其中宗室百有十四，内官四十，显宦十四，贡士十，举子十一，秀士三百有奇"，尤其是大学士徐光启、京兆少尹杨廷筠、太仆卿李之藻、大学士叶益蕃，以及瞿汝说和瞿式耜父子等都信教。

明清易代，顺治元年（1644）五月初二，执掌朝纲的睿亲

1　韩琦、吴旻校注：《熙朝崇正集、熙朝定案（外三种）》，中华书局，2006，第 393-394 页。

王多尔衮率军进入北京，汤
若望当即上疏，请准仍旧居住
天主堂，寻上所撰历书。八
月，多尔衮下令以"时宪历"
命名颁行，并在书面写明"钦
天监依西洋新法，印造时宪历
日，颁行天下"；十一月下令
汤若望执掌钦天监印信。可见
汤若望很得清廷的信任。历
书，俗称"皇历"；颁行天下，
是"昭朝廷宪天乂民至意"，
臣民必须遵行，"奉正朔"，

图 1-2　多尔衮像

表示臣服。[1]清朝迁都北京，改朝易代，极其需要原先明朝臣民
的恭顺服从，颁布《时宪历》，表示皇帝重视农桑，与民造福，
百姓必须服服帖帖充当新朝（清朝）的顺民。所以，颁行《时
宪历》是清朝统治者进京之初的一项重要的政治举措，汤若望
适时晋呈新历法，为清朝效力，故而获得信任。

　　汤若望对清朝如此"效忠"并获得信任，与亲政后的顺治
帝密切往来就是顺理成章的事情了。诚如顺治十四年（1657）

1　韩琦、吴旻校注：《熙朝崇正集、熙朝定案（外三种）》，中华书局，2006，
第 271-280 页。

《御制天主堂碑记》所云："……岁在甲申，朕仰承天眷，诞受多方，适当正位凝命之时，首举治历明时之典，……天生斯人，以待朕创制历法之用哉！朕特用以司天，造成新历，敕名'时宪'，颁行远迩。"[1] 其中甲申，即 1644 年；斯人，指汤若望。

顺治帝与汤若望频繁往来

顺治十八年（1661），按照中国人计算年龄的方法，汤若望进入古稀之年，大学士金之俊、左都御史魏裔介、国子监助教龚鼎孳分别于当年四月写出祝寿文。龚鼎孳，进士出身，顺治十一年（1654）五月出任左都御史，曾官户部与刑部侍郎、太常寺少卿、给事中，十二年（1655）十月，因对满人、汉人议罪标准不一被弹劾，降八级调用，任国子监助教。他的经历，是有资格为汤若望撰写祝寿文的。他在祝寿文中用了很多典故，说明顺治帝对汤若望的礼遇，笔者先录出有关文字，而后略事说明。龚鼎孳在祝寿文中写道："……夜半受釐，时席前于宣室。宸游多暇，亦辇降于丹房；东第之冠盖如云。上方之问劳日至，鱼水之合所稀。先生因是感激恩知，誓捐形迹，睹时政之得失，必手疏以秘陈，于凡修身事天，展亲笃旧，恤兵勤民，用贤纳谏，下宽大之令，慎刑狱之威，磐固人心，镞励士气，随时匡

1　韩琦、吴旻校注：《熙朝崇正集、熙朝定案（外三种）》，中华书局，2006，第 285-287 页。

建，知无不言。……方诸古人，殆有过之无不及焉。"[1] 这些文字透露出顺治帝与汤若望的往来状况和交谈内容。

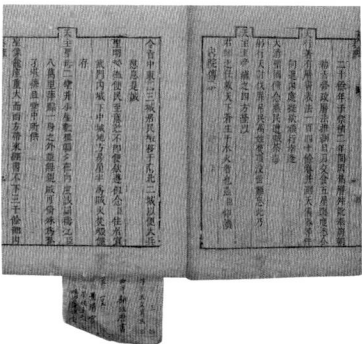

图1-3　西洋新法历书书影

顺治帝与汤若望频繁会面。无论白天夜晚，两人都会进行会面。皇帝坐朝是在上午，多在早晨，臣子上朝自然是配合皇帝的习惯；皇帝只有特殊紧急的事务需要处理，才会与亲信重臣在晚间议事。而汤若望却能在夜半进入大内与顺治帝交谈，这是不同寻常的特许。会面的地点不拘一处，紫禁城、皇家苑囿（南苑、西苑），或天主堂，均是适当处所。如若不面谈，顺治帝有事，会派人去询问汤若望，再或者是要慰劳他，也派人前往，增进双方的感情。交谈中，顺治帝有时移动位置以便听取汤若望议论，这必定是汤若望的讲话内容引起顺治帝的浓厚兴趣，顺治帝认为重要，需要仔细听讲。龚鼎孳描述的顺治帝与汤若望亲密无间的情形，真是这样的吗？晚清华籍神父黄伯禄在《正教奉褒》中做出同样的记录，予以佐证："每有咨询随时宣召、上游幸西苑南苑等

1　韩琦、吴旻校注：《熙朝崇正集、熙朝定案（外三种）》，中华书局，2006，295-300 页。

处，屡命扈从。尝谕：凡有奏事，免循常例，可随时进入内廷。故若望每趋觐时，上或幸御园，或临便殿，恒赐坐启奏，温语垂询，倘时值晌午日暮，即就御所赐宴，偶逢教中斋期，又传谕御膳房，弗具禽兽荤肴，或时至夜深，则令军校四员六员不等，擎灯护送。"在天主教南堂，"驻跸时久（笔者按：顺治帝停留时间长了），辄召若望进便膳，上必称美"。[1] 逢天主教斋戒日，顺治帝让御膳房不要为汤若望准备肉食，而是在南堂就让汤若望献食。从双方的饮食可见汤若望经常出入大内，甚至在顺治帝病危之时，汤若望能在皇帝病床前交谈：十八年（1661）正月初二，顺治帝得病，初四，汤若望前往看望，"太监引至御榻前，上谕免跪叩，赐坐赐茶，片时即出"。[2]

顺治帝临幸宣武门内天主教堂南堂，影响达官贵人前往。龚鼎孳的所谓"宸游多暇，亦辇降于丹房"，给人顺治帝去南堂似乎不止一次的印象。可是顺治帝本人于十四年（1657）在《御制天主堂碑记》中写道"朕巡幸南苑，偶经斯地"，[3] 也就是他路过南堂只有一两次。康熙间，礼部转引顺治帝此说："朕巡幸南苑，偶经祠宇……"[4] 前述康熙八年（1669）五月初五，传教

<hr>

1　韩琦、吴旻校注：《熙朝崇正集、熙朝定案（外三种）》，中华书局，2006，第 288-289 页。

2　同上书，第 288 页。

3　同上书，第 285-287 页。

4　同上书，第 394-395 页。

图 1-4　顺治帝半身朝服像

士利类思、安文思、南怀仁请求为"历案"中汤若望和其他传教士昭雪，谓汤若望"自西来住京四十八载""世祖皇帝数幸堂宇"云云。[1]黄伯禄在前述《正教奉褒》中说顺治帝"亦频幸天主堂，多不先传旨宣知，驾至堂门前，率一二亲王，步行进堂，其书

1　韩琦、吴旻校注：《熙朝崇正集、熙朝定案（外三种）》，中华书局，2006，第393-394页。

图 1-5　北京宣武门天主教堂

室等处，亦随意历览"。[1]顺治帝去南堂，事前并不一定通知汤若望，到了教堂门前，自行进入，如此随意，看来他是多次光临了。他为什么对此要有所隐瞒呢？皇帝进孔庙很正常，但进寺院道观就不行了。皇帝去外来的天主教堂就是意外之事，如果多次去就会引起臣民的反感，所以不宣扬为宜。顺治帝带头去

1　韩琦、吴旻校注：《熙朝崇正集、熙朝定案（外三种）》，中华书局，2006，第289页。

南堂，贵胄达官自然效仿，是以南堂门前出现冠盖如云的盛况。

汤若望议论时政得失与顺治帝的为人修养

顺治帝与汤若望热切往还，交谈中顺治帝情不自禁地移席聆听，可知交谈内容是二人共同关注的事情，作为皇帝来讲，应当是政事和皇帝个人的事。事实确系如此，他们论道的是政事，还有皇帝应有的修养。龚鼎孳是这样叙说的："……先生（汤若望）因是感激恩知，誓捐形迹，睹时政之得失，必手疏以秘陈，于凡修身事天，展亲笃旧，恤兵勤民，用贤纳谏，下宽大之令，慎刑狱之威，磐固人心，镞厉士气，随时匡建，知无不言。"

毋庸置疑，汤若望深深为顺治帝的知遇之恩所感动，于是对朝政和皇帝为人得失，不计个人利害，基本上做到知无不言、言无不尽。其所言都是要事：皇帝本身修身养性，虔诚敬天，以获取上帝的赐福，使得国泰民安；善待皇亲国戚和老臣，须知他们是左膀右臂，是他们协助皇帝治理政事和抚绥百姓；爱护军士，体恤他们的劳苦；爱惜百姓，劝课农桑，令民间因勤劳而家给人足；任用贤能官员，采纳言官的谏诤之言，弥补政事上的失误；施行仁政，慎重用刑，获取臣民的爱戴。在中国君主专制政体下的行政法则是"人治"，是君主"以一人治天下"，人君、官员的状况，极大程度上影响政事的得失，而起决定性作用的又在于君主。所以汤若望讲朝政得失，关键是要英明的君主去勤政爱民，要爱护亲贵、大臣、士兵、百姓，施行仁政，而不是靠严刑峻法去维持权力。对汤若望的见解，中国正直而有识见的官员、士人莫不同意，只是汤若望敢于直言无忌，顺治帝也乐于采纳，实乃君臣（客卿）遇合所致。

顺治帝乐于听取汤若望的建言，在于他欣赏汤若望的为人，还在于他本身喜好科学与探求宗教哲理，且看他对汤若望的恩赏可知其实际情形。

顺治帝赐予汤若望"通玄教师"的名号。顺治十年（1653）三月，顺治帝发出上谕："朕承天眷，定鼎之初，爰咨尔姓名，为朕修大清时宪历，迄于有成，可谓勤矣。尔又能洁身持行，尽心乃事，董率群官，可谓忠矣。比之古洛下闳诸人，不既优乎？今特赐尔嘉名，为'通微教师'……"[1] 顺治帝视汤若望为"教师"，而龚鼎孳就因"教师"之名将汤若望视作辅佐重臣："……正旦（周公姬旦）奭（召公奭）辅天之日，先生以老成宿望，再被温纶，晋号'通微'，俾仍师席。"[2] 周成王年幼，周公辅政，龚鼎孳将汤若望比作周公，那么汤若望就是顺治帝的导师了。顺治帝尊敬汤若望，甚至称呼他"玛法"，记载云：顺治

1 韩琦、吴旻校注：《熙朝崇正集、熙朝定案（外三种）》，中华书局，2006，第 282 页。康熙朝及以后的文献，避康熙帝玄烨名讳，改汤若望名号中的"玄"字为"微"字。
2 同上书，第 298 页。

帝"宠眷汤若望迥逾常格，召对不名，而称以'玛法'，即清语谓贵叟也"。[1]满语"玛法"，顺治帝如此称呼汤若望，笔者理解，其意思是"老人家"，交谈中不叫名字，称呼"老人家"，表示尊重。君主对臣下如此，确是不同寻常的恩典。

顺治帝视汤若望为老师，向他学习天文学和天主教知识，"上喜考究天文格致等学，其修士课程，圣教要理，亦尝询问，又令若望呈进教中书籍，每于几余赏览。一日，上阅天主下凡降世受难事迹记载，适若望入觐，因谕令详细讲解，上聆之肃然"。[2]顺治帝并不承认热衷于求教汤若望及阅读天主教典籍之说，自云："朕巡幸南苑，偶经斯地，见神之仪貌如其国人，堂牖器饰如其国制。问其几上之书，则曰此天主教之说也。夫朕所服膺者尧舜周孔之道，至于玄笈贝文所称《道德》《楞严》诸书，虽尝涉猎，而知趣茫然。况西洋之书，天主之教，朕素未览阅，焉能知其说哉？"[3]顺治帝的讳言，与下述赐建天主堂碑的事实相左。在顺治帝亲政前不久（顺治七年，1650），清朝给予"汤若望宣武门内天主堂侧隙地一方，以资重建圣堂，孝庄文皇后颁赐银两，亲王官绅等亦相率捐助"。汤若望当即鸠工兴建，并撰《都门建堂碑记》叙其事。九年（1652），南堂建成，

1　韩琦、吴旻校注：《熙朝崇正集、熙朝定案〔外三种〕》，中华书局，2006，第 288 页。

2　同上书，第 288—289 页。

3　同上书，第 285—287 页。

已经亲政一年多的顺治帝赐予南堂"钦崇天道"匾额。[1]十四年
（1657）二月初一，顺治帝赐御书天主堂匾额"通玄佳境"（康
熙间改"玄"字为"微"字，以避康熙帝名讳），并撰《御制天
主堂碑记》。[2]

　　就中国国情而言，历来君主虽然承认佛教、道教的教化民
众作用，但对其不能过分推崇，对天主教也只能是这种态度。
就顺治帝个人来讲，他对佛教、天主教有兴趣，但对臣民要隐
瞒他的这一兴趣。他为什么对佛教、天主教有兴趣呢？笔者以
为，这是由好奇心与求知欲两种因素决定的。他与释家玉林琇
（1614—1675）、神父汤若望关系密切。顺治帝通过"通玄教师"
的赠号尊汤若望为老师，将天主教堂视作"通玄佳境"，即认为
天主教是探讨人生哲理的宗教，天主教堂是讲究哲理的地方。
顺治帝对佛教的热忱，体现于十六年（1659）召玉林琇进京，
论佛旨，赐其"大觉禅师"法号，赐紫衣金印，顺治帝让其为
己取法名"行痴"。顺治帝同玉林琇的关系在坊间闹得沸沸扬
扬，诸如顺治帝因为爱妃董鄂妃的亡故闹着要出家做和尚，非
要玉林琇在宫中为他剃度，不成功便跑到山西五台山出家——
今日五台山存有的一碑文还被人们指论与他出家有关。四川
峨眉山寺庙也有康熙帝到此私访出家的父皇顺治帝的故事。顺

1　韩琦、吴旻校注：《熙朝崇正集、熙朝定案（外三种）》，中华书局，2006，
第 291-292 页。
2　同上书，第 204、285 页。

治帝并没有出家，他的孙子雍正帝在《御制拣魔辨异录》（1918年刻本）中大骂玉林琇借着到过宫中便在外招摇撞骗，倒可证实玉林琇同顺治帝的关系非同一般。和尚玉林琇、神父汤若望都被顺治帝看重，表明一个事实，即顺治帝以汤若望为老师，学习天文学、天主教教义和历史，以有益于他治理天下。

康熙帝的继承皇位与客卿汤若望的建言

　　关于康熙帝继承皇位，《圣祖仁皇帝实录》开卷是这样交代的：首先有真龙天子降世的"奇瑞"（征兆），玄烨生母佟妃怀孕中给孝庄文皇后请安，皇太后见她的衣裙"若有龙绕"，因而说自家怀顺治帝时宫女们说皇后"裙褶间有龙盘旋，赤光灿烂"，因此认为佟妃"异日生子，必膺大福"；其次说康熙帝英姿贵像，"天表奇伟，神采焕发，双瞳日悬，隆准岳立，耳大声洪，循齐天纵"，没有写他出天花的脸上微有麻斑；再次表述皇子时代的玄烨敬天法祖的从政理念，即在顺治十六年（1659），顺治帝询问七岁的二子福全、六岁的三子玄烨、三岁的五子常宁志向，玄烨表示长大"效法皇父，黾勉尽力"。"法祖"是家天下社会皇家的传统，玄烨有此志向，顺治帝因之认为他是合适的继承人——"世祖皇帝于是遂属意焉"。原来玄烨能够继位是天意，也是由于他的宏伟志向而被父皇选中，似乎与他出过天花没有关系。

　　康熙帝幼年确实出了天花，传教士白晋（Joachim Bouvet，1656—1730）在《中国现任皇帝传》中为康熙帝勾勒一幅肖像："仪表堂堂，身材匀称，举止不凡。他五官端正，双目炯炯有神，比一般中国人的眼睛稍大，鼻子略呈鹰嘴形，鼻尖隆起。虽然脸上有几粒瘢痕，但丝毫无损于他个人的美好形象。"[1] 白晋与清朝史官都说康熙帝双目炯炯有神，但是白晋不忌讳地说出康熙帝脸上有几颗麻斑，这是清朝史官绝对不敢书写的。白晋的书证实康熙帝出过天花，这可不是一般的事情。笔者早年读史书有个印象，在17世纪，东北的满洲人、蒙古人到关内生活，一些人因出天花而死亡，顺治帝因此不幸二十四岁驾崩，同治帝（1856—1875，1862—1875 年在位）十九岁丧命也同出天花有关。皇子玄烨出过天花，就不会夭亡了，这倒成为他继承皇位的决定性因素，而促成其实现的则是汤若望的建议。对此，德国人魏特在《汤若望传》中是这样叙述的："……这样皇帝最后受到汤若望的劝促，舍去一位年龄较长的皇子（笔者按：指皇二子福全），而对一位庶出的，还不到七岁的皇子（笔者按：指皇三子玄烨）为帝位之继承者。当时为促成这一个决断所提出的理由，是因为这位年龄较幼的太子，在髫龄时已经出过天花，不会再受到这种病症的伤害，而那位年龄较长的皇子，尚

1　莱布尼茨：《中国近事——为了照亮我们这个时代的历史》，梅谦立、杨保筠译，大象出版社，2005，第 53 页。

未曾出过天花，时时都得小心着这种可怖的病症。这位这样被选择的皇帝，后来在康熙年号之下，竟成了中国最大君主。"[1]如此，汤若望便"一言定乾坤"了！

走笔至此，应当说顺治帝与汤若望有着"真挚的友情"，一个是言无不尽，另一个是能够虚心听取。当然，按照等级社会的身份叙说，是顺治帝宠信汤若望，眷顾甚隆，汤若望则感激眷顾隆恩，尽心为皇上效力。确定皇储是皇帝个人的事情，不经特许，他人不能参与议论。汤若望建言立玄烨为皇储一事，表明汤若望在顺治帝心目中的特殊地位——长者、顾问的地位。顺治帝与汤若望的关系，恰如龚鼎孳所说的，是罕见的"鱼水之合"。

1　魏特：《汤若望传》，杨丙辰译，台湾商务印书馆，1949，第 325-326 页。

康熙帝与南怀仁是
"密友"？

南怀仁（Ferdinand Verbiest，1623—1688），字敦伯，是当时清朝内务府一些人员尊称的"南老爷"，比利时人，耶稣会士，神父。他是天文学家、地理学家，蒸汽机车发明家之一。传教士徐日昇（Thomas Pereira，1645—1708）、安多（Antoine Thomas，1644—1709）在《南先生行述》中，谓南怀仁"考中文、理、道学三科进士"。[1] 传教士适应中国学界情况，夸赞南怀仁学问渊博，是多学科的"进士"；中国信徒亦把他视为进士，加以尊崇。顺治十五年（1658），南怀仁到达澳门，次年在陕西西安传教；十七年（1660）以天文学家应召进京，协助汤若望纂修历书。康熙帝亲政，即面临钦天监监正杨光先（1597—

1　韩琦、吴旻校注：《熙朝崇正集、熙朝定案（外三种）》，中华书局，2006，第311页。

1669）与南怀仁各为一方的历法之争，为准确判断双方的优劣，康熙帝苦心学习天文学、数学，经过对他们的测试，肯定南怀仁历法的正确性，从此信任南怀仁：任用他制造观象台仪器、铸造火炮，任用其参与京西水利建设、北京城区改造，以及令其出任通事。康熙帝东巡北狩，令南怀仁从行，

图 1-6 南怀仁像

给予优厚待遇，二人过从甚密，以至记载说他们互相视作"密友"。他们是这种关系吗？我们不妨看一些事实。

南怀仁说康熙帝视他为"密友"

康熙二十一年（1682）二月，康熙帝往盛京（今沈阳）拜谒祖陵和东巡，到达盛京，再行至乌喇（今吉林省吉林市），出发前下令南怀仁携带内廷测天测地仪器从行，以备随时观察地形，测量地貌高度。次年六月，康熙帝北狩，行至今河北围场（属承德），仍令南怀仁和意大利人闵明我（Claudio Filippo

图 1-7　康熙帝便服半身像

Grimaldi，1638—1712）侍从。[1]两次随行的南怀仁表示，"皇帝对我特别恩宠……对我表示异乎寻常的好意，确如他自己说的那样，我如同他信赖的密友一般，盼我不离开他身边"。"皇帝恩宠我的事例，比如他常常把自己食桌上的食物送给我，在所有人中间，成为非常显著的事例。"是啊，皇帝在进膳中想到南怀仁，就把自己餐桌上的食物让太监送给南怀仁享用，这是特殊的恩典，表示出双方关系的不同寻常。如此亲密的现象，自然为亲贵、服务皇帝的内务府人员和传教士所特别留意。人们还观察到，当康熙帝"情绪不好时，只要一看见'南老爷'，情绪立刻转过来"。[2]这种情形给人康熙帝与南怀仁关系密切的印象，有着"密友"的味道，这是康熙帝对南怀仁业绩、教授自己学业的肯定。

1　吴旻、韩琦编校：《欧洲所藏雍正乾隆朝天主教文献汇编》，上海人民出版社，2008，第 86、338-339 页。
2　张诚：《鞑靼旅行记》，薛虹译，载国家清史编纂委员会编译组、中国人民大学清史研究所合编《清史译文》上册（又名《清史译文新编·第二辑》），2005，第 159、163 页。

大概也是出于这样的理解，张西平在《跟随利玛窦到中国》一书中设有"康熙皇帝的近臣：南怀仁"的子目。[1] 高高在上的皇帝，是真正的"孤家寡人"，与朝臣、与外人不会有多少"私交"，哪里会有"密友"，不过上述事实和记载还是表明康熙帝与南怀仁关系密切，有着"密友"的味道。

康熙帝阅读西方科学图籍及其契机

康熙帝厚待南怀仁，是因为南怀仁制造历书，铸造天文仪器、火炮等业绩，以及自身向他学习天文学、数学知识，而康熙帝在裁决历法之争的双方优劣时尤其需要这些知识。

南怀仁著有《鞑靼人中国皇帝康熙统治下的欧洲天文学在中国》一书。依据哥特弗里德·威廉·莱布尼茨（Gottfried Wilhelm Leibniz，1646—1716）在《中国近事——为了照亮我们这个时代的历史》的"有关现任中国皇帝学习欧洲情况"中转述南怀仁与康熙帝的过从事实：有一年，康熙皇帝每天召见南怀仁，从早到晚听他讲解耶稣会士所写的约 120 本有关天文学的书，历时五个月。这期间，因为讲授的时间长，"南怀仁神父经常在宫内用午餐，使用的是镀金餐具"。莱布尼茨还具体说明康熙帝的学习情形：皇帝请南怀仁"解释清楚有关利玛窦翻译的《欧

1　张西平：《跟随利玛窦到中国》，五洲传播出版社，2006。

几里得原理》一书，这本书是天文学的基础。经过一段时间的艰辛研究，康熙皇帝完整地了解到了所有的相关问题。他还下令把这本书翻译成满文。后来，他也学习了算数及平面和立体三角几何，通过艰难的数学问题之后，他才很轻松地学会使用几何、地面测量学和地形学。他在算数方面很成功，还自己训练不同的定比规律，甚至会开最困难的平方与立方根"。[1]

图 1-8 几何多面体模型

法国传教士、"国王数学家"之一白晋在《中国现任皇帝传》中说康熙帝亲自对他们讲，"通过耶稣会士南怀仁与杨光先的争论，开始认识到西洋科学的价值"。白晋写道："当时，康

---

1 莱布尼茨：《中国近事——为了照亮我们这个时代的历史》，梅谦立、杨保筠译，大象出版社，2005，第37-39页。

熙皇帝还是个年仅十六七岁的少年。六部临时会议要求皇帝作出支持中国天文学的圣裁。可是尽管康熙皇帝那么年轻，却要亲自搞清事实真相。康熙皇帝为使人们不再坚持错误，公开让南怀仁和杨光先参加临时会议，就东西方天文学那个准确的问题，当众垂问他们是否拿得出令人信服的证据。"于是双方比赛测量日影、制作日月食推算表，比赛中，南怀仁做出符合天体运行的测定，并推算出日食和月食。"康熙帝借此机会，初次认识到耶稣会士的作用，从而产生了研究数学的愿望……他把完成（学习中国学问）计划内的学业以外的时间完全用于研究数学，以浓厚的兴趣连续两年专心致志地投身于这项研究工作。"白晋还说，康熙帝"刚一接触西洋科学，就对此产生了极大的热情"，于是南怀仁向他讲解主要数学仪器的用法和几何学、静力学、天文学中最新奇、最简要的内容，并编写了教材。与此同时，康熙帝向徐日昇学习西洋乐理；向安多学习数学仪器的用法，以及几何、算术应用题；白晋、张诚（Jean-Francois Gerbillon，1654—1707）给他讲述西方哲学中的逻辑学、人体学和解剖学。康熙帝的学习还有一个特点，就是学用结合，"他认真听讲，反复练习，亲手绘图……经常练习运算和仪器的用法"，"康熙皇帝还掌握了比例尺的全部操作法、主要数学仪器的用法和几何与算术的数种应用法"。[1]康熙帝不只是学习科学道

1　莱布尼茨：《中国近事——为了照亮我们这个时代的历史》，梅谦立、杨保筠译，大象出版社，2005，第74-82页。

理，更注重实践，力求掌握科学仪器的运用方法，难怪出巡中让侍行的南怀仁带上测量仪器。白晋的记载说明了康熙帝对西方科学产生兴趣的原因及学习过程。

笔者阅览白晋的《中国现任皇帝传》，对他所叙述的康熙帝学习西洋科技知识的情节很熟悉，原来在雍正帝（1678—1735，1723—1735 年在位）等人辑录的康熙帝《庭训格言几暇格物编》中就有相同的内容：康熙帝对皇子们说，"尔等惟知朕算术之精，却不知我学算之故。朕幼时，钦天监汉官与西洋人不睦，互相参劾，几至大辟。杨光先、汤若望于午门外九卿前当面赌测日影，奈九卿中无一知其法者。朕思己不知，焉能断人之是非？因自愤而学焉。今凡入算之法累辑成书，条分缕析，后之学此者视此甚易，谁知朕当日苦心研究之难也"。[1] 康熙帝对不同的人讲述他对西方科学感兴趣的原因，皇子们的回忆与白晋的叙述完全一致，证明康熙帝确实亲自讲过这个故事。

此外，与白晋、康熙帝叙说相同的不乏其人。传教士闵明我在康熙二十八年（1689）对莱布尼茨讲述康熙帝，说皇帝"对知识的渴求几乎到了难以置信的程度……能理解欧几里得几何学、三角学计算，并且可以用数字来表达天文现象"。[2] 传教士

1　康熙：《庭训格言几暇格物编》，陈生玺、贾乃谦注释，浙江古籍出版社，2013，第 117 页。
2　莱布尼茨：《中国近事——为了照亮我们这个时代的历史》，梅谦立、杨保筠译，大象出版社，2005，第 4—5 页。

巴多明（Dominique Parrenin，1665—1741）则概括地道出作为君主的康熙帝之钻研科学精神是几个世纪也难得出现的："热爱科学，渴望获得外国的知识……他对自己的知识面不加任何限制，亚洲所有君主中从未有任何人像他这样热爱科学和艺术。"[1]说到这里，如果再来征引西士们以亲身感受来谈论康熙帝对西学的热情和认真钻研，便是多余的了。

要而言之，康熙帝为使朝廷有准确的历书，裁断历法之争中的双方对错，刻苦地学习西方数学、天文学知识，他的指导教师就是南怀仁等人，这奠定了他与南怀仁的亲厚关系。

康熙帝与南怀仁合力进行的几项事务

康熙帝于八年（1669）正月复用顺治间颁布的《时宪历》，即汤若望"翻译成汉文的欧洲历法"，康熙帝下令改页面题字为"钦天监奏准印造时宪历日"。[2]同年三月，康熙帝任命南怀仁为钦天监监副，南怀仁以奉教恳辞，康熙帝遂予他以"钦天监治理历法"名义，每年（俸禄）银一百两、米二十五石，主持钦天监业务。南怀仁应康熙帝要求，从事历书制作与观象台建设、

1　杜赫德编《耶稣会士中国书简集——中国回忆录》第二卷，郑德弟、吕一民、耿昇等译，大象出版社，2005，第286-287页。

2　莱布尼茨：《中国近事——为了照亮我们这个时代的历史》，梅谦立、杨保筠译，大象出版社，2005，第75页。《清史稿》卷二七二《杨光先传》，第33册，中华书局，1977，第10022页。

火炮铸造、京西水利建设、京城测绘等事务，管理钦天监事务，担任通事，并出色完成各项事务，深受康熙帝赞赏。

南怀仁编纂《康熙永年历法》和制造观象台仪器

康熙帝命令南怀仁预推数千年历法，为永久之用，并指示放弃旧历使用的勾股法，采用新历三角形法。南怀仁于康熙十七年（1678）著成《康熙永年历法》32卷。为此康熙帝给南怀仁加通政使司通政使衔。就此事，西人说南怀仁"填补了星球的天文表，并计算了二千多年之后的日食"。[1]

康熙帝为观察天象，要求南怀仁"负责并制造六个不同类型的欧式的天文仪器"。[2] 经过四年的努力，南怀仁于十二年（1673）制造出黄道经纬仪、地平经仪、赤道经纬仪、象限仪、纪限仪、星球等六件仪器，同时绘制图表加以说明，编纂成16卷的《新制灵台仪象志》。清政府遂用新的天文观象仪器重建了观象台。康熙帝褒奖他勤劳可嘉，赏加太常寺卿衔，并令印刷该书，供天文生学习。

1　莱布尼茨：《中国近事——为了照亮我们这个时代的历史》，梅谦立、杨保筠译，大象出版社，2005，第38页。
2　同上。

制造西洋火炮及其影响

关于康熙帝任用西洋传教士铸造火炮，西人记载说南怀仁"采用新的机械技术，铸造了一百三十二门铜制战炮，同时自己制造新战车"，[1]说的是南怀仁制造了一种火炮，实际上他在康熙帝的指令下制作出多种功能的、不同类型的火炮，用于战争和军队装备。

康熙十二年（1673），三藩之乱爆发，形势严峻。康熙帝注意到明清之际战争中出现的西洋火炮，下令命南怀仁铸造火炮："大军进剿，急需火器，著治理历法南怀仁铸造火炮，轻利以便登涉。"[2]从十三年（1674）起至二十年（1681），南怀仁铸造各种类型的火炮，康熙帝亲自参加试射，并运用于战场。康熙帝下令命南怀仁制炮之始，要求火炮在高山深水地区能运转自如、便利携带使用。十四年（1675），南怀仁造成的木炮在卢沟桥试射，康熙帝亲临现场，指出轻巧甚佳。十五年（1676），南怀仁铸造红衣铜炮，康熙帝在南苑观看演习。木炮、红衣铜炮，共造一百三十门。二十年，南怀仁造成神威战炮，康熙帝在卢沟桥观看试放，指出验准星的方法。南怀仁共

1 莱布尼茨:《中国近事——为了照亮我们这个时代的历史》，梅谦立、杨保筠译，大象出版社，2005，第38页。
2 蒋良骐:《东华录》卷一〇，林树惠标校，中华书局，1980，第167页。《清实录》第4册，《圣祖仁皇帝实录》卷四九，十三年八月壬寅条，中华书局，1986，第640页。

铸造神威战炮三百二十门，配给八旗，每旗各四十门，训练八旗炮手约二百四十名。此外，南怀仁还铸造得胜炮三百二十门。南怀仁特地写作《神威图说》，发给军中，让军士照说明训练使用。南怀仁所铸造的火炮，分为三个类型，即根据攻城、守城、战阵的不同用途，炮身长短、厚薄、轻重各不相同。炮车的制作要点在于点放时左右无振动。由于制炮的成功，康熙帝于二十一年（1682）授予南怀仁工部右侍郎加衔。[1]二十年（1681）的铸炮，已是平定三藩之乱的尾声，但此后康熙帝还命令南怀仁继续造炮。二十五年（1686），侍卫赵昌传旨，着南怀仁铸造冲天炮和炮车，炮底应是平底。南怀仁遵令画出图式，送呈康熙帝，图式提出需要原料铜、碳、木料等物；康熙帝审阅，认为炮式、车样均好，指命工部供应原料，遂造就二门，试射成功。次年，康熙帝再令南怀仁制造炮弹三斤的铜炮八十门。

康熙帝任用南怀仁铸造的火炮，具有三种用途：战争、增强军队装备和对外宣示武力。三藩之乱爆发，急于使用火炮，如陕西前线需用红衣铜炮二十门，于是赶制火炮送往军前。火炮还被运至湖广、江西前线，发挥了制胜敌军的威力。如同康熙帝给南怀仁御祭文所说："铸造军器，较旧式而呈奇用，以火攻佐中坚而制胜。"大学士王熙（1628—1703）的致祭文也说南

1　荣振华：《在华耶稣会士列传及书目补编》（下），耿昇译，中华书局，1995，第717页。

图 1-9 神威无敌大将军炮

怀仁"充城威敌，铸金而助火攻"。[1]对沙皇俄国用兵，火炮也发挥了作用。康熙二十四年（1685），清军进攻沙俄军盘踞的黑龙江漠河对岸的雅克萨（今俄罗斯阿尔巴津诺），副都统郎坦事前请求二十门火炮，康熙帝允准，于是清军运用红衣炮轰击城内，沙俄军投降。[2]康熙帝亲征噶尔丹（1644—1697）的几次战争中，军中有从直隶火器营调来的部队，在二十九年（1690）乌兰布通（今内蒙古克什克腾旗西南）之役中，佟国纲、佟国维兄弟率领的左翼及火器营冲入敌阵，令敌人伤亡惨重，此后康熙帝扩充火器营。

1　韩琦、吴旻校注：《熙朝崇正集、熙朝定案〔外三种〕》，中华书局，2006，第 137–152、163–164、171、337–338、351、411–413 页。

2　《清史稿》卷二八〇《郎坦传》，第 34 册，中华书局，1977，第 10134 页。

康熙帝与南怀仁关心钦天监建设

康熙帝在亲政之后的二十年间，历法方面主要依靠南怀仁。南怀仁对钦天监事务认真，为提高官员待遇、引进新人提出建议。

南怀仁对发挥钦天监人员的作用提出的一些建议，被康熙帝部分采纳。钦天监官员薪俸低薄，升转限于本衙门，不可能到其他衙门任职和升迁，几乎无出头之日。南怀仁深知因此造成的官员不能集中精力钻研业务，不利于编写准确的历书和预测天象，于是在康熙九年（1670）以"历法赜奥，需材俸薄，难以鼓励，仰祈圣恩，破格作养，以光大典，以勉后效"为题，请求为钦天监汉员增加俸禄、为满员制订升转方法、赐予天文生顶戴。康熙帝接受这个建议，给钦天监汉员增薪，给予天文生从九品顶戴，照例补用。[1]

南怀仁向康熙帝推荐西人进钦天监，得到应允。康熙帝于十一年（1672）令礼部差人往澳门迎接精通历法的徐日昇，礼部认真执行，派遣五品主事锡试库和南怀仁的仆人邹立山乘驿前往，迎徐日昇至京师。到了二十四年（1685），1623年出生的南怀仁按照中国人计算年龄的方法已经六十三岁，康熙帝考虑到在他身后有足可顶替的治历人才，乃询问南怀仁等人澳门有

---

1 韩琦、吴旻校注：《熙朝崇正集、熙朝定案（外三种）》，中华书局，2006，第49-133页。

无年轻而懂得历法者、精于医术者，南怀仁等举荐比利时人安多，言此人精通历法。康熙帝遂命闵明我前去迎接安多，赐银五十两置办行装，并关照闵明我路上过山过水要多保重，不必图快，到十月十二日，康熙帝接见到来的安多。[1]一年多后，南怀仁于 1688 年 1 月 28 日亡故，康熙帝命闵明我、徐日昇、钦天监监副安多治理历法。康熙三十年（1691），安多和徐日昇联名向康熙帝上疏，促使康熙帝容教诏令形成。徐日昇、安多等人才得以陆续任用，是康熙帝未雨绸缪及接纳南怀仁建议的结果。

任命南怀仁主导京西万泉庄水利工程

京西稻一度享有盛誉，而种植京西稻的水利建设，则是在康熙帝的关怀下由南怀仁会同工部官员完成的。

康熙十一年（1672）五月，南怀仁奉命与工部官员往京西万泉庄勘测河道，酌量开浚，自东往西引水灌溉稻田。南怀仁乃与工部尚书吴达礼、钦天监监正宜塔喇及"管理稻田提督"等官员前往西山万泉庄、海店（海淀）等处踏勘。南怀仁利用仪器测量地形，认定自八沟桥往西偏北开河，挑挖到与稻田交界的地方，将施工全程分成十三段，测量每段地面与八沟桥水面的高差，得出应挑挖的深度和广度，使水能够顺畅流动。有

1　韩琦、吴旻校注：《熙朝崇正集、熙朝定案（外三种）》，中华书局，2006，第 157 页。

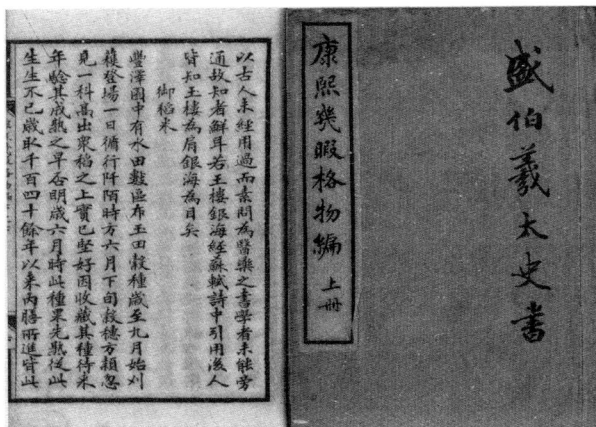

图 1-10 《康熙几暇格物编·御稻米》书影

的地方需要建闸，安置水轮，南怀仁为此绘成工程图，按图施工。工程到次年春天完竣。工程费用，管庄的"包衣大人"计划用六年的田租——一万多两银子，结果只用了一千多两。这项工程有益于京西水稻的生产，而此处应是内务府皇家庄田，所进行的是皇家事务。万泉庄河工之外，南怀仁还出力进行了海子（南苑）水利工程，所以徐日昇、安多在《南先生行述》中说传主尽力于康熙帝指派的工作："至于遵趋皇事，如万泉庄开河，海子开河，测量水闸等项，更敏免竭力，不辞劳瘁，兢兢成谨，惟恐有负圣恩。"[1]

1　韩琦、吴旻校注：《熙朝崇正集、熙朝定案（外三种）》，中华书局，2006，第 101-108、412 页。

南怀仁参与京城市政建设规划

康熙二十四年（1685），康熙帝就京城内城平整道路、疏浚城河之事，指示大学士勒德洪、明珠等人：街心的牌楼基础很深，若将街道与它取齐，势必影响街道两边房屋的安全，街道和城河挖出的泥土送至何处，与有关衙门协商提出办法。内阁与各部、八旗都统会商提出建议，康熙帝令南怀仁、闵明我测量各牌楼街道高低，以便刨挖。南怀仁、闵明我遵旨测量完毕，得知各牌楼东西南北街面之地高低不一，认为：竖立牌楼"原意不过是为京都崇隆壮观"，那么就依据道路高低，提高牌楼底座就可以了，不必刨挖高处，免得大动工；至于城外牌楼根脚，应与城河桥相协调，略高一层，使其壮观。工部接受南怀仁的建议：街道不刨挖，停止挑河，同时规定疏通街渠，居民不许向街道抛弃粪土。二十五年（1686），康熙帝批准这个方案。[1]

南怀仁充任通事

为接待西方国王来使，康熙帝命南怀仁充任临时性译员差事。如康熙九年（1670）三月葡萄牙国王阿木素遣使玛纳·撒尔达聂到达北京，呈递国书和礼品，康熙帝从优接待，命南怀仁做翻译，并对他的工作表示相当满意；十五年（1676）俄国

---

1 韩琦、吴旻校注：《熙朝崇正集、熙朝定案（外三种）》，中华书局，2006，第 158-163 页。

使臣斯帕法里到来，也由南怀仁担任译员。[1]

康熙帝充分认识到南怀仁的才能和为人，发挥其所长，信任他，让他承担多项工作。南怀仁则尽心尽力，展其所长，很好地完成各项差事。康熙帝认可他的成就，并予奖励，赠予官衔至工部右侍郎。

康熙帝始终眷注南怀仁——南怀仁的哀荣

白晋在《中国现任皇帝传》中说"众所周知，南怀仁神父生前和死后都一直受到皇上的恩宠"。[2]所谓死后恩宠，就是指康熙帝对南怀仁故世后的赐葬赐祭。

康熙二十七年（1688），在南怀仁临终及过世之时，康熙帝屡下谕旨，称赞他的业绩和为人："效力年久，综理历法，允合天度，建造炮器，有益戎行。奉职勤劳，恪恭匪懈，秉心质朴，始终不渝，朕素嘉之。"康熙帝又赞赏地说："南怀仁有体面人，毫无虚假。"南怀仁故世，康熙帝按照加级至二品侍郎品级赐葬，赐御祭文，赐谥"勤敏"，另赐银七百五十两，筑坟树碑，墓前设置石兽。南怀仁安葬时，康熙帝命一等公、国舅佟

1　荣振华：《在华耶稣会士列传及书目补编》（下），耿昇译，中华书局，1995，第 716-717 页。

2　莱布尼茨：《中国近事——为了照亮我们这个时代的历史》，梅谦立、杨保筠译，大象出版社，2005，第 84 页。

国维和御前侍卫赵昌等送葬，佟国维宣读祭文，并说："因他这么好，所以皇上差我们来送他、祭他、哭他。"[1]

参加葬礼的法国传教士洪若翰（Joan de Fontaney，1643—1710）记叙了葬礼的隆重情景：1688 年 3 月 11 日举行葬礼，康熙帝派遣的吊祭大臣七点钟就到停灵处。送葬队伍前面是书写南怀仁名字、职衔的牌子，跟着是彩旗的仪仗队、安装在龛壁上的十字架，众多教徒或持小旗或执蜡烛走在后面，随后是圣母怀抱圣婴耶稣像。队伍到达墓地门口，众人向遗体下跪，行三拜礼；在遗体落葬的地方设有祭坛，主祭的院长神父读祭文；之后是上香、下葬、立碑仪式。[2]

南怀仁真是哀荣备至，隆重的葬礼表明康熙帝对他的眷顾始终如一。可以说，这二人虽然不能说成是"密友"关系，但确有"密友"的成分。

1　韩琦、吴旻校注：《熙朝崇正集、熙朝定案（外三种）》，中华书局，2006，第 168、344 页。杜赫德编《耶稣会士中国书简集——中国回忆录》第一卷，郑德弟、吕一民、耿昇等译，大象出版社，2005，第 264-268 页。
2　杜赫德编《耶稣会士中国书简集——中国回忆录》第一卷，郑德弟、吕一民、耿昇等译，大象出版社，2005，第 266-268 页。

康雍间殿试策问之题目与时政

——兼述康雍二帝的性格、政治方针

清代科举考试有对策科目，关注时事。

清代的乡试、会试的第三场是作策五道，"策"是考试中的一种文体。殿试的策制，考官出题是"策问"，贡士回答是为"对策"，故答卷起始即写"臣对"云云。考官出"策"，具有问难的意思，贡士应该认真回答："以嘉谋入告，无愧责难之义。"[1]策的内容关乎时事，是"策问时务"，因名"时务策"。策问，提出问题，从中可见皇帝、考官命意所在。

康熙、雍正两朝文科殿试二十八次，笔者以此探讨康雍两朝策制与时政的关系，试图了解康雍时期的政治，寻觅当时发生了哪些大事，当政者关注何种事务，这些事务解决得如

---

1 《清实录》第 7 册，《世宗宪皇帝实录》卷一二，元年十月辛未条，中华书局，1986，第 226 页。

何，此外从中窥视策制确定者——皇帝的个性如何，科举是否还有价值。其实，关于康雍两朝政治史的研究已经很多，从策制试题一端不可能有什么大的发现，笔者不过是从一个新的角度——策制与时政关系的论证方法来观察，或许能够印证学者已经做出的研究成果及细微发现。

试题的拟定与目标

康熙二十四年（1685），朝臣请求皇帝"亲定殿试题目"。康熙帝偶尔拟定过会试题目，但全让他来出，有两个难处：一是他个人对此"不胜烦琐"，二是贡士容易揣摩出试题。故不允准，仍由考官拟题，皇帝审阅批准。[1] 雍正元年（1723）恩科，雍正帝指示："会试、殿试题目，或于古文及律诗词赋等文内，由内阁奏请，恭候钦命，余俱照文殿试例。"[2] 殿试是天子之试，贡士通过殿试成为进士，就是"天子门生"。试题本应天子自出，然而康熙帝所说的两个原因是实际困难，不可能每次皆由他撰拟，于是偶尔由皇帝亲自拟定；通常的情形是考官先请

---

1 《清实录》第5册，《圣祖仁皇帝实录》卷一二〇，二十四年三月丁丑条，中华书局，1986，第260页。

2 乾隆官修《清朝文献通考》卷四八《选举二》，考5313，浙江古籍出版社，2000。

示拟题方向，而后拟题，经皇帝阅改确定。[1] 诚如康熙帝所顾虑，殿试出题，以防止贡士猜题为大事，皇帝、考官时时在意。康熙五十二年（1713），"以近科乡会试多择取冠冕吉祥语出题，每多宿撰倖获"。故五十四年（1715）康熙帝降旨："科场出题，关系紧要，乡会经书题目，不拘忌讳，断不可出熟习常拟之题，朕常讲《易》及修定天文律吕算法诸书，尔等考试官断不可以此诸书出题……不然则人皆可拟题倖进，实学何由而得？"[2]

试题内容反映康雍两朝关注的事务及出现的大事

康雍两朝的策问题目究竟是何内容，表达出哪些政治治理观念，反映出哪些时政问题，兹分类交代如次：

对于执中治国之道、治理方针是宽平抑严苛和更新抑守旧的探讨

康熙十二年（1673）三月策试"治狱之吏，以刻为明……常平之设，多属虚文……今欲疏禁网以昭惇大，缓催科以裕盖

---

1 皇帝与试题的关系，康熙博学鸿词科亦为一例："钦命试题，赋一篇、诗一首。"见乾隆官修《清朝文献通考》卷四八《选举二》，考 5307，浙江古籍出版社，2000。

2 《清实录》第 5 册，《圣祖仁皇帝实录》卷二六二，五十四年正月甲子条，中华书局，1986，第 579 页。《清朝文献通考》卷四八《选举二》，考 5312，浙江古籍出版社，2000。

藏"，"何以使利兴弊革欤？"[1] 康熙四十二年（1703），康熙帝认为世道"蒸蒸然有治平之象"，既然处在治世，因此殿试策问提出三个问题。一为执中之政的方针："从来治有大体，贵在适中，若或矫饰以邀名，深刻以表异，虽复矢志洁清而民不被其泽，岂非务综合则人受烦苛之扰，尚宽平则人蒙休养之福，其何法以激劝之欤？"二为教化之术："风俗厚则仁让之教兴，风俗媮则嚣凌之气炽。今欲使家敦孝弟，户励廉隅，共勉为忠厚长者之道，而耻为非僻浮薄之行，宜何术之从也？"三与执中之道相联系，为平狱之法："兹欲听狱之吏，体朝廷好生之心，悉归平允，以渐臻于刑措，何道而可？"[2] 策题所说的"综合""深刻"是指"综核名实"，即更新；而所说的"宽平"是行仁政，对现状不做大的改变。

雍正元年（1723）举行恩科，策问以端正风俗为题，表达改行新政的意向："今欲使家有孝子，国有廉吏，所以倡导鼓舞之者，其道安在？""风化始于君，成于臣，渐仁摩义，非一手足之烈欤。""尔多士积学有年，必有以抒凤抱而佐朕之新政者，其悉以对，朕将亲览焉。"[3] 次年殿试策问，雍正帝提出政治革新

---

1 《清实录》第 4 册，《圣祖仁皇帝实录》卷一一，十二年三月庚寅条，中华书局，1986，第 553 页。

2 《清实录》第 6 册，《圣祖仁皇帝实录》卷二一二，四十二年四月己卯条，中华书局，1986，第 148 页。

3 《清实录》第 7 册，《世宗宪皇帝实录》卷一二，元年十月辛未条，中华书局，1986，第 226 页。

的三个问题，令贡士回答。一为讨论兴革的利弊，革新可能会出现烦苛，维持旧况，则弊端滋生，如何是好？以用人而论："诚欲其兴事慎宪，有裨地方，非直洁己自好而已。夫生事苦其纷更，而避事必至隳废。操切患其滋扰，而优容又至养奸，何道而成明作悖大之治欤？"二为议论学与行的关系，重在实践："士为四民之首，必敦尚实行，以倡风化，今或务华鲜实，甚者嚣凌狙诈，岂渐摩化导有未至也？抑崇德绌恶，所当劝惩互用欤？"三是讨论如何劝农，广开农田："朕欲地方大吏督率有司，多方劝课，俾惰农尽力于作劳，旷土悉成为膏壤，何道而可？"[1]雍正八年（1730）殿试，策问课吏宽严之道："夫课吏者，督抚之责也，务为姑息，必长废弛玩愒之风；稍涉苛求，又非为国家爱惜人才之道。何以励其操守，作其志气，策其不逮，宥其过愆，使群吏承风率教，鼓舞奋勉，以奏循良之绩欤？"[2]从宽与严的角度议论吏治之道，不单是吏治问题，而归属于施政总方针议题之内。

上述策问之题，实质上是要求贡士议论"时中"之策，即根据当时吏治、民生状况，实行何种政策最为相宜，在方针上是仁政的宽松还是革新的威猛，在具体方面则表现在对官吏、

1 《清实录》第 7 册，《世宗宪皇帝实录》卷二五，二年十月壬申条，中华书局，1986，第 337 页。
2 《清实录》第 8 册，《世宗宪皇帝实录》卷九三，八年四月己亥条，中华书局，1986，第 240 页。

刑政的宽严态度上，总之是追求中庸之道并加以落实。

追求忠孝之道、君臣一体、一心一德，反对臣下结党营私

康熙四十八年（1709），在第一次废黜、复立太子事件及其反映的朋党之风盛行之后，殿试的策问题目就与此密切相关，侧重在议论朋党之害与讲求人伦道德方面："从来人臣之于国家，谊均休戚，所谓腹心股肱联为一体者也，倘或营己怀私，背公植党，则臣职谓何？夫不欺之谓忠，无伪之为诚，古名臣忠与诚合，然后能守正不阿，独立不依。今欲戒欺去伪，以共勉于一德一心之谊岂无其道欤？"[1]六十年（1721）是康熙帝登基一甲子大庆，而太子虚位，诸皇子与臣下结党谋位，康熙帝颇有隐忧，策问就此而发："朕自御极以来，……兢兢业业，宵旰不遑，六十余年如一日，而犹虑人心诚伪不一，凡在臣工，欲其消朋党而去偏私，无怀二心以邀虚誉，……夫粹然无私之为公，凛然不欺之为忠，为人臣者，必能公忠自矢，表里如一，乃不愧心膂股肱一体之义，倘或缘饰于外，则实行不孚，甚至背公植党，起于心术之隐微，而其害有不可胜言者，今欲戒欺妄而去私伪，果何以精白乃忱，靖共尔位欤？"[2]

1 《清实录》第6册，《圣祖仁皇帝实录》卷二三七，四十八年三月辛卯条，中华书局，1986，第369页。
2 《清实录》第6册，《圣祖仁皇帝实录》卷二九二，六十年四月壬辰条，中华书局，1986，第637页。

雍正帝在策问中把"君臣一体"当作论题,是在雍正五年（1727）的殿试之时,然而自他继位以来的殿试都关涉这个论题。如元年（1723）恩科策问,开头即说:"朕惟致治之道,必君臣一德。"[1]二年（1724）策问亦然:"朕惟至治之世,君臣一心一德"云云。[2]

讲求儒学、理学学术根底的修养,以改善官风与士习

康熙二十四年（1685）,策试题关注民生士习:农夫果然"争趋本业否欤?"欲使士人"束修砥节,何道而可?教化之不兴,以凡为士者从事虚名而未登实学也,矫伪相煽,中于人心,咸令惕然知返,著诚去伪,抑何术之从也?"[3]对于理学家空谈性命之学而不能践履,康熙帝有所不满,就在殿试十天后,指责空疏不学之辈,"借理学以自文其陋","自负为儒者,真可鄙也"。[4]他是想通过殿试命题,教育士人改变学风和为人作风。

雍正五年的殿试,策问探讨端正士习的问题:"今欲使读书之人,争自濯磨,澡身浴德,悉为端人正士,以树四民之坊表,

---

1 《清实录》第7册,《世宗宪皇帝实录》卷一二,元年十月辛未条,中华书局,1986,第226页。

2 《清实录》第7册,《世宗宪皇帝实录》卷二五,二年十月壬申条,中华书局,1986,第388页。

3 《清实录》第5册,《圣祖仁皇帝实录》卷一二〇,二十四年三月庚辰条,中华书局,1986,第261页。

4 《清实录》第5册,《圣祖仁皇帝实录》卷一二〇,二十四年四月辛卯条,中华书局,1986,第263页。

图 1-11 《康熙帝南巡图卷》中的治河场面

必何道而可？"探讨如何获得称职的亲民官及其如何化导民风："朕欲百姓乂安，风俗淳美，果何道而使司牧皆得其人，以收实效欤？抑大法小廉，必端本于大吏之倡率欤？……为民牧者必如何劝勉鼓励，而后见丰亨豫大之休也。"[1]

此外，策问涉及对儒学、理学的态度，平定内乱，对准噶尔用兵和对外贸易事务等问题，不具述。

总观康雍两朝殿试策问内容，就与朝政相关方面，笔者产生三点深刻印象。

其一，试题与时政关系密切，针对性很强，极富现实感，呈现当朝大事。比如治理黄河、运河是康熙朝特别重大的事情。其时黄河夺淮河入海，河患严重，康熙帝几次南巡，就以治河为名，四十四年（1705）的第五次南巡，验收并宣布修治黄河、淮河工程的成功，他高兴地说"河事已大治矣"，"朕为两河告成，特来巡阅"。[2]两河的治理，不仅关乎地方民生，更关系着漕粮能否顺利运达北京，以保障京师官员、士兵食粮的来源。康熙帝不厌其烦地于九年（1670）、二十一年（1682）、三十三年（1694）、三十六年（1697）、三十九年（1700）五次出题，以治河考问贡士，可知修治两河是何等大事。康熙朝废太子事件和储位

---

1 《清实录》第 7 册，《世宗宪皇帝实录》卷五六，五年四月戊子条，中华书局，1986，第 851 页。

2 《清实录》第 6 册，《圣祖仁皇帝实录》卷二一九，四十四年二月庚寅条、三月己亥条，中华书局，1986，第 212-213 页。

虚悬，虽然没有明确进入试题，但是策问中反对朋党的问题就是为此而发，是一种隐晦的反映。雍正前期反对朋党也是当时在进行的大事，雍正帝策问总讲君臣一心一德，尤其是在雍正五年（1727）讲"绝党比之私"，可见反朋党是朝廷要务。

其二，皇帝以试题既宣扬也探讨根本性的治国方针和理念。施政方针的宽仁与严猛、政治的革新与维持现状、对官员廉洁与宽容的把握尺度、刑法的平允协中与否、理学为官方哲学等方面的试题涉及的是国家的治理理念和方针。这样的题目，既要让贡士领会、明了治国方针和理念，又要求他们发表见解，以备朝廷采择、参考。

其三，皇帝以试题要求官员、士人学用一致，使其成为百姓表率，端正民间风俗。康熙、雍正二帝屡次在策问中讲官员的大法小廉，辨别官员、士人的诚伪，要求他们讲求忠孝之道、君臣一心一德、不欺隐、不矫诈沽名、言行一致，"悉为端人正士，以树四民之坊表"，从而化导民风，达到"百姓乂安，风俗淳美，……丰亨豫大"的至治气象。[1]

科举仍有可以称道之处

康熙时期就有改革科举制度的议论，而到了光绪末年才废

---

1 《清实录》第 7 册，《世宗宪皇帝实录》卷五六，五年四月戊子条，中华书局，1986，第 851 页。

除科举。科举之弊，20世纪论者颇多；近年则有学者关注废科举之后出现的社会问题，诚为反思后的有识之见。科举策问体现康雍两朝重视选拔实学人才的努力。

策论是选拔实学人才的重要途径。策论之试，是考察应试者对政治与时政的分析认识能力；殿试考试时务策，显示出朝廷选拔实学人才的愿望。出题讲究合于时务，否则处分命题的考官，这同样显示了选取人才的愿望。康雍两朝历次策问的内容，都是关乎国计民生的大事，或是治国的纲领理念，朝廷可以从贡士的答卷中发现有识之士。

策论是朝廷获取民间声音的一种渠道。皇帝和主考官的命题，就是让贡士把握时政特征并针对存在的弊病提出对策，于是殿试策论成为取士的一项标准，更是朝廷获取政治建议的一种渠道。贡士来自民间，他们的对策在力求符合经典及揣摩、迎合皇帝旨意的同时，必然会或多或少地反映民间的声音、民众的某种要求，供朝廷参考、取择。

进行策问的科举仍然可以选拔出人才。科举既然考时务策，所出的试题都是关乎时政的，尤其是要政、国策方面的，表明朝廷是希望从考试中发现人才、选取人才的，因此不能说科举制绝对扼杀人才、窒息人才。当然，由于科举制内在的弊病，清代已经不能出现旷世人才，故而嘉道时期龚自珍有"我劝天公重抖擞，不拘一格降人才"的呼声。

康雍两朝的殿试策问，说明朝廷努力从科举中选拔实学人才，至少是有这种愿望的。

从试题看康雍二帝的政治方针与为人性格

从试题看康雍二帝为人，他们的共同之处是：勤政不倦而又认真；善于把握时局和发现问题；讲求政治思想的深入人心（从官员、士人到百姓），以此移易政风、士习、民俗。他们的相异之处是政治思想和施政方针有所不同：康熙帝始终主张并施行宽仁之政，反对更新，为人宽容；雍正帝力主革新除弊，实行严威治国的方针，为人严酷，察察为明。

康熙帝一贯主张实行宽仁政治，笔者将从三个方面来表述。其一为一贯性。康熙帝实行宽仁之政，笔者原以为这是他后期的事情，特别是晚年倦勤所致，但今从策论试题来看，他早在青年时代就是这种主张。康熙十二年（1673），策问试题指斥刑政弊端——"治狱之吏，以刻为明"，表示"欲疏禁网以昭悙大，缓催科以裕盖藏"。[1] 指出判案应该平允，不可深文周纳，导致失入之误；要爱民，令民家有盖藏——有隔宿之粮，而不能催科太急太猛。一个刑政、一个赋敛，关系百姓生活和生命，慎重为之，集中体现了康熙帝宽仁施政的理念。此时康熙帝二十岁，其宽仁之政一直坚持到他寿终正寝。三十九年（1700），策问仍

---

1 《清实录》第 4 册，《圣祖仁皇帝实录》卷四一，十二年三月庚寅条，中华书局，1986，第 553 页。

以慎刑为题："朕于大小之狱，必平必慎，每念民命至重，务委曲以求其生，乃四方奏谳，或未协中，而听狱之吏，至有恣用酷刑，滥伤民命者，何其惨而不德也！"在这种指斥中，康熙帝表露出施政"协中"的观念，这就是笔者将要叙述的"其二"了：强调执中之政，反对更新。就在这个谈论"协中"的问卷中，他又说官吏"自以综合为能，则民亦滋累"，意思是：认为更新是美谈，而实际是扰民乱政，对此显示出不赞成的态度。而更鲜明的表达则是在四十二年（1703）的策问中，他说："从来治有大体，贵在适中，若或矫饰以邀名，深刻以表异，虽复矢志洁清而民不被其泽，岂非务综合则人受烦苛之扰！"同时认为"尚宽平则人蒙休养之福"。宽平民得福，更新则民受烦苛之苦，为民行仁政，就不必进行综核名实的更新。其三，对官员中不正之风，温和劝导，不予严厉处分。康熙帝自云："朕自幼登极，生性最忌杀戮。历年以来，惟欲人善而又善，即位至今，公卿大臣保全者不计其数。"[1]科举中有作弊贿卖现象，只有出现大案，康熙帝才严加处理，对小事就睁一眼闭一眼，但是并不忘告诫官员清廉，秉公处事。[2]

雍正帝与康熙帝不同，他锐意更新，猛烈推行新政。对

---

1 康熙：《庭训格言几暇格物编》，陈生玺、贾乃谦注释，浙江古籍出版社，2013，第110页。
2 《清实录》第5册，《圣祖仁皇帝实录》卷一六二，三十三年三月戊午条，中华书局，1986，第777页。

此，他也是有一以贯之的特点，还在皇子时代，偶尔奉命处理事务或议事时就表现出来了。如康熙四十八年（1709）康熙帝巡视京畿，责备同行的鄂伦岱等结党营私，而鄂伦岱以国戚自居，不知畏惧悔改。胤禛在旁看不顺眼，向康熙帝建议，把鄂伦岱交给他处置，他说："此等悖逆之人，何足屡烦圣怒，乱臣贼子，自有国法，若交与臣，便可即行诛戮。"[1]从中可知他性格严酷。不当政尚且如此，一旦位登九五，必行严猛之政。雍正元年（1723）举行恩科，策问表示实行新政；二年（1724）殿试策问，雍正帝大讲政治革新之道，表现在对官员、士人、农夫的严格要求方面。关于官员的要求，他说任用官员"皆务得人，欲其兴事慎刑，有裨地方，是非直洁己自好而已。夫生事苦其纷更，而避事必至隳废。操切患其滋扰，而优容又至养奸，何道而成明作悖大之治欤？"他虽在兴事、避事方针的选择上问难于贡士，可是在字里行间表明他的态度：官员不能只是洁身自好，还是兴事为好。同样的问题，与康熙帝的策问文字表达就不一样了：康熙帝注重讲综合偏急扰民，而不讲避事的隳废——败坏政事，表示偏重于宽仁的态度。由此可见两个皇帝意向不同，政治方针不一。雍正帝的策问还指斥士人"务华鲜实，甚者嚣凌狙诈"，因而提出"劝、惩互用"的问题，并且借

1　中国第一历史档案馆编《雍正朝起居注册》第 1 册，三年二月二十九日条，中华书局，1993，第 443 页。

用经典之论"先王诗书礼乐以造士，其不率教者，有郊遂之移，寄棘之屏"，也就是说，不符合规范的士人，将摒弃不用，显现出对士人的严肃态度。对于农夫也是着重警告，要求地方官"多方劝课，俾惰农尽力于作劳，旷土悉成为膏壤"，简直是把农民看作"惰农"，不是鼓励，而是威吓。官，要求其兴事、生事；士，要求其行履端正；农，要求其勤于力作。雍正帝不满于现状，希望"吏治澄清，教化洽而休养备"，"以成郅隆"之世，[1] 而至此之道，在于兴事，在于革新，而不能避事守旧，策问即表达了雍正帝的革新精神和施政方针。总体来说，雍正帝的革新思想，是在前朝形成的，登基后予以延续和发展，即已经不是在所能涉及的范围内主张严威政治，而是全面施行于各个社会领域。雍正帝力主革新，而性情的急躁、残酷在策问中也暴露出来。

---

1 《清实录》第 7 册，《世宗宪皇帝实录》卷二五，二年十月壬申条，中华书局，1986，第 388 页。

雍正帝与朝臣同乐的
重阳节赋诗会

　　雍正四年（1726）重阳节，雍正帝君臣聚会，共赋柏梁体诗。这种诗体始创于汉武帝，由大臣能诗者联句，每人一句，句皆用韵。朝廷举行赋柏梁体诗盛会，并不常见。康熙朝仅在康熙二十一年（1682）举行过一次，至此已有四十余年，雍正帝来赓续。

　　雍正四年九月初九重阳日，雍正帝在乾清宫西暖阁召集皇子、诸王、大学士、九卿、各衙门堂官、翰林、科、道等官，以及武大臣中会赋诗者，计有九十四人，共赋柏梁体诗。雍正帝限定八庚韵，朱书黄签，分给众人各一字。本来大臣在皇帝面前奏事，是躬身下跪姿势；这次是诗会、宴会，特给参与者桌几赐坐，备有笔墨和酒肴，内侍传谕："今日赋诗式燕，用昭君臣一体之谊，诸臣毋得过拘礼节，能饮者不必限以三爵。"诸臣聆谕，方共持杯、染翰，酝酿腹稿。雍正帝首先作成，命大学士张廷玉捧示诸臣，诸臣赞叹皇帝诗句"涵盖万有，义蕴精深"，然后次第写就进呈。雍正帝亲自写出序文，亲洒宸翰，宣示诸臣，众人作态又是一番雀跃赞颂。皇子、诸王、大学士、尚书、都统来到雍正面前敬酒上寿。雍正帝亲自给他们赐酒，并命皇子、诸王分别给尚书、都统以下官员赐酒。饮毕，诸臣退至乾清门外等候，少顷再次被召入。雍正帝在正殿升座，皇子、诸王、大臣分东西两班序坐，作乐进膳，赐食演剧。宴毕，诸臣谢恩退出，雍正帝复依诸臣品级赏赐糕饼瓜果等物。

　　雍正帝的《御制序》讲，赋诗聚会不是为宴乐逞文采，而是"昭圣祖养育之深恩，朕廷泰交之雅会，垂之奕世，永传斯事"，意在报答康熙帝抚育万民的深重恩情，歌颂当今太平之政

图 1-12　乾清宫内景

和君臣一体之情。雍正帝的诗句为："天清地宁四序成。赓歌拜手颂升平。"诸王臣工赓续依次为：诚亲王允祉"卿云旭日映金英"，恒亲王允祺"恩覃九有仰文明"，怡亲王允祥"普天率土庆时亨"，庄亲王允禄"愿抒愚忧体维城"，果郡王允礼"湛恩渥泽周群生"，皇四子弘历"太和景象弥寰瀛"，皇五子弘昼"九族敦睦沐恩荣"；顺承郡王锡保"御筵陪侍玉璁琤"；镇国公德普"一庭和气庆丰盈"，保和殿大学士马齐"素餐帷幄愧调羹"，文华殿大学士嵩祝"皇衷感召惟至诚"，文华殿大学士田从典"老臣瑶席献寿觥"，文渊阁大学士高其位"梯航万国歌永清"，文渊阁大学士张廷玉"黜陟维公玉衡呈"。部院大臣各以其职务作出诗句，如吏部尚书查弼纳"均平九式百度贞"，户部尚书蒋廷锡"仁风四洽天宇晴"，礼部尚书李周望"声灵赫濯昭鸿名"，兵部尚书蔡珽"求厥明允先平情"，刑部尚书塞尔图"虞廷弼教丞秋卿"，工部尚书李永绍"圣德刚健符乾行"，等等。最后，三位御史赓续写出结句："重阳令节开九阃"，"帝庸作歌畅元声"，"盈庭喜起臣邻赓"。将联句通读下来，诸王皇子从总体方面歌颂太平盛世和皇帝圣德；朝臣各以其官职讴歌圣明，也表示会尽职尽责，不辜负皇帝的期望。

赋诗宴会在雍正四年（1726）进行，但是事情并没有完，因为雍正帝要把诗歌印刷出来。雍正五年（1727）九月重阳节时，雍正帝颁赐上年重阳节柏梁体诗墨帖于王、大臣、翰詹等官，另外颁赐各省督抚、学政各一册。雍正帝还因重阳节，在圆明园正大光明殿赐宴诸王大臣，并赐诸王大臣及三品以上官员缎匹。至此，雍正朝的重阳赋柏梁体诗的盛事方告正式结束。

赋柏梁体诗本身是一件盛事，表示君臣共庆升平，讴歌太平世道。就康熙二十一年（1682）举行的嘉宴赋柏梁体诗，《雍正朝起居注册》谓，康熙二十一年"举行升平嘉宴，赋柏梁体诗，旷典庥风，彪炳史册。我皇上御极四年，事事仰承谟烈，治化翔洽，德泽覃敷"，值此金秋丰收之际，举行盛典，"歌咏升平之象，作述同揆，后先一致，远媲唐虞元首股肱之盛"，君臣一体，非汉唐以来宴乐可比。要之，不常举行的重阳节盛会赋诗，凡是举办，即为朝廷旷典，载入史册的盛事，雍正帝以此表示对自己初政的满意。这样的大会，自然是臣工讴歌皇帝的机会，应当识趣地去感恩，诚心诚意凑热闹，挖空心思吟出好诗句，以赞颂皇帝的盛德和文采，所谓"圣情醇厚，文藻乔皇，远媲典谟，永垂巨制，而书法神妙，超迈晋唐"。

嘉会同时展示出君臣一体的愿望，也是一种大规模的实践，颇有君臣同乐的味道。皇帝让大臣不拘礼节，会饮酒的臣工可以多饮，臣工当然不敢造次。但是，显而易见，雍正帝确实要营造君臣同乐的气氛。[1]

1　本篇史料来源：中国第一历史档案馆编《雍正朝起居注册》，中华书局，1993；《世宗宪皇帝实录》，《清实录》本，中华书局，1986。

图 1-13 《雍正十二月行乐图》局部

雍正帝恣意辱骂满族臣工的主子脾气

君君臣臣父父子子，各有本分，君有君道，应以君道礼遇臣下。雍正帝有时表现出对臣工的关爱，对办事称心满意者多加褒奖，对悟性较低者开导启发、教育提高；对有失误而又让他不满意的官员，动辄任性使气，在官员的奏折中谩骂讥讽，轻则斥为糊涂、无知、可厌，重则骂为不是人、死人、狗，甚至辱骂其爹娘，使其极度难堪。

辱骂臣子，对满洲臣工尤其肆无忌惮。比如，雍正五年（1727），他在左都御史尹泰的几份奏折上朱批一叠令其难为情的话："尹泰，尔以前干什么来着，该死的老畜牲！与彼等同负人之恩，还是身罹其祸。尔若负朕恩，则天必诛之。""放老狗屁。""尔不是人，……尔若再如此负朕起私心，不但天必诛殛，朕岂有罢休之理？"同年七月，热河总管固颜等奏报发放官兵钱粮，朱批："此乃报告兵部的常规事务，何需折奏，尔等空闲无聊一奏，竟不顾朕日理万机，何有闲暇阅览尔等这类无用之文，纯属一群不如畜牲之辈。"这是怪他们不体谅皇帝的精力身体，爱君之心不足，如同一群畜牲。盛京兵部侍郎永福多次挨骂，在七年（1729）十月奏报诸事迟误缘由的折子上，又一次领受了雍正帝的训斥："不知羞耻，该死的牲口，若再不悛改，不慎重品行，仍负朕恩，尔自己斟酌着看罢，朕与尔亦无旨可降矣。"同年十一月，浙江乍浦水师营副都统傅森奏报生息银两营运之策，雍正帝嫌他不达事体，骂道："糊涂的东西，向（浙江总督）李卫、（都统）阿里衮请教以行。"九年（1731），雍正帝赏赐乍浦满洲水师营官员以马匹草料银，并增加水兵禄米。傅森因而谢恩，雍正帝乘机呵斥他："恬不知耻。何脸面替官兵谢恩具奏。"

这类朱批谕旨屡见不鲜，有失君道，一国之君有失身份，这就不能不是他的思想意识和性格所形成的。究其产生的原因，有一种因素或许应当留意，那就是雍正帝喜怒无常的性格，也可以说他是个感情丰富的人，不能控制情绪，就笔之于文字地骂出口。不过，更重要的原因，应当是雍正帝的"领主"意识。他将旗人臣工视作奴才，故而可以任意辱骂。满族臣下对皇帝称"奴才"，这在他们的观念里是理所当然的；汉族臣工，起初也学着称"奴才"，后来不被允许，径直称"臣"。不仅普通大臣，就连亲王亦自称"奴才"。如怡亲王允祥、庄亲王允禄于雍正二年（1724）七月奏报与皇子至木兰学习行围的事，其中有

"皇上若不为我众奴才而圣意有所顾虑，则我众奴才之福矣"。
对奴才，主子就有管教、役使的权力，奴才如果办事不力，出
现错误、重大失误，主子自然要摆出主人身份予以惩罚和教导。
这当中使用粗暴语言，不是主子修养不足，而是行施主人正当
权力所需要的，这样才能制驭奴才，令其服服帖帖效力。在传
统观念里，向来有"人前训子，背后教妻"之说。父亲当众训
子，儿子不会有什么难堪，反而是家教好的表现。雍正帝以皇
帝和家长（领主）两重身份来对待臣工，对其有所辱骂不算什
么。雍正帝具有的领主意识，是满族统治者的特色。长期以来，
中国传统社会是地主制。明清地主与佃户在法律上是长幼关系，
并非主奴关系。在这种社会里，皇帝与臣民是君父与子民关系，
亦非主奴关系，故而历代皇帝大多以礼待臣工，像明代的廷杖
那样，皇帝当众侮辱朝臣确是罕见之事。在明代中后期，满族
人实行的是领主制，领主对属民近乎对待奴隶，人身控制程度
很强，属人依附关系程度很高，主人甚至可以处死属人，责骂
便算不得什么。清初，满族社会刚刚脱离领主制，但仍保留了
许多领主制下的习俗、观念和行为，因此皇帝拿满族臣工当作
属人、家奴对待。所以雍正帝对待旗人臣下的辱骂和高高在上的
主子态度，是领主观念与皇帝观念相结合的产物，保留了领主对
待属人的意识形态。他谩骂臣工，也就不足为奇了。[1]

1　本篇史料来源：中国第一历史档案馆编《雍正朝起居注册》，中华书局，1993；
雍正帝《朱批谕旨》，光绪十三年上海点石斋馆缩影本。

雍正帝大讲"祥瑞"

——政治需要的大败笔

雍正帝相信天人感应说，也以此大讲祥瑞，臣下与之呼应，于是雍正朝祯祥迭出，笑话频生。这是雍正帝政治的一大败笔。

雍正帝宣付史馆的"祥瑞"闹剧

讲祥瑞，是中国历史上常见的事情。古人把"天降甘露""麒麟见""瑞芝生"之类当作嘉庆祯祥，以为它们标志着政治修明、人民乐业的太平治世的出现。相信和制造祥瑞的主要是统治者，在历代皇帝中有一些热衷者，也有对其不感兴趣者。康熙帝属于后一类型；而雍正帝与父亲不同，属于前一类型的帝王，大讲祥瑞。

在雍正帝的鼓励下，官员形成呈报祯祥的风气，雍正帝则以宣付史馆作为回应。

　　凡是历史记载的嘉祥，在雍正朝几乎都有记载出现，于是祥瑞层出不穷，诸如：

　　嘉禾。雍正元年（1723）八月，大学士等奏称：江南、山东出产的麦、谷，大多双歧、双穗，蜀黍有一茎四穗的，这都是由于皇上的圣德感动了上苍，才生产出这样的瑞谷，请求把它交给史馆，予以记载。雍正帝批准，这是报瑞谷的开始。不过这时只报一茎两穗、四穗的，之后则越报越多得离奇了。二年（1724），大学士等报雍正帝亲自耕种的宫中南海丰泽园稻田，出现大量多穗稻，且"穗长盈尺，珠粒圆坚"。五年（1727），田文镜奏报河南所产谷子，有一茎十五穗的，雍正帝很高兴，说这是田文镜忠诚任事感召天和的表现。七年（1729），黔抚张广泗报告，新近改土归流的地区，稻谷粟米一茎数穗，多的有十五六穗，稻谷每穗四五百粒至七百粒，粟米每穗长至二尺多。雍正帝下令把他呈进的瑞谷及图重新绘画刊刻，颁发各省督抚观览。雍正帝还把地方官奏报的瑞谷制成《嘉禾图》《瑞谷图》，亲自作跋，表示自己相信各地呈报的瑞谷都是真的，也要求臣民和他共同相信实有其事。七年，顺天府尹进呈的耤田嘉禾有二十四穗，雍正帝说这种谷子本来是多穗品种，叫"龙爪谷"，播种时不应将它掺入，因此告诉府尹以后不可被小人愚诈。以此证明他懂得哪些是真的嘉禾、瑞谷，不会被人欺骗，其实他是在自欺欺人。

　　瑞茧。七年，署理浙江总督性桂奏称，湖州民人王文隆家万蚕同织瑞茧一幅，长五尺八寸、宽二尺三寸，老农都说这是从来没有的事。雍正帝于是向廷臣宣布此事。

蓍草、瑞芝。元年（1723）四月，守卫皇陵的马兰峪总兵官范时绎进呈蓍草，说是顺治帝孝陵所生，雍正帝命廷臣传阅，百官"惊喜赞颂以为奇瑞"。七年（1729），康熙帝景陵圣德神功碑建成，领侍卫内大臣尚崇廙奏称碑亭仪柱右侧生出瑞芝一本，长六七寸，"祥光焕发"，雍正帝说这是上天特赐嘉祥，以表彰皇考功德隆盛。十年（1732）和十二年（1734），官员先后奏报景陵生瑞芝，雍正帝命宣付史馆，昭示中外。

瑞麟。山东巡抚岳濬于十年报告，巨野县民家的牛生下瑞麟，遍身皆甲，甲缝有紫毫，光彩烂生，实为盛德瑞征。雍正帝说山东连年水旱灾浸，不敢言瑞，但将此事告谕天下臣民共知。次年四川总督黄廷桂奏，盐亭县农家牛生瑞麟，绘出图形进呈。十二年十月，山东官员又报称宁阳县牛产毓麒麟。"圣人生，王道行"，则麒麟现。雍正朝三次获麟，当然是"奇瑞"了。

凤鸟。八年（1730），雍正帝正在营建他的陵寝，总理石道事务散秩大臣常明等奏，房山县采石工地上飞来一只凤凰，五色具备，文采灿然。同时另有官员报告，见到高五六尺的神鸟，"毛羽如锦，五色具备，所立处，群鸟环绕，北向飞鸣"。自古以来称凤鸟为王者的嘉祥，出现在陵工采石场，更同皇帝圣德联系起来了。

甘露。据浙江观风整俗使蔡仕舢折奏，七年正月二十二，天降甘露于嘉善、嘉兴二县，遍结树枝、苇、竹之上，形若脂凝，味如饴美，实系太平上瑞。雍正帝信而不疑，说汝等大员果肯秉公持正，察吏安民，实心为国家宣优敷化，此等征应，是必然会有的。

五星连珠。1982 年在中国境内出现了两次九星连珠——太阳系的九大行星（现八大行星加冥王星）集于太阳一侧约 100° 角的范围以内。中国古人尚不知道围绕太阳运转的有九大行星，但已有五星连珠之说。清代把金木水火土五星同在太阳一侧 45° 角范围以内叫"五星连珠"。三年（1725）二月初二，发生了日月同升（"日月合璧"）和五星连珠的自然现象。这种异常情况，数百年才会出现一次，历来被古人视为嘉瑞。钦天监在推算出这一现象将要发生之后，雍正帝以为这是难得一遇的幸事，命令史馆加以记录，并宣告臣民知晓，届时举朝庆贺。

黄河清。河道总督齐苏勒、漕运总督张大有、河南巡抚田文镜、山东巡抚塞楞额、陕西巡抚法敏等人先后奏报黄河水清，说陕、豫、鲁三千一百余里的黄河道上，在四年（1726）十二月初八至五年（1727）正月十三之间，河水清澈见底。与此同时，山西巡抚德明奏报，河曲县至垣曲县黄河水清澈异常。为此雍正帝君臣称这是从来未有的上瑞，雍正帝说这是上天和皇考的赐福，他不愿独享，转赐诸臣，给知县、参将、主事以上朝内外文武百官每人加一级纪录的恩典。八年（1730），甘肃巡抚许容折奏，七月五日起的三天内，积石关一带河流澄清澈底，雍正帝认为这是因为正在河源处筹建河神庙，才得到这个祥瑞。

卿云现。雍正朝总督、侍郎李绂的《穆堂初稿》记载，康熙六十一年（1722）十一月二十日，雍正帝即位的前数日，天气阴霾惨淡，到举行登基典礼时，"天忽晴明，赤日中天，臣民欢呼，占为圣主之瑞"，待到第三天，空中发现了卿云。雍正元年（1723）九月，雍正帝护送孝恭仁皇后灵柩赴遵化景陵，卿云再次出现。二年（1724）正月，雍正帝举行祈谷祭天礼毕，卿云又发生了。这些卿云现的记录，未见官员的报告，也未见雍正帝的批谕。六年（1728）十二月，云贵总督鄂尔泰折奏，十月二十九日圣寿节这一天（当年十月小，雍正帝以二十九日算作圣诞日），云南四府三县地方，出现五色卿云，光灿捧日，次日更加绚丽。次年闰七月，鄂尔泰又折奏，贵州省思州和古州在一个月之内祥云连续出现七次。有的官员不赞成鄂尔泰这样献媚，如大理县刘知县说："我的眼睛迷了沙子，怎么看不见庆云啊！"雍正帝自然支持鄂尔泰，很不满意那些官员，他说像鄂尔泰这样督抚的陈奏祥瑞，是出于爱君的真实感情，认为鄂尔泰是迎合、谄谀的人，则藏有幸灾乐祸的邪心，不单是春秋责备贤者的意思。在雍正帝的支持下，继鄂尔泰之后报卿云的纷至沓来。同年，山西巡抚石麟奏报十一月初二保德州民人发现卿云捧日，外绕三环，光华四射；又报告临晋县上空卿云丽日，五色缤纷，霞光万丈。雍正帝认为这是山西民风淳朴的验证，命令每州县可多表彰一个老农，赏给八品顶戴。

官员这样奏报祯祥，雍正帝迭加奖励，却说"朕从来不言祥瑞"。实则官员的报祥瑞是在他鼓励、指导之下进行的。正因此，雍正帝在位十三年中，官员呈报祯祥众多。"祥瑞"不易见，而雍正朝却屡见不鲜，岂非咄咄怪事？其实道理也很简单：上有好者，下必甚焉。雍正帝喜谈祥瑞，是现实政治的需要，理论依据则是天人感应说。

笃信天人感应说与政治需要

古人认为天意有两种表现形式：当国泰民安时屡现嘉祥；至政乱刑紊之际，则灾异频兴。雍正帝笃信世间主宰的天，相信父天母地、天理、天命之说，认为老天的赏罚最公平。每当新春之际，他写"福"字赐给臣下，官员感戴皇帝赐福，雍正帝却说不能这样看，不但皇帝不能以意赐福，就是上天亦不会随便赐福。衍圣公孔传铎在奏贺庆云本章中，把祥瑞的出现说成是"乾坤效灵"，自然被理解是天地报效皇帝，生出各种嘉祥。这样的谀辞实在过分。雍正帝说看到孔传铎奏本，很不安宁，因为"朕事天神至诚至敬，惟望天地神祇俯垂默佑，锡福兆庶，共享升平"。孔传铎竟然说天地神祇效灵于人君，难道不知道王者父天而母地，说出这种亵慢的话，所以对孔传铎大加申饬。雍正帝敬天，尤其笃信汉儒董仲舒的天人感应之说。二年（1724）三月初五，他说在二月二十八日向刑部官员讲，刑狱上关天和，应当体恤民命，对案件中被牵连的人，不要长久将其关在监狱里，刑部遵旨释放了几百人，三月初三普降大雨，这就是天人感应，捷如影响，不要以为下雨与释囚是偶然的巧合。三年（1725）四月十一日，雍正帝又说：三月底田文镜奏报开封干旱，他于四月初一祈祷神明，初三河南得雨。据此，他进一步阐发天人感应的道理：天人感应之理是得到明显印证的，凡人真诚敬天，自必会感动上天，而人君受天格外眷注，所以感通尤为迅捷。

雍正帝把自然现象与朝中政治、民间风俗联系起来，用以说明他的政治清明

官员报祥瑞，总不忘声明这是皇上敬诚所感、仁孝所致，是皇上精诚感召天地赐福，将其归因于雍正帝敬天法祖的结果。对此，雍正帝毫不推让，完全接受。他就五星连珠、日月合璧一事说，日月五星运行于天，原本有规则，是可以测算出来的，但是在什么时候遇到它，是幸运的，这时候必定是"海宇升平，民安物阜"。他之所以大肆庆贺五星连珠、日月合璧，就是为了说明他的治理造就了太平盛世，借以教育、鼓励臣僚研究政治得失。九年（1731）上半年天旱，雍正帝自责是自家"一人之咎"，灾害应由他独自负责。这样说包含内省因素，但主要是为教导百官。凡是他宠幸的人报告祯祥，必就此称赞他们治绩

显著，堪为臣僚表率，如田文镜奏报十三穗瑞谷，雍正帝就说：
"朕前降旨言田文镜、杨文乾、李卫皆实心办理地方事务，今闻
广东、浙江二省今岁皆获丰收，而广东之熟为数年所未有，豫
省民田又产瑞谷，此即该省巡抚诚意感通之征验也。"他表彰田
文镜治绩，连带肯定广东巡抚杨文乾、浙江巡抚李卫的行政。
雍正帝不满意的官员奏报灾害时，奏报的官员必遭一通责骂。
"天变示警"之说，对笃信天理的君主能引起自省，就可能起到
改善政治状况的作用。

　　宣传雍正帝圣孝。祥瑞出现最多的是卿云。庆云、卿云是
一回事，"卿云现"通常表示太平世道的出现，还有一种意思是
天子行孝。云贵总督鄂尔泰在六年（1728）十二月报告卿云呈现
的奏折中，援引汉朝人纬书《孝经纬·援神契》的话——"天子
孝，则庆云现"，说明云南出现的卿云，是"皇上大孝格天"所
致的庥征。雍正帝见到这个奏折异常高兴，随即谕告廷臣，特别
引出"天子孝则庆云现"的话，并说"朕之事亲，不敢言孝，但
自藩邸以至于今，四十余年，诚敬之心，有如一日，只此一念，
可以自信"。因为鄂尔泰把庆云现与天子孝顺连在一起，使他的
这次报庆云不同寻常，雍正帝大肆开恩，为云贵官员加级晋爵。
鄂尔泰由头等轻车都尉超授为三等男爵，云南提督郝玉麟从云骑
尉晋为骑都卫，其他巡抚、提督、总兵官各加二级，知县、千总
以上俱加一级。雍正帝重视这件事，同曾静案有密切关系。鄂
尔泰奏报前的三个月，曾静指责雍正帝谋父、逼母、弑兄、屠

弟，是大逆不孝的人，在这种
情况下，不管雍正帝有无谋父
逼母之事，颂扬他是圣孝的天
子，正符合他在政治斗争上的
需要——以此证明他是无辜被
污蔑的，谁若再相信曾静一流
的传说，就是悖逆天理、昧于
忠义的乱臣贼子。所以"卿云
现"不是一般的谈祥瑞，而是
雍正帝用来政治斗争的手段。

图 1-14 鄂尔泰画像

唐宋以前，君主在政治
不景气的时候，常向祯祥求
救，以欺骗臣民，维持统治。
雍正帝在这之后讲求祯祥，究其原因，一方面是他相信"天人感
应"，另一方面是复杂的政治斗争的需要，他借此打击政敌，争
取臣民。

讲祥瑞，弄虚作假，愚弄民众，是统治者无力的表现，雍
正帝大搞祯瑞，是愚蠢的做法。乾隆帝（1711—1799，1736—
1795 年在位）即位后，就把献祥瑞的做法取缔了。[1]

---

1 本篇史料来源：中国第一历史档案馆编《雍正朝起居注册》，中华书局，
1993；《世宗宪皇帝实录》，《清实录》本，中华书局，1986。

雍正帝密用僧人
参政与崇佛

雍正帝尊儒，同时崇佛用佛，干涉佛教内部教旨之争，俨然以精神教主自居。

自称"释主"

尊崇喇嘛教是清朝国策，对汉化佛教也不排斥，不过作为皇帝个人讲，对待佛教教派各持不尽相同的态度。顺治帝与汉传佛教关系密切，同禅僧木陈忞、玉林琇交往，几乎要出家（此事在《年青的顺治皇帝与老年传教士汤若望的密切关系》中有所说明）。康熙帝对佛教不怎么热衷，主张对僧、道都不要过于优待。雍正帝对和尚优加宠待，修庙宇，做法事，印佛经，用僧衲密参帷幄，但他知道利用和尚名声不好，所以加以遮掩。

雍正帝继位前与僧侣密切往还，位登九五之后，在臣工的

图 1-15　允祥像

奏折上写批语，往往用一些佛家的语言、故事显示他参禅功力。有一个道人说怡亲王允祥前生是个道士，允祥转告雍正帝，雍正帝大笑说，"看来你们生前有缘法，但是为什么商量来与我和尚出力？"他在这里自比和尚。

　　他在《自疑》七绝中自视为不着僧服的野盘僧，无有闲暇地为众生奔走四方，自号"破尘居士""圆明居士"，都是表示身不出家，而在家修行，为臣民谋福祉。五年（1727）正月，当群臣庆贺"黄河清"时，蒙古王公进京朝贺，并被要求诵经

图 1-16　雍正帝身着佛装像

祈福。雍正帝说：若蒙古地区因做佛事而人畜兴旺，是受我之赐，"朕亦即是释主"。他在这里已不是将自己比作佛徒，而是自称为教主了。雍正帝于十一年（1733）在宫中举行法会，召集全国有学行的僧人参加，与会者以此为荣耀。雍正帝亲自说法，收门徒十四人，包括爱月居士庄亲王允禄等王公皇子朝臣八人、和尚五人、道士一人。雍正帝把和尚、野僧、释主念念不离口，可见他当皇帝也没有忘掉谈佛。不仅如此，他还引用僧人参与政事。

用比丘密参帷幄

雍正帝佛家弟子文觉禅师住于宫中，参与议论国家最机密的要务。据说年羹尧、隆科多、允禩、允禵等人的案子，文觉禅师都出了主意，成了雍正帝的高级参谋。十一年，文觉年满七十，雍正帝命他往江南朝山，行程中，他的仪仗、护卫规格等同王公，经过地方的官员大多对他顶礼膜拜，如江南河道总督嵇曾筠、税关监督年希尧等都以弟子礼相见，有类于他的先辈——唐朝的李泌、明朝的姚广孝。不过始终没有公开文觉禅师的政治身份。

三年（1725）五月，雍正帝讲："近日直隶宣化府、江南苏州府等处竟有僧人假称朕旨，在彼招摇生事。"比丘何以敢于冒称圣旨，且不止一起？从雍正帝对迦陵性音的态度变化或可窥见一二。原来雍正帝任用他作京师大觉寺住持，称赞他人品极好，超越众多僧人之上，直到四年（1726），还说他不图权势，到庐山隐居寺修行，谨守清规，谢绝尘境，与江西官吏绝无往还；又称赞他对佛学领会透彻，颇能阐述微言大义，称他的语录是近来僧人难以达到的境界。为了表彰他的真修翼善之功，下命追赠国师，赐给谥号，将其语录收入经藏。数年之后，雍正帝大变其调，说他早看出性音品行不好，行为不端，一个出家人喜好干预尘俗的事情，所以在登基以后就命令他离开京城，以保护佛门的清规。至于性音的语录，雍正帝说也有很多地方含糊不清，让人不知道在说什么，因而不是有利于众生的作品，遂削黜其国师封号，从藏经中撤出语录。同时命令地方官查访性音门徒，不许记录当年雍亲王与僧衲交往的情形，更不准保存这类文书，否则治以重罪。这些和尚声称同皇帝有瓜葛，雍正帝或者不承认有这么回事，或者对当事人大加斥责。究其原因，那些和尚是要凭借与皇帝的关系，干预政务、俗务，雍正帝对他们指斥，是不允许他们做出超过自己允许范围的干政、扰民等行为，这从反面证明确有僧人参与政事。

朝臣反对言佛及雍正帝的克制态度

雍正帝任用僧侣和信佛的行为，自然地引起一些笃信儒学的正直大臣不满，并借用各种方式表达他们的思想情绪和意见。

五年（1727），对青年时出过家的沈近思升任左都御史，雍正帝问："你必定精通佛教宗旨，不妨陈说一些。"沈近思回奏："臣少年潦倒，不得已逃于佛门，自从进入学校，专心学习圣贤经世治国之理，以便报效国家，哪里再有闲情顾及佛学。臣知道皇上圣明天纵，早悟佛家大乘教的学说，但是国家各项事务，全靠圣上料理和指导臣下去做，因此臣愿皇上成为尧舜之君，不愿皇上成为释迦佛。别说臣不钻研佛学，就是懂得一些，也不敢在皇上面前乱说，以致干扰皇上思考政务。"沈近思的这一通儒家大道理，光明正大，迫使雍正帝改变不严肃的态度，称道其说得有理。更有官员提出抑佛的具体建议，三年（1725），御史钱以瑛奏请敕下各省督抚，勒令僧尼还俗；有的地方官建言把寺宇改为书院，发展儒学；有的要求重申禁止私度为僧的条令。

雍正帝对官员的反佛言行，虽有时暴跳如雷，但在处理方式上还是有所克制，如对直隶一个赶逐僧道的知县下旨拿问，侍郎留保为知县委婉解颐，说僧道都是无法生活的穷人，寺庙实际上是他们的收容所，皇帝容留他们，就如同周文王视民如伤的意思，不过是把他们当作鳏寡孤独加以照顾，然而那个学究式的县令不能领会皇上的圣意，难免犯错误。雍正帝见他说得堂而皇之，捧了自己，又堵了自己的嘴，就对那个知县从轻发落。

雍正帝尽力为自己信佛辩解，他说佛教的善应感报学说有助于人之身心健康，不过对治理天下并无裨益，所以没有密用僧人参政的道理。他甚至说："试问黄冠缁衣之徒，何人为朕所听信优待？"但他也懂得一手遮不住天下人耳目，用缁衣总有人知晓，就又为沙门参政作解说。他说顺治帝征召禅僧玉林琇进入内廷，研究佛学，就像黄帝到崆峒山访问广成子，讲求治身之要一样。黄帝是圣王，顺治帝延揽僧人，是师法黄帝，当然没有错。言外之意，他效法古圣王，师法祖宗，与僧衲过从有何过失！否认、辩解，说明他不敢公开地以佛教作为执掌朝纲的政治势力，他信佛、崇佛，也是有所节制的。中国历史上有反佛干政的传统——所谓"三武灭佛"，密用僧人是不光彩的事情，因此雍正帝不能不有所顾忌，从而不能恣意信佛、用佛。

直接干预佛教内部事务及与释子辩论是非

皇帝对佛教内部事务的干预，历来多寡不一。雍正帝对佛教内部事务的过问之多，在许多方面超过其他帝王，主要表现在任命寺院住持，扩建、修缮梵宫，赐予佛徒封号，反对僧衲中的"邪说"等方面。

雍正帝扶持禅宗，用他认为的正道僧侣持掌寺院事务。如允祥、弘晓父子成功重修香山卧佛寺，雍正帝用禅师超盛去执掌法席；又如北京护国寺修缮竣工，雍正帝选择玉林琇的徒孙超善充任方丈。根据这些情况，萧奭在《永宪录》中说："凡名山古寺，皆大内派遣僧人住持。"

　　雍正帝晚年修缮大量古刹名寺。江南宜兴县崇恩寺，系玉林琇国师传法之所，雍正帝以该寺规模较小为由，于十一年（1733）增建殿宇。浙江绍兴报恩寺是玉林琇开堂之所，为传其法，予以维修。南岳衡山是雍正帝的主寿山，湖南巡抚赵弘恩奏请动用库银修茸，为皇帝祝寿。雍正帝说为自己延寿不必进行，但为崇祀江河山岳之神则可以，批准了他的建议。他所维修的兰若，既是佛教圣地的名寺，又是他所表彰的玉林琇一派的修行之处，表现了他提倡佛教的宗派。

　　十一年，雍正帝表彰他认为的圣僧并赐以封号：说他们阐扬佛旨，"救拔群迷"，千百年后帝王表彰他们，希望时下的释教徒能够以他们为榜样，摒弃邪说，信奉正宗正论。

　　雍正帝在赐号、修庙中已表明尊崇的是玉林琇一派，但他觉得还不够，又亲自著述《御制拣魔辨异录》，发布有关上谕，直接参加佛教宗派学术斗争。早在明崇祯年间，属于禅宗临济宗的汉月藏（法藏）著《五宗原》，密云悟撰写《辟妄救略说》与之论辩，产生宗旨之争。汉月藏法嗣弘吉忍（弘忍）作《五宗救》阐述师说，深受佛徒欢迎。雍正帝把汉月藏、弘吉忍之说当作邪魔外道，说自己明了禅宗之旨，洞见邪魔外道之邪说，为了拯救佛徒，乃摘抄汉月藏、弘吉忍语录八十余条，一一指斥，成《御制拣魔辨异录》一书；同时命令销毁汉月藏、弘吉忍语录及《五宗原》《五宗救》等书；又命地方官查明汉月藏派下徒众，尽除出禅宗临济宗，永远不许复入祖庭。为了禁止"邪说横行"，雍正帝又在僧侣语录中选择确实能阐明佛旨的部分，编辑《御选语录》一书，并编入他自撰的《圆明语录》《圆明百问》，附录《当今法会》。十二年（1734），雍正帝令沛天上人组织四十多名僧侣校勘藏经。由此可见，他采取行政命令的方法解决宗教内部的派别之争，以皇帝的权威干涉宗教内部事务。[1]

---

1 本篇史料来源：中国第一历史档案馆编《雍正朝起居注册》，中华书局，1993；《世宗宪皇帝实录》，《清实录》本，中华书局，1986；雍正帝《御制拣魔辨异录》，1918 年刻本。

雍正帝利用道士与融合儒佛道
三教于一炉

　　在康熙晚年诸皇子谋求储位的竞争中，时为雍亲王的胤禛（日后的雍正帝）于谋求储位时相信天命，希望佛道能给他一些暗示。他的属人戴铎于康熙五十五年（1716）秋天往福建赴知府之任，沿途及到任所均写信报告见闻和办理主子交代的事务。他在一封信中写道：在武夷山，见一道人，"行踪甚怪，与之谈论，语言甚奇，俟奴才另行细细启知"。胤禛见信，非常感兴趣，随即在批语中追问："所遇道人所说之话，你可细细写来？"就此，戴铎回启禀道："至所遇道人，奴才暗暗默祝将主子问他，以卜主子，他说乃是一个万字。奴才闻之，不胜欣悦，其余一切，另容回京见主子时再为细启知也。"这封书信比前一封多透露一点，但还是欲言又止。戴铎不是卖关子、引逗主子，而是害怕此事让别人知道，所以在信中接着说"福建到京甚远，代字甚觉干系"，这封信就放在装进土产的匣子的双层夹底内，以便保密。胤禛在此信的批语中赞扬了他的谨慎，但仍急不可待地要知道道人算命的全部内容，又令戴铎将道人的话"细细写来"，又说"你得遇如此等人，你好造化"。说他遇道人是好造化，毋宁说有"万"字命的雍亲王做主子才是有福气，这是胤禛关心的一次问命运的事。胤禛以"万"字命自期，就是要做储君、当皇帝。这一点，同他的弟兄一样：皇八子胤禩命张明德相面，皇十四子胤禵让张恺算命，废太子胤礽欲再次向藏传佛教活佛哲布尊丹巴问命运，都相信自己有荣登"九五之位"的天命。皇子们笃信天命有多方面的原因：一是用以激发自身竞争储贰的信心；二是燃起手下人的升官欲望，使其坚决跟从主子；三是制造舆论，以收人心。所以宣扬贵命成为诸皇子争取储君的一种工具。康熙有鉴于此，严加禁止，胤禩相面成为他被囚的罪状。胤禩案发在前，胤禛明知故犯，表明他追求储位已发展到不顾罹罪的程度，当然，胤禵等亦是如此。雍正帝在当皇子时和道士结交，了解老氏之学，在他的《藩邸集》中，收录了《赠羽士》(二首)、《群仙册》(十八首)，记录了他对道家的认识和要求。

继位后的雍正帝，对道家的兴趣不减当年。北京白云观据说是金代所建，元代长春真人邱处机曾在此著书，是道家的重地。雍正帝时常与白云观道士往还。该观道士罗清山于雍正五年(1727)初故世，雍正帝特地命内务府官员为他料理丧事，指示按道家礼节从优办理，又追封他为真人，可见他们关系密

图 1-17　雍正帝身着道装像

切。道士娄近垣是江西人，雍正帝将他召来居于光明殿，还把他收为自己的佛家弟子；他为雍正"结幡招鹤"，被封为"妙应真人"。雍正帝还把道士贾士芳、张太虚、王定乾等人养在宫苑，让他们给自己治病、修炼丹药。

儒佛道三学有许多共同的东西，雍正帝特予关注，参以己意，给予说明。他讲三教有共同的目标，即教育百姓如何做人：三教教导民众的道理如出一辙，并行而不悖。比如劝人为善弃恶，儒家用五常百行之说，佛家用五戒十善导人于善。劝善是治天下之要道，儒佛都劝善，共同起着"致君泽民"的作用。他还以天命论的观念解释儒佛的共性。儒家天人感应说教育人们省修过愆，雍正帝认为求佛也是如此，他说天人感应就是要诚敬，当人诚心拜佛，哪怕拜佛之人是微贱的愚夫愚妇，他们的虔诚精神会引起神明的怜悯而给予拯救和惠泽。他的结论是，儒佛有共同的思想，有同一育民的作用。

释老矛盾重重，雍正帝以帝王权威大加调和。他说"性命无二途，仙佛无二道"，强把佛道捏合在一起。他把道家紫阳真人张伯端的著述选进佛家语录，认为张伯端的《悟真篇》即使应用在佛学中也是最上乘的。

儒家思想历来处于神圣不可动摇的统治地位，雍正帝尊儒，又把儒佛道捏合在一起，是用儒助佛，抬高佛教的地位，为自己信佛辩解。他把道家的著作归入佛家典籍，使佛经驳杂化，但也是把道归入于佛，含有扬佛的意思。所以雍正帝糅合儒佛道三家，要旨在于提倡佛教。当然，糅合了"三教"，更可以对其全面利用，充分发挥各家思想劝诱臣民的作用。

雍正帝崇佛，是利用佛教为他的统治服务，而不是佞佛，更不是让沙门利用他。他左右佛堂，但不允许佛教驾驭他。他用僧人作高参，但给他们一个活动范围，不许他们逾越，否则对他们严惩不贷。总之他把僧侣玩弄于股掌之中，虽崇佛，但没有桑门乱政的事情发生。此外，雍正帝大修庙宇，耗费了许多金钱，搞了些虚文、虚热闹，这同崇尚务实、反对靡费的精神相违背。

总之，雍正帝身为天子，是俗民的最高统治者；又以佛教宗旨的权威解释人自居，大量干预佛教事务，有类于精神教主，有身兼俗王与法王的味道。[1]

1　本篇史料来源：中国第一历史档案馆编《雍正朝起居注册》，中华书局，1993；《世宗宪皇帝实录》，《清实录》本，中华书局，1986；雍正帝《御选语录》，雍正官刻本。

雍正间涉外事务官员肆无忌惮地贪赃，
粤海关监督尤甚

　　雍正五年（1727），葡萄牙使节麦德乐（Dom Alexandre Metello Souzay Menezes，1687—1766）来华，雍正帝给以高规格接待，在常赐之外，又赐以人参、瓷器、漆器、纸墨、字画、香囊等礼品。

　　麦德乐离京经澳门回国，雍正帝特地派遣御史常保住伴送到澳门，并令他们走江南、浙江、江西一线，以便让使臣观看中国富庶和人文发达的地方；同时指示其所经过地区的长吏给以优厚待遇，以区别于其他国家的贡使。在行程中，常保住狐假虎威，乘机图利，为了勒索沿途的地方官，他故意抬高麦德乐的身价，以便得遂其私利，因而各地督抚都以不同寻常的礼遇来接待。如江苏巡抚陈时夏出城十里迎接他们，并在常保住、麦德乐面前跪请皇帝圣安。在设宴款待他们时，常保住要求陈时夏亲自来请，否则拒不赴宴。浙江巡抚李卫认为如陈时夏那样在外国人面前卑躬屈膝有损国威。所以常保住、麦德乐一行到达杭州，李卫以未接到改变接待仪注的谕旨为由，只在常保住面前跪请皇帝圣安，而让麦德乐在远处观看，以便让他知道中国尊君的礼节。常保住要求李卫先行拜见麦德乐，李卫坚持不去，只请麦德乐到客厅相会。使臣离去后，李卫立即向雍正帝奏报，说麦德乐骄横，常保住不顾国体，借伴送使臣名义作威作福。雍正帝很欣赏李卫守礼的做法，在奏折上批道：所奏殊属可嘉之至，各省封疆诸臣悉能如此居心，顾惜国体，天下何愁不治。雍正帝同时指责陈时夏身为大吏，不应当那样卑躬失体，进而要求李卫调查使臣离浙赴粤的情形。常保住伴送麦德乐到达澳门后，两广总督孔毓珣向雍正帝折奏，说常保住在广东来回都派家人打前站，每到一地都勒要抄填勘合银、小包及其他费用，在澳门收受西洋人食物，则人皆知道，但是否收受西洋人其他礼物，就不知道了。事实表明，常保住确实不惜伤害国体以捞取钱财。

雍正间实行清朝惯例，西洋和南洋的商人来华贸易，均至广州，来的商船数量不多。三年（1725），到广州的外国商船总计十艘。八年（1730），英、法、荷等国共十三艘商船到达广州。十年（1832），商船数量为十二艘。西洋商船运来的货物主要为黑铅、番钱、宽幅毛织呢、哗叽、羽绒等，南洋商船载来的主要是胡椒、苏木、檀香等。外国商人从中国运走的货物，以生丝、茶叶、瓷器、漆器等为主要物品。清政府每年所收关税，大约在白银二十万两至三十万两之间。北欧的瑞典、丹麦等国的商人，也从雍正年间开始来广州进行贸易。当时所有外商的贸易量都不大，正如署理广东巡抚兼管粤海关税务的常赍所说，货物无几，大半均属番银。

清政府管理到广州的外国商船十分严格。外商船只到广东，停泊在广州附近的黄埔。船上所带炮位，均由中国官方起卸保存，在其离去时发还。每只船到达后，都由中国派兵看守，只准许正商数人与中国行商进行贸易，其余水手等只能在船上等候，一律不许上岸。与外商贸易无关的中方人员，禁止进入外商船只。清政府要求外商于当年十一、十二月，乘信风便利，办理清楚后离去。雍正帝坚持这些规则和做法，并强调对外商要"严加约束稽查"。

与外商进行贸易的中国商人，称为"洋商"，又叫"官商"，有类似行会的组织，称为"洋行"，俗称"十三行"。"十三行"是沿袭明代的旧称，实际上不止十三家，雍正时期就有四五十家。康熙五十九年（1720），洋行的商人为避免互相竞争，组织了"公行"，向政府申请，获得允许，负责对外贸易。雍正三年（1725），广东巡抚杨文乾又在行商中设立行头，专用其中的六家。清政府用行商制度控制外商贸易，这一制度在闭关自守的政策中占据着极重要的地位。它一方面是垄断性的商业组织，一切外国进口货物都由其负责经销，内地出口货物也都由其代购，并规定进出口货物的价格。另一方面，行商又受政府委托，执行某种政治职能，外国商人来华贸易，并不直接向粤海关纳税，一律由行商代收代纳，若有漏税欠税，行商负责赔偿；外商不准和政府直接交往，一切命令、文书都由行商转达。所以，行商实际上兼有商务和外交的两重性质。

雍正时期，管理对外贸易的官员往往大肆贪污。雍正三年（1725），杨文乾出任广东巡抚，他被雍正帝看作是实心奉公、不避嫌怨的好官。六年（1728）《古今图书集成》印制成功，其中竹纸本共计四十五部，雍正帝赏赐诚亲王、恒亲王及亲信大臣田文镜、李卫、孔毓珣等人，杨文乾也是受赐者，可知他被雍正帝视作模范督抚。因此当两广总督孔毓珣、广东藩司常赉、官达等揭露杨文乾贪赃时，雍正帝很不以为然，还对其予以保护，可是后来真相大白：杨文乾于粤海关每年额税四万两外，还以溢耗的名义多得十一万两；外商带来的银两，他每两抽银三分九厘，共得银两万多两；红黄颜色的绸缎向例不许出口，杨文乾却违禁准许，他从中每匹得银七钱，约计可得锒一万两；外商在回程时，不论其买货多少，均按其携来的银两数目，每两加抽一分，此项又可获银四万三千两；此外，他以进呈皇帝为名，从外商船上拣选奇巧物件供自己享用，而由洋行商人代付货价，此项折银万两。这样，杨文乾每年因管理外商事务，约计贪赃银二十万两。五年（1727）夏天，杨文乾奉命进京陛见，当时正是外国商船到来之际，他无法详查外商贸易情形，就在出发前传令：外商凡买湖丝一担，扣银二十两；买茶叶一担，扣银五两；买瓷器等货扣银二两。杨文乾还向行商索要银钱，行商按自己接洽的外商船只的大小，分别包送杨文乾银一万两、八千两、六千两、三千两不等。雍正六、七年（1728—1729）间，傅泰署理广东巡抚事务，为时八月，他对属下官吏的节礼、陋规银一概不收，以表示清廉奉公，但他补用粤海关书吏五人，向他们每人收银三百两，否则就不予录用。杨文乾、傅泰在其他方面表现得比较清廉，唯独在涉及外商事务上，以为贪污无碍。雍正帝洞悉他们的阴暗心理，说他们外示廉洁，而对外商、行商巧取，以为不关国计民生，从而名利兼收。官吏借管理外商事务谋获巨利，由杨、傅二人的作风可见一斑。雍正帝在处理涉及洋人的事务时，处处以保持国体为重，而官吏专在与洋人贸易时舞弊，收受贿赂，哪里还顾及国体！

涉外事务中，值得注意的是官员贪赃枉法的严重性。凡是与外国使臣、外国商人有业务关系的官员，往往恣肆滥权，贪赃舞弊。雍正帝如此清查亏空，严惩贪官，可是仍有像杨文乾、傅泰之类的官员贪赃。他们的犯罪，固然有西洋商人的行贿因素，更重要的是他们本身的弱点，以为外事活动没有人能够知道，又以为贪赃的不是正项钱粮，无碍考成，那些在对内事务中比较清廉的人，在对外事务中犯罪更说明问题的严重性。官吏贪赃枉法是积弊，即便雍正帝严加惩罚，他们只要得机会还会那样做，所以不是严厉打击就能解决的，贪赃枉法的问题在于专制主义制度和官僚制度本身的弊端。[1]

1　本篇史料来源：中国第一历史档案馆编《雍正朝起居注册》，中华书局，1993；《世宗宪皇帝实录》，《清实录》本，中华书局，1986。

图 1-18　广州十三行商馆

英国使节马戛尔尼眼中的乾隆皇帝

——东方君主的威严、富有及奢华

乾隆五十八年（1793），英国马戛尔尼（George Macartney，1737—1806）使团来到中国，在承德避暑山庄觐见乾隆帝。马戛尔尼及其随员刻意观察中国国情、官风民俗，将感受记录下来的就有正使马戛尔尼的《1793 乾隆英使觐见记》[1]《马戛尔尼勋爵私人日志》和使团主计官约翰·巴罗（John Barrow，1764—1848）的《中国行记》合刻本——《马戛尔尼使团使华观感》[2]、副使乔治·斯当东（George Staunton，1737—1801）的《英使谒见乾隆纪实》[3] 等著作，其中多有对乾隆帝的描写，盛赞他是东方第一雄主，介绍他的权威、风度、富有与奢侈生活，甚至在

1　马戛尔尼：《1793 乾隆英使觐见记》，刘半农译，天津人民出版社，2006。
2　马戛尔尼等：《马戛尔尼使团使华观感》，何高济、何毓宁译，商务印书馆，2013。
3　乔治·斯当东：《英使谒见乾隆纪实》，叶笃义译，三联书店（香港）有限公司，1994。

世界历史上都是罕见的。笔者就这些文本述说乾隆帝的威严，龙椅体现的权威，专用的御道，珍宝的收藏，这些展现了乾隆帝是真正实现"普天之下，莫非王土；率土之滨，莫非王臣"的君主。马戛尔尼同时认识到东方雄主的威严和权威性是西方雄主不能望其项背的。

同年 9 月 14 日，马戛尔尼等人前往避暑山庄万树园觐见，在乾隆帝将要经过的路边等候，朝廷大臣亦然。皇帝驾临，马戛尔尼的感受是"驾前列鼓乐仪仗，备极喧赫"。具体地说，"乾隆帝坐于一无盖之肩舆中，用十六人抬之；舆前有执事官多人，手执旗伞旌节之属"。大臣们立即行跪拜礼。[1] 御用仪仗队的排场，是他人所不能企及的。乾隆帝赐宴群臣和使节，马戛尔尼与斯当东接受皇帝亲自的赐酒，宴罢，马戛尔尼的记录云："此御前宴会自始至终，秩序异常整肃，执事官按序进馔，既恭敬万状，与宴者亦都沉默不喧，全幄上下人等不下数十，而侧耳听之，竟寂无声息，是可见东方人对于帝王所具之敬礼，直与吾西人对于宗教上所具敬礼相若也。"[2] 斯当东记录得更细致："饮宴时，酒馔而外，执事官兼以茶进，唯进馔或进酒于他桌之前均用双手平托，进至御前两手高举出于额上，以示尊敬。"[3] "除皇帝先自

1　马戛尔尼：《1793 乾隆英使觐见记》，刘半农译，天津人民出版社，2006，第 99-100 页。
2　同上书，第 195 页。
3　同上书，第 103 页。

启口，与他人谈话，他人逐语回答外，其余与宴之人均不能自由谈话……东方皇帝之尊严即此可见一斑矣。"[1]整个宴会中，只有皇帝任意行动，与他人交谈，与宴者不要说喧哗，就连交头接耳也不被允许；执事官对待皇帝与官员上食有严格的礼敬程度的差异。就因为这种种差异，马戛尔尼、斯当东才异口同声地感叹中国皇帝的极度尊严为西方帝主所不能享有。

图 1-19 万树园赐宴图

北京往热河避暑山庄的御道

马戛尔尼于 9 月 2 日从北京出发去热河，8 日抵达。他说

---

1 马戛尔尼：《1793 乾隆英使觐见记》，刘半农译，天津人民出版社，2006，第 105 页。

北京、热河之间道路颇为平坦，最后二日"所经之路尤完整可喜，然此路并非御道。御道乃为与此路平行之一路，平时严禁人行，必皇帝出巡始能盛列鸾仗，驰骤于其路上。此等帝王之尊荣，恐读遍世界各国历史，不能复有第二国似之者也。本月下旬，皇帝将自热河回銮，故御道之上此时已开始修理，加敷黄土。黄土者，御道之特别标识也。御道之长，凡 126 英里，所用修道兵丁有二万三千之多"。在平坦道路之外，另设御道，唯供皇帝驰骋，真是马戛尔尼说的"此等帝王之尊荣，恐读遍世界各国历史，不能复有第二国似之者也"。[1]

说到御道，马戛尔尼是从皇帝的权威角度看待的。笔者多次去过河北承德，阅读过康熙帝、乾隆帝先后御撰成的《御制恭和避暑山庄图咏》等书，不知有御道的事，今从马戛尔尼的记载中获知当时御道的情形，这是难以想象的事情。御道长 126 英里，即中国里 407 里，按照当时的技术水平可想它的建设会耗费多少人力物力和土地资源！当然，皇帝不会计较这些，因为土地归他所有，军工由他役使，他的需要，就是最为重要的大事，如同马戛尔尼所说："在中国，皇帝的利益始终是头等重要的事。"[2] 修御道，唯有如此才更能凸显皇帝的尊荣与权威。

---

1 马戛尔尼：《1793 乾隆英使觐见记》，刘半农译，天津人民出版社，2006，第 88 页。
2 马戛尔尼等：《马戛尔尼使团使华观感》，何高济、何毓宁译，商务印书馆，2013，第 31 页。

象征皇帝权威的龙椅接受群臣的朝拜

皇帝的无比威严还表现在龙椅（御座）方面。八月十三日（西历 9 月 17 日）是乾隆帝的生日，当时在离宫圆明园正大光明殿安装英使礼品的巴罗目睹对龙椅跪拜的情景："宫内的王公大臣穿上礼袍，会集一起，在朝见大殿向宝殿敬礼。在这种情形下，宝座前的地上摆设三个小三脚架，一个放上一杯茶，另一个放上一杯油，一个是米，或许表示皇帝是土地的主人，这三种则是土地的主要产物。"太监告诉他，这一天"全国各地的政府官员，当天要向印在黄绸上皇帝的名字跪拜"。[1]乾隆帝身在热河，留在京城的亲王大臣于万寿节要在正大光明殿向龙椅行跪拜礼，龙椅成为皇帝的替身和象征。皇帝并不现身，臣民却对龙椅、皇帝牌位、御容行大礼，皇帝的权威真是无所不至。英国人说这是皇帝让人畏惧的一种手段："中国皇帝极少公开露面，仅保留崇高身影的做法，看来是建立在极不寻常的一种自我保护策略上。统治者背后运用权力，让远近都感受到影响，比经常在群众前现身，更能打动人心，更令人生畏。"[2]诚然，皇帝不露面，反而更令人有神秘莫测之感，从而更有权威。

皇帝的权威，更能从民众的皇帝崇拜深层次地体现出来。

----

1 马戛尔尼等：《马戛尔尼使团使华观感》，何高济、何毓宁译，商务印书馆，2013，第 180 页。

2 同上书，第 344 页。

当马戛尔尼使团的狮子号轮船前往天津大沽口，途中停泊在舟山时，当地各类中国人上船观赏，马戛尔尼就此捕捉到一种怪异行为：他们"于舱中见壁间悬一中国皇帝之御容，彼辈立即俯伏于地以至恭敬之状，向地皮亲吻数次"。这种现象也不被斯当东完全理解："彼辈向地皮亲吻，起立。而后咸向吾辈作喜色，似谓汝辈外国人，乃亦敬重吾中国皇帝，悬其像于船中，殊足感谢也。"[1]"向地皮亲吻"，初到中国的马戛尔尼、斯当东不知这是怎么回事，其实这是磕头，是民众见到真龙天子御容既被感动又受威慑而下意识地行起跪拜六礼。其中确实有双重含义：一为尊崇皇帝，是帝王崇拜的产物与表现；二为自豪，我们的皇帝，连外国人都敬重，能不"吾皇万岁万万岁"吗？！底层民众的崇敬，反映出皇帝不仅有至高无上的权力，同时拥有至高无上的威望，也是国家、臣民至高无上的权威。

乾隆帝的巨量珍宝和奢华生活

英国使团带来的礼品，归类为 19 大件：天体运行仪和望远镜，座钟（地理运转全架），天体仪（天体全图），杂样器具 11 合（可以计算满月、新月和月亮的其他变化），试探气候架（预报气象仪器），增加人力仪器的巧架子，可以随意转动的椅子，

1　马戛尔尼：《1793 乾隆英使觐见记》，刘半农译，天津人民出版社，2006，第 6-7 页。

可以融化金属的白金火镜，各种图片和画像，玻璃镶金彩灯，毛瑟枪、连珠枪和利剑，铜炮、榴弹炮数门，可装备 110 门大炮的军舰模型等[1]。马戛尔尼设计将何种礼品放置圆明园正大光明殿之何处：地球仪、浑天仪置于龙椅两侧，折光镜、行星仪、天体运行仪、大自鸣钟、风雨表各置相宜之处，配上瓷器、瓷像，"集此种种精美可观之物品于一处，恐地球虽大，更无第二处与此中国圆明园之宝殿比也"。[2] 颇以礼品之科技含量、美观、实用而自豪。待到马戛尔尼参观避暑山庄，见到各种绝大之玉瓶、玛瑙，最良之瓷器、漆器，他是这样描写的："藏欧洲之玩物及音乐、唱歌之器者，余如地球仪、太阳系统仪、时钟、音乐自动机以及一切欧洲所有之高等美术品，罔不具备。于是，吾乃大骇，以为吾所携礼物，若与此宫中原有之物相较，必如孺子之见猛夫，战栗而自匿其首也。然而华官复言：此处收藏之物若与寝宫中所藏妇女用品较，或与圆明园中专藏欧洲物品之宫殿较，犹相差万万。吾直不知中国帝王之富力何以雄厚至此也。"[3] 中国皇室之富有为世界各国所不能比拟，马戛尔尼对于原先夸耀英国礼品的自得心理，就羞惭得无地自容了。其实早

---

1 马戛尔尼：《1793 乾隆英使觐见记》，刘半农译，天津人民出版社，2006，第 227-229 页。

2 同上书，第 62 页。

3 同上书，第 110 页。马戛尔尼等：《马戛尔尼使团使华观感》，何高济、何毓宁译，商务印书馆，2013，第 187 页。

在康熙年间，皇室收藏的钟表之富有，就让人惊讶莫名了。康熙五十九年（1720），俄国使臣伊斯梅洛夫来到北京，康熙帝令传教士马国贤带领他参观皇家钟表收藏，马国贤对伊斯梅洛夫说从中国才能知道富有的观念。他引领伊斯梅洛夫参观的情形是："补充一个小插曲，也许能够给出一个中国皇帝是多么富裕的概念。一天我奉命给公使和他的一些随员们展示一下陛下的钟表收藏。一踏进房间，伊斯梅洛夫伯爵大吃一惊，这么多数量和品种的钟表展示在他的面前，他开始怀疑这些东西都是赝品。我请他亲手拿几件看看，他照办后，吃惊地发现它们全是极品。当我告诉他，现在看到的所有钟表都是准备拿来送礼的，陛下拥有的钟表数量远不止这些时，他更是惊讶不已。"[1]

皇帝自奉极其奢侈，令马戛尔尼等人惊叹不已。他看到避暑山庄万树园御幄陈设的"桌椅及一切木器既穷极华丽……不禁念及亚洲人生活程度之高级、帝王自奉之奢侈，乃远非吾欧洲人所能及也"。[2]他比较中西方上层社会的生活差异，在房屋建筑、室内陈设、饮食、珍玩等方面，中国皇帝的挥霍享乐，欧洲社会上层绝不能及。然而巴罗从英国人的室内陈设角度观察，疵议中国皇家陈设的使用性能较差：没有玻璃窗、火炉、壁炉、

1　马国贤：《清廷十三年——马国贤在华回忆录》，李天纲译，上海古籍出版社，2004，第99页。

2　马戛尔尼：《1793乾隆英使觐见记》，刘半农译，天津人民出版社，2006，第106页。

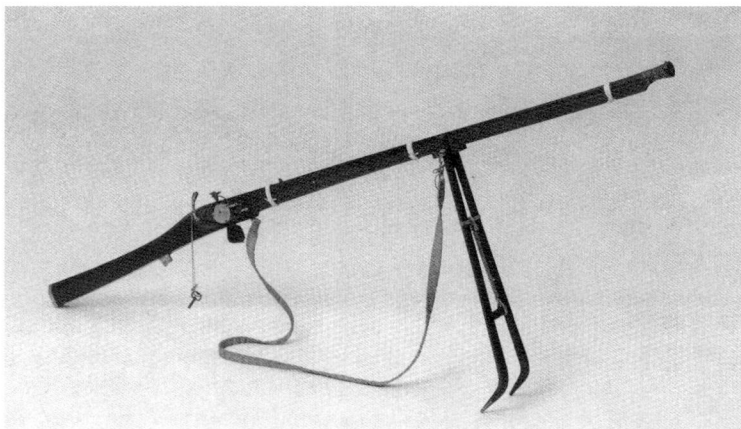

图 1-20　马戛尔尼进献的火枪

图 1-21　浑天合七政仪

图 1-22　白猿献寿钟

沙发、写字台、吊灯、镜子、书橱、印刷品、绘画。[1]皇家讲究排场、威仪，在实用性方面倒有所忽略。

要而言之，乾隆皇帝享有隆重尊君礼仪，占有不可数计的财富和专用的御道，生活奢华至极，为其服务的官僚体制就像一架机器，听其指令有序高效地运转，高度集权的皇权达到无以复加的程度，为世界王权之最，其他国家的君主无可比拟，但并没有因此给百姓带来福泽。

---

1 马戛尔尼等：《马戛尔尼使团使华观感》，何高济、何毓宁译，商务印书馆，2013，第 225 页。

乾隆帝与传教士王致诚"合作"绘画肖像
——兼论君主思想专制遏制臣民科技艺术创造力

　　读者见此题目，可能会笑话笔者的无知无识，谁都知道乾隆帝存诗以万计数，勉强算个诗人；虽是古画鉴赏名家，但与"画家"沾不上边，怎么就成为传教士名画家——王致诚的绘画合作者了？请敬候笔者申述：我们先来了解王致诚的简历及其与乾隆帝的关系史，而后看他们二人合作绘画，最后从王致诚的耶稣会友钱德明（Joseph-Marie Amiot，1718—1793）关于艺术创作与思想自由的关系论来谈乾隆帝与王致诚的绘画"合作"之外，君主专制思想对臣民科技艺术创造力的遏制。

王致诚成为宫廷画家

　　王致诚（Jean Denis Attiret，1702—1768），法国人，耶稣会士，乾隆三年（1738）到中国，乾隆三十三年（1768）病逝于北京。他在 1743 年 11 月 1 日写于北京的信中说到应诏进京，从澳门到北京的旅途，走水路多，坐轿子少，名义上是使用朝廷开销，实际上主要是自费。[1] 不言而喻，接待的官吏勒索致使王致诚抱怨了。王致诚被乾隆帝召入内廷作画，原本工于油画人物肖像，又创中西合璧画法，受到乾隆帝欣赏；作画同时，他特别关注天主教在中国的传播。

乾隆帝与王致诚的"交往"

乾隆帝为观看和"指导"王致诚绘画，一个时期内几乎每天前往王致诚工作坊（启祥宫）观看他作画。王致诚与他的耶稣会会友在圆明园附近买有住宅（在教堂内），是以"上班"方便。[2] 乾隆帝在同王致诚的接触中，欣赏他的为人，意欲让他做官，但王致诚谢绝了。这件事在传教士中传为美谈——一位中国人寇氏教士，是在意大利培养的司铎，他表示日后传教，以王致诚为榜样。[3] 王致诚也深知乾隆帝的为人与性格，说他"高

1　杜赫德编《耶稣会士中国书简集——中国回忆录》第四卷，郑德弟、吕一民、耿昇等译，大象出版社，2005，第 287 页。朱静编译《洋教士看中国朝廷》，上海人民出版社，1995，第 153 页。

2　杜赫德编《耶稣会士中国书简集——中国回忆录》第四卷，郑德弟、吕一民、耿昇等译，大象出版社，2005，第 299 页。

3　钱德明 1754 年 10 月 17 日北京函，见杜赫德编《耶稣会士中国书简集——中国回忆录》第五卷，郑德弟、吕一民、耿昇等译，大象出版社，2005，第 45 页。

高在上地对任何事情都没有感情，很难使他相信一个人，尤其是一个外国人"。[1]20 世纪美国学者慕恒义主编的《清代名人传略·弘历传略》认为乾隆帝特别欣赏某些欧洲传教士的艺术作品，如郎世宁、王致诚的画，并注意到乾隆帝与王致诚的图画"因缘"。[2]此外，王致诚同乾隆帝的弟弟亦有往来，据传教士韩国英（Pierre-Martia Gibot，1727—1780）讲：乾隆兄弟"很喜欢王致诚修士，他经常到我们海淀小教堂来看他作画……我向他陈述了我们圣教基于其上（相信天国的道理）的证据后，他向我承认他觉得这种宗教是美好而崇高的"。[3]乾隆帝有两个弟弟，即和亲王弘昼、果亲王弘瞻（圆明园阿哥），均死于乾隆三十年（1765），不知是哪一位常去看王致诚作画，但无论是谁，都表明王致诚因绘画而同皇家关系密切。

王致诚为乾隆帝作画

乾隆帝令王致诚与郎世宁、艾启蒙等西洋画家为他的丰功

1　杜赫德编《耶稣会士中国书简集——中国回忆录》第四卷，郑德弟、吕一民、耿昇等译，大象出版社，2005，第 299 页。

2　恒慕义主编《清代名人传略》，人民大学清史所译，青海人民出版社，1990。杜文凯编《清代西人见闻录》，中国人民大学出版社，1985，第 269-324 页。

3　韩国英 1771 年 11 月 3 日北京函，见杜赫德编《耶稣会士中国书简集——中国回忆录》第五卷，郑德弟、吕一民、耿昇等译，大象出版社，2005，第 263 页。

伟绩、勘定新疆厄鲁特的武功、在避暑山庄接受蒙古王公朝贺盛典，以及他狩猎和他的坐骑作画，还让其为他绘肖像画。乾隆十九年（1754）夏天，郎世宁、王致诚、艾启蒙奉命绘制乾隆帝在承德避暑山庄万树园内设宴招待蒙古杜尔伯特部的首领"三车凌"的情景，成避暑山庄《万树园赐宴图》。王致诚在避暑山庄的 50 多天中，为乾隆帝坐骑十匹骏马画图，成《十骏马图册》。据介绍，十骏马名字分别是万吉霜、阚虎骝、狮子玉、霹雳骧、雪点雕、自在骑、奔雪驰、赤花鹰、英骥子、蹑云驶。王致诚采用西洋画法，十分注意马的解剖、结构，用细密的线条来表现骏马的动态，使之造型传神，富有立体感和皮毛质感。郎世宁、王致诚等人在乾隆二十三年（1768）绘成《阿尔楚尔之战》图。王致诚还参与郎世宁主绘的乾隆帝肖像画。[1]

乾隆帝向王致诚指定绘画方案，指点细节的修改

乾隆十八年（1753），王致诚在避暑山庄绘《乾隆狩猎图》，乾隆帝亲自参与绘画，在王致诚草稿上指出应有的内容、不要的内容，并做姿势，让王致诚照式改画，而后定稿。

王致诚为乾隆帝作肖像画，按乾隆帝实际身材创作，乾隆

1　钱德明 1754 年 10 月 17 日北京函，见杜赫德编《耶稣会士中国书简集——中国回忆录》第五卷，郑德弟、吕一民、耿昇等译，大象出版社，2005，第 27-53 页。

图 1-23　十骏马图（其一）

图 1-24　乾隆帝射箭图

帝暗示他要画大脑袋，画出超出常人的身材。王致诚遵命，为美化乾隆帝外表，尽量使皇帝画像显得英俊高大，使得乾隆帝的形象按照他的愿望显现出来。[1] 这样的乾隆帝肖像，并非王致诚根据乾隆帝身材、体态实际状况画出的，而是按照乾隆帝的意图，描绘出乾隆帝的神圣英姿，也就是笔者所说的乾隆帝与王致诚合作绘画的意思。

违心作画的并非只是王致诚一人。1773 年 1 月 18 日，新来的传教士李俊贤以钟表匠身份、潘廷璋（Joseph Panzi，1733—1812）以画师身份觐见乾隆帝。19 日，潘廷璋至启祥宫画师工作室画肖像。20 日，传教士蒋友仁（P. Benoist Michel，1715—1774）、潘廷璋在宫中为乾隆帝青年近侍画像；潘廷璋用铅笔画了草图，乾隆帝看了认为像，随后又看上色画稿，表示满意，但就阴影问题说出御意。26 日，蒋友仁、潘廷璋再次去启祥宫，为乾隆帝本人画肖像，乾隆帝说明他希望画师怎样画。西洋画师认为中国人欣赏的是正面像，这比较难画。潘廷璋画了草图，乾隆帝要求其参照他的其他肖像画继续绘制，潘廷璋表示那样画出的效果不会好，乾隆帝因而问蒋友仁进宫多少年，蒋友仁回答 28 年，乾隆帝说他那时脸瘦，身材瘦弱，但现在比之前健壮多了。笔者理解，乾隆帝以此表示要蒋友仁转告新来的潘廷

1　钱德明 1754 年 10 月 17 日北京函，见杜赫德编《耶稣会士中国书简集——中国回忆录》第五卷，郑德弟、吕一民、耿昇等译，大象出版社，2005，第 27-53 页。朱静编译《洋教士看中国朝廷》，上海人民出版社，1995，第 207 页。

璋遵照皇上旨意绘画。[1]

钱德明谈论文艺创作自由发挥与否效果不同，中国宫廷艺术家必须按照皇帝指令创作

王致诚等西洋画师本意是按乾隆帝身体实况绘画传神的肖像，但为何违心地遵照皇帝意思美化被画者形象呢？

乾隆十六年（1751），到北京的法国人耶稣会士钱德明就中西画家创作心态做出对比：王致诚按照乾隆帝指令作画，"在欧洲，一位灵巧的画家丝毫不会因同样的命令而感到局促不安，因为在那里，他可以放任自己的天性，而且他在这样做时受到的更多的是鼓励，而不是责备。但在中国则不然，他只能照着人家所吩咐的去做，而且还得丝毫不差。他不能坚持自己的个性，其个性最美好的显现应当是在它们刚一显现出来即予以抑制"。[2] 18 世纪，欧洲启蒙运动深入人心，艺术家因为有思想自由的条件，可以按自己的想法去创作，也即钱德明所说的创作中可发挥个人灵感和想象力；而中国画家，特别是宫廷画家，

1　蒋友仁 1773 年 11 月 4 日北京函，见杜赫德编《耶稣会士中国书简集——中国回忆录》第六卷，郑德弟、吕一民、耿昇等译，大象出版社，2005，第15-33 页。

2　钱德明 1754 年 10 月 17 日北京函，见杜赫德编《耶稣会士中国书简集——中国回忆录》第五卷，郑德弟、吕一民、耿昇等译，大象出版社，2005，第27-53页。朱静编译《洋教士看中国朝廷》，上海人民出版社，1995，第205页。

图 1-25　乾隆帝朝服像

图 1-26 乾隆帝岁朝图

基本上是尊君观念主导自己的思想和行为，勉力按指令去创作，满足皇帝的需要和审美观，于是不能发挥自己的个性，因而缺乏个性和艺术创造力。

"合作"绘画充分反映君主专制制度严重禁锢思想

王致诚创作人物肖像画，对于描绘的客体，为求完美，有自家理解的表达技艺，可是所绘画的客体不是普通的人物和高官显贵，而是至高无上的集权君主——乾隆皇帝。乾隆帝不顾自身的实况，要求美化自己，王致诚出于本人及同教伙伴的传教目的，违心地屈从于乾隆帝意志。于是画家（执笔者）将自己的设想与皇帝的意图综合在一起，形成绘画方案，绘成乾隆皇帝肖像画及其他按乾隆帝指令绘制的图画。这样形成的肖像画，具有执笔者和命意者的双重成分，作品的署名虽归于王致诚，实质上是君主和画师的通力合作。包括绘画细节在内的遵命作画，在君主专制制度的中国是宫廷画家的必然命运。

君主专制制度下的思想统一，中心点是"忠君"（忠于君主），一切围绕着君主的意志，以至于不可能发挥个人的创作力，去追求科学技术、文学艺术的进步。旁观者清，所以钱德明认为中国皇帝扼杀臣民创造性思维及创造力，"不能坚持自己的个性，其个性最美好的显现应当是在它们刚一闪现出来时即

图 1-27　乾隆帝观画图

图 1-28　乾隆帝行乐图

予以抑制"。[1]当然，不能说皇帝缺乏聪明才智，他们都是顽固的守旧者，其中亦有求新者，如备受传教士和 18 世纪西欧学者称赞的康熙帝就是一位对天文学追求新知、支持天象测验的皇帝。法国耶稣会士巴多明在 1730 年 8 月 11 日通信中说："康熙皇帝曾经下旨修改历法，在天文台安置了许多优良的器具，他比任何人都清楚望远镜和钟表对于精确地观察天象是必不可少的。但是他没有下旨要求数学家们去使用这些器具。""要在中国发展科学，不光是需要某个皇帝，而是需要连续几个皇帝鼓

---

[1]　杜赫德编《耶稣会士中国书简集——中国回忆录》第五卷，郑德弟、吕一民、耿昇等译，大象出版社，2005，第 36 页。朱静编译《洋教士看中国朝廷》，上海人民出版社，1995，第 205 页。

励搞研究和付诸实践的人搞新发明。"[1]他在宫廷服务，知道雍正帝对仪器的使用不像他父皇那样有兴趣。所以清朝如果没有康熙帝那样比较看重科技的皇帝，即使科技有所前进，也不能继续向前。

在这里我们不妨拓展开来，看 18 世纪传教士论说中国科技艺术不能进步的原因。巴多明谈中国科技得不到发展的原因，第一是没有激励机制的奖励措施，做技术的人得不到应有补偿，缺乏上进心。负责技术工作的钦天监只是一个小衙门，属于礼部，不在九卿之列，最大官员钦天监监正，仅是五品的中级官员，钦天监又是清水衙门，没有多大油水可捞，官员不可能富裕，所以不必在技术上精益求精，去创造发明，因为弄不好还会受处罚——人们说："何必自讨苦吃多惹麻烦呢？稍有差错就会被扣去一二年的俸禄。"这也道出了专业人员失去钻研精神的原因。中国重视科举出身的官员，他们可以高官厚禄，钦天监的天文生是不在科举之列的，钦天监官员永远没有"大出息"。一句话，职官制度限制钦天监这样的"科技"部门人员积极进取，他们安于现状，因而不会推动科技发展。不仅钦天监处境如此，科举制度下，从事"机械"制造的人均被视作匠人，没

1　巴多明 1730 年 8 月 11 日北京致函法国科学院院长德·梅朗，见杜赫德编《耶稣会士中国书简集——中国回忆录》第四卷，郑德弟、吕一民、耿昇等译，大象出版社，2005，第 36-65 页。朱静编译《洋教士看中国朝廷》，上海人民出版社，1995，第 163-164 页。

有"大出息",于是整个社会藐视"科技",因此它根本不可能得到发展。第二是中国人缺乏好奇心和洞察力,限制科学的大发展。巴多明又说:"中国人成了一个善于施政的、非常珍惜国家荣誉和关心国运昌盛的、特别善于自我以其驯服及其天性之恬静而感到幸运的民族,这才致使中国最大可能地背离了精明的洞察力,这种充沛的活力和这种对于过去与未来的焦虑不安,人们均称之'好奇心',这可以大幅度地推动科学的发展。"[1]为什么缺乏好奇心?中国两千年的君主专制制度,社会稳定,"家国一体"观念制驭人们的思想,人们习惯于服从君主(君父)、"父母官",缺乏好奇心,限制科学的大发展,"即使有特殊人物出现,不会受到支持,还会后继无人"。[2]在这种政治思想的笼罩下,当然不可能产生出色的科学家。

---

1 杜赫德编《耶稣会士中国书简集——中国回忆录》第四卷,郑德弟、吕一民、耿昇等译,大象出版社,2005,第39页。朱静编译《洋教士看中国朝廷》,上海人民出版社,1995,第163页。

2 杜赫德编《耶稣会士中国书简集——中国回忆录》第四卷,郑德弟、吕一民、耿昇等译,大象出版社,2005,第51页。朱静编译《洋教士看中国朝廷》,上海人民出版社,1995,第163页。

王致诚笔下乾隆间
圆明园买卖街

　　笔者在《古人社会生活琐谈》（湖南出版社，1991 年）一书中写有《皇家"买卖街"游戏》一文，说到有的帝王"把民间活动移植到宫内，尝一尝其中的滋味"，于是在宫苑开设买卖街。不过要说宫中所设的市场，可能以清朝乾隆年间圆明园内的买卖街规模最大，从而使东汉灵帝刘宏（168—189 年在位）、北齐后主高纬（565—577 年在位）、南齐东昏侯萧宝卷（499—501 年在位）等人在宫中开设"贫儿市场"之类的游戏相形见绌。买卖街设在圆明园福海的东边，有各种各样的大小商店。徐珂编的《清稗类钞·圆明园有商店》记载，大小商店莫不具备，有茶馆，有饭肆，有估衣店，甚至还有用小筐卖瓜子的小摊。店主人都是太监。店内的营业和市面上一样，茶馆里发出哗笑声，饭馆里有高声叫喊的点菜声，就算乾隆皇帝逛到这里，大家也是照常进行，并不回避，让皇帝仿佛置身于真的市井中，以获得欢乐。乾隆帝有个爱女——固伦和孝公主，她被许配给宠臣军机大臣和珅（1750—1799）的儿子丰绅殷德。这位公主有勇力，曾穿男装，跟随乾隆打猎。她贵为金枝玉叶，却有男子气，故以男子自命，在未婚前，不管和珅叫"公公"，而叫"丈人"。有一天乾隆帝带着公主逛买卖街，在估衣铺看到一件大红呢夹衣，公主十分喜欢，恰巧和珅值班到此，乾隆帝就让公主向她丈人要去；和珅自然凑趣，赶快用 28 两银子买下来送给公主。[1] 写作该文时笔者没有看到乾隆朝宫廷画家、法国人、耶稣会士王致诚的相关记载，其内容比《清稗类钞》丰富，并且分析了买卖街出现的原因，是以笔者不嫌某种重复，再次动笔为文。

王致诚，乾隆三年（1738）到中国，乾隆三十三年（1768）故世于北京。他为乾隆帝绘画肖像，为皇帝坐骑绘画《十骏图》，流传于后世。这个故事在《乾隆帝与传教士王致诚"合作"绘画肖像》篇中已经叙述了，想来读者能够记得。他与乾隆帝接触频繁，了解乾隆帝在圆明园的生活情形，是以能够在1743 年 11 月 1 日写给达索的信中，比较详细地叙述圆明园买卖街的历史。此信被《耶稣会士中国书简集——中国回忆录》和《洋教士看中国朝廷》收录。[2]

1　徐珂编撰《清稗类钞》第五册，中华书局，1986，第 2251-2252 页。

2　杜赫德编《耶稣会士中国书简集——中国回忆录》第四卷，郑德弟、吕一民、耿昇等译，大象出版社，2005，第 287-306 页。朱静编译《洋教士看中国朝廷》，上海人民出版社，1995，第 153-162 页。

买卖街设在圆明园福海东面。圆明冠在京城西北郊，在康熙帝经常居停的畅春园紧北边，原为明代的一座私人花园，康熙帝在四十六年（1707）把它赏赐给四阿哥贝勒胤禛（日后的雍正帝），受赐者当年就进行了兴建工程，日后多次恭请康熙帝临幸。六十一年（1722）三月，康熙帝很高兴地在圆明园牡丹台见到孙子弘历（日后的乾隆帝），祖孙三人聚于一堂，是清代历史上的一桩趣事。牡丹台，后取名为镂月开云，为圆明园全盛时期四十景之一，可见当时修得已像样子了。雍正帝继位后于雍正二年（1724）开始在圆明园大兴土木，完成约二十九处重要建筑群组的兴建；乾隆间续修，形成四十景。

皇家离宫圆明园买卖街的市易情景鲜为人知，王致诚在到北京五年后的1743年写信谈论此事，但描述得不够清晰。笔者为醒目，依据《耶稣会士中国书简集——中国回忆录》文本将它理出条目，摘出其文字，以明了买卖街建筑、店铺和商品种类、"商人"身份、市场交易情形、市场监督管理、顾客、商品来源，以及设置买卖街的原因。

临近"一座小城"的买卖街，在舍卫城南门外。王致诚信中写道："从皇帝住处几乎是以直线通向一座建于园林地中的一座小城。其面积相当于方圆四分之一法里之大。它分别于四个方向有四座门，还有角楼和城墙、护墙和雉堞。它也拥有街道、广场、寺庙、大厅、市场、店铺、衙门、王宫和码头。最后，在帝国京师大量存在的一切，在那里也少量地存在。"既然是

"建于园林地中的一座小城"，这个"小城"就是圆明园内的一组建筑群了，它自成一体，有城墙和角楼，通向四方的四座门，内有街道、广场、寺庙、大厅，还有市场、店铺，类似于一个浓缩的城市。圆明园有四十景，此外还有一些建筑。王致诚说的设有市场的小城，是否属于四十景之一或在其中一景的附近，他没有道及。徐珂辑《清稗类钞》说出买卖街在福岛之东的位置，亦不能令人明了具体地点。笔者限于阅读资料限制未能再次阅览《圆明园四十景图咏》，对买卖街与"小城"的关系，它的具体位置和名称，借助于网站资料得以基本明了其究竟。根

图 1-29　圆明园四十景之镂月开云

据王致诚对小城的描述，这个小城是舍卫城。"舍卫城俗称'佛城'，建于雍正时期，是依照印度乔萨国的都城建造的，舍卫城也是圆明园内唯一一座独立的城池，城四周建有厚实坚固的城墙和高大的门楼，墙上还有士兵站岗，沿城环绕有护城河。""城内街道呈十字形，内建殿宇、房舍共326间，用游廊相连接；还建有数座金碧辉煌的牌楼。城前专门开设一条贯穿南北的买卖街，称苏州街，由宫中太监扮作商人开市叫卖，法国教士王致诚对买卖街有比较详尽的记载。"[1] 由此可知，买卖街在舍卫城南门外，在四十景之一的"坐石临流"附近。它的正式名称是苏州街，俗称买卖街，王致诚将市场与城内建筑一并道及，给人市场在城内的错觉。

对于买卖街内的店铺和商品，王致诚告诉人们的是："船到码头，店铺开张，人们摆出了商品。某个街道专营丝绸，另一坊却专营绢帛；一条街专销瓷器，另一条街则专销油漆。一切都已分配完备。人们在这家店可以找到家具，在另一家则有服装、女性装饰品，还有一家是提供猎奇者和学问家的书籍。有供品茶和饮酒的酒肆茶楼、接待各种身份行客的客栈。那些流动商贩们向您推销各种水果、各类清凉饮料。"在街道的"房间中，人们可以看到世人在家具、装饰物、绘画（我是指中国风格的绘画），珍稀花木，日本和中国漆，古瓷瓶、丝绸、金银锦

---

1 参阅百度"舍卫城"词条（https://baike.baidu.com/item/舍卫城15009181）。

方面，所能够想象出来的最精美的物品。人们把艺术和良好情绪能够为大自然的宝藏增加的一切，都汇聚在一起了"。从这些描写可知，买卖街区内有若干条小街道，每一条街专营一类商品，遂能区分出丝绸街、绢帛街、瓷器街、油漆街、服装街（估衣街）、茶馆酒楼客栈街、古籍古董街等。出售商品各街道的特点已经明白显示了，不必赘述，不过王致诚特别说明的物件，需要引起我们的关注，这就是名贵稀有物件和古文物，如古瓷瓶、织锦服饰、中国名画、进口的日本漆、珍稀花木，总之是实用的和雅兴品赏的物件，唯社会高层才可能享用。在商店之外，街道上还有流动小贩，他们背着篓子、担着筐子、推着车子，出卖各种水果、瓜子和即食的饮料。

买卖街的开市，有固定日期，就是王致诚所说的"特定日子""六个节日"。清朝有皇帝生日的圣诞、使用新皇历的元旦和表达一年阳气初生的冬至"三大节"，如若加上上元节（元宵节）、端午节、中秋节，则是六大节日了。笔者姑且认为买卖街是在这六个节日期间开市的吧，恰是体现皇帝"与民同乐"了。

太监装扮成各色市井人等，成为买卖街不可缺少的角色。王致诚说："在特定日子里，每名太监都身着为他们制定的身份和职务相当的衣服：其一为一名商贾，另一为一名匠人；此人是兵勇，那人是军官。人们送给此人一辆手推车，送给另一人一些背筐，最后是每个人都有其职业的特征。"原来是太监穿上某种职业、职务的衣装，就成为商人、工匠、小贩、兵丁和军官，各种身份的人各司其职，各行其是。

　　喧嚣的市场景象，真像是民间集市。"……卖饮食用品的商人会拉住您的衣袖，为您购买其商品而纠缠和烦扰您。在那里任何事均获允许。人们在那里勉强区别出皇帝与其臣民中的最底层的差异来。每个人都推销他携带的东西。人们在那里互相争执、互相殴打，这是市场中的真正喧嚣。""在这六个节日，骗子和扒手们也未被人忘记。这和'尊贵'的角色被交给了大批比较灵活敏捷的太监们，他们可以圆满地完成任务。如果他们被人赃俱获，那么他们便会因此而感到羞耻，人们便会判决他，根据案情的严重程度或偷盗的性质，被判处烙金印、杖笞或流放。如果他们灵巧地扒窃，那些围观者便会赞赏他们，他们也会赢得欢呼声，那个可怜商人的起诉也会被驳回。但是，当交市结束后，一切又都恢复了正常。"到了特定的日期，买卖街上太监装扮好各色人等，在皇帝和后妃到来后，买卖开张，"真正"的市场出现了，皇帝就可以品味逛商店的生活乐趣。

　　关于捉拿小偷的市场秩序维护者的描述为："维持秩序者制止了争执者，并将他们押至其衙门的审判官面前。法官们审理了纠纷，并作出判决，判决他们受杖刑。大家设法实行判决，有时又出于皇帝的兴趣而略有变化，它变成了受刑者的某种不太真实的东西。"市场内有军官和兵士，显然他们负责巡逻，维持秩序；小城内有衙门，兵丁会将那些因争执而打架斗殴者、被抓获的小偷扭送衙门审判"处刑"。因此集市就不会乱成一团糟，可以正常地进行。

把集市说得那么热闹而有序，何人是市场的光顾者？主角是谁呢？王致诚就此写道："正如我们已经讲过的那样，这种集市只是为了讨取皇帝、皇后及其他嫔妃们的欢心才组织起来的。人们在那里很少接触某些王公或某些大人物。即使这些人可以进入那里，那也要等女子们退避之后。""皇帝始终要采购许多商品，您不用怀疑，可以尽量贵地卖给他。女子们一方也在采购，太监们也一样。"从中可知，乾隆皇帝、皇后和妃嫔是市场的主要光顾者，皇帝亲信的王公及特别眷顾的大臣也能成为参与者，其实他们的到来，不是为正常的消费，而是给皇帝凑趣，如和珅替固伦和孝公主购置大红呢夹衣。皇帝、后妃则不然，他们会采购的一些物品是在例行供应之外的新奇可喜的东西。此外太监也是消费者。

买卖街商店的商品是从哪里来的呢？商品自然不是表面经营者——太监的，而是由京城商贾提供的，这就是王致诚说的"人们在那里陈列和出售的商品，大部分均属于北京的商贾们，他们将这些商品委托给太监们，以便真正地出售它们，从而使交市并非是假装和模拟的"。商人供应商品，由太监经销，商品是真正的实物，不是模型，这样才使买卖成为真实的交易。

买卖是实实在在地进行的，喧嚣和欺诈、盗窃则是真真假假的，那么这个市场像一般的民间集市吗？王致诚给出的答案是：“如果说整个交易中没有任何行为是真实的话，那是由于它缺乏使喧嚷变得更加激烈，使乐趣变得更加刺激的那种利润。”它是集市，但与民间的有所不同，民间买卖是为利益，商人为获取高额利润而欺诈，顾客为获得便宜而不停地还价、争论不休。这个市场则是半真半假的。

买卖街怎么会出现在离宫，王致诚对这一疑问作出详细的交代：“您必定会暗自思忖，这座可以说是一切均被抑制和从此之后非常平凡的城市，到底有什么功能？……其主要动机却是，一旦当皇帝希望时，便能获得看到一座城市喧闹的缩影之乐趣。因为一位中国皇帝要高度受其威严的约束，所以当他出宫时，很难在大庭广众之前抛头露面。他什么也看不到，房舍和店铺都对他关闭。人们到处都为防止他发现任何东西而支开了一张网。甚至在经过某地的数小时之前，便不允许任何人置身于其道路上，否则将以交御林军严刑拷打论处。当皇帝在城外和乡下行走时，各个方向必有两队骑兵远远地行进在前面，既是为了驱散在那里出现的所有人，也是为了保证皇帝个人的人身安全。中国皇帝就这样被迫生活在一种孤独之中，他们时刻都试图为此而获得补偿，并且有的人以这种方式，其他人又以另一种方式，来弥补其威严阻止他们参加的公共娱乐活动。”王致诚深知中国朝廷制度要维护皇帝的神圣尊严和保卫皇帝人身的绝对安全，所以皇帝出行要戒严，经过的街道商店、民宅皆关门闭户。皇帝什么也看不到，生活在一种孤独之中，但买卖街的开市就如同参加公共娱乐活动，能从中获得乐趣。用一句话概括，买卖街的功能就是让孤家寡人的皇帝感受到民间交易气氛，改善"枯燥"生活，获得快乐。

王致诚对于圆明园买卖街的描述，笔者基本上引出了全文，只是还剩下一个问题——这种集市，是什么时间兴起的？王致诚对此写道："……在当今皇帝的统治下，正如在令人建造了该宫殿的其父皇统治下一样，该城用于让太监们每年数次地表演所有贸易、所有市场、所有艺术、所有手工业、所有议论、所有来往，甚至是大城市的所有欺诈的场面。"前已说明作为离宫，对圆明园大规模兴建是在雍正年间，买卖街所在的小城建于雍正朝，并且一年进行数次"表演"式的集市贸易活动。王致诚眼见的买卖街交易是在乾隆年间，这种活动继续到何时，故世于乾隆三十三年（1768）的他当然不得而知，徐珂的文献谓为："嘉庆己未，停止圆明园商店。"《清稗类钞》说的嘉庆己未是嘉庆四年（1799），也就是说嘉庆初年圆明园买卖街活动终止了。

综括王致诚书信和《清稗类钞》记录，圆明园皇家买卖街，雍正朝开始设市，乾隆朝每年举办几次活动；开市有固定日期，一年也就是五六次；市场规模不大，然也五脏俱全，区分出各类商品的摆设地点——专业街，拥有丝绸、绢帛、瓷器、油漆、服装、茶馆酒楼客栈、古籍古董等街衢，似乎还有手工作坊街，商品种类较为齐全，还有上流社会欣赏的名贵稀有物件和古文物、日本进口的漆器。店铺生意之外，还有街道上流动的小贩，他们肩挑背负筐篓，出卖各种水果、花生瓜子和饮料。活跃在市集的商人、匠人、盗贼、军士、官员，都是太监装扮的，他们所出售的货物是北京商人供应的，由太监经销，商品是真正的物件，不是模型，这样才使买卖成为真实的贸易。交易在热烈气氛中进行，人们熙熙攘攘，讨价还价之声不绝于耳，以至动手动脚，小偷乘机行窃，或得手引发欢笑，或失手羞愧难容。这时参与者对各自的真实社会身份有所忽略，皇帝也被视为平常顾客，只是不敢放肆地嬉闹；对出格的捣乱者，有衙门审理，处以并不执行的"刑法"，因此集市就不会乱成一团，可以正常进行。乾隆皇帝、皇后和妃嫔是市场主要光顾者、购物者，太监也是消费者，皇帝亲信王公和特别眷顾的大臣或成为特许参与者，不过他们只是为皇帝"逛商店"时凑趣而已。这里的"卖"和"买"是实实在在地进行的，喧嚣和欺诈、盗窃是真真假假的，这种集市与民间集市有同有异，不要否认它集市交易的真实性，也必须明了它特有的游戏成分。皇帝因为要维护至高无上的地位和尊严且要保障人身安全，必须远离人群，"不食人间烟火"，于是被"禁闭"在大内、离宫、避暑山庄，即使南巡也被禁卫制度遮蔽视线，难以看到民间的真实生活，更不用说体验了。因此建设买卖街，定期开展活动，令孤家寡人的皇帝感受某种民间交易气氛，改善"枯燥"生活，获取快乐。买卖街活动源于雍正朝，结束于嘉庆朝。笔者饶舌一句，康雍乾是清朝兴盛期，嘉庆朝进入衰败期，皇帝已经没有那种心情和能力再玩买卖街的"游戏"了，只好收场。如此说来，圆明园的买卖街倒成了衡量清朝盛衰的"测量器"了。[1]

1　可进一步参阅贾珺：《圆明园买卖街钩沉》，《故宫博物院院刊》2004 年第 6 期。文中对买卖街布局，建筑形式及经营特点，历史渊源和文化内涵作进一步分析，认为圆明园买卖街"直接反映了当时的市井文化"，"浓缩京城本身的市井氛围"。

康雍乾三帝接受俄葡英三国使节国书的礼仪与细节变动

英国使节马戛尔尼朝觐乾隆帝，是否行了三跪九叩首礼，当事人马戛尔尼否认，后世众多学者探讨其究竟。笔者以为，将使节朝见清朝皇帝的礼仪区分为觐见礼仪及递交国书礼仪两项，或许能够明了。使节递交国书时，因是代表国王进行的，不行跪拜礼，而使节觐见皇帝就行跪拜大礼。这两种礼仪有关联，又有区别，认识朝见礼仪之别有利于辨明事情真相，是以在题目中特别点明。这种规矩起源于康熙帝接见俄国使臣伊斯梅洛夫，是西方国家抗争的结果。笔者在此仅述康雍乾三帝接受俄国、葡萄牙和英国使节的礼仪及其形成，至于西方国家对清朝跪拜礼的抗争，将另文陈述。

笔者先将三国使节觐见清朝皇帝的礼仪概述于此：康熙朝俄国伊斯梅洛夫、雍正朝葡萄牙麦德乐、乾隆朝英国马戛尔尼三使节觐见的三跪九叩首礼不变（英使或许是行三跪九鞠躬礼），递交国书礼仪，由大臣转呈皇帝更改为使节直接将国书递交皇帝。由此得知三国使节争取平等国的地位获得部分成功。

　　康雍乾三帝接待俄葡英使者的历史记录，主要见于清朝通事、意大利传教士马国贤（Matteo Ripa，1682—1745）所著《清廷十三年》中有关伊斯梅洛夫觐见康熙帝的记录，法国传教士巴多明关于麦德乐觐见雍正帝的记叙，马戛尔尼的《乾隆英使觐见记》及其随员的分别记录。笔者在呈现他们的中文译本内容时，尽量抄录原文，加以说明，而不是直接陈述，是为求得对历史文献的准确理解。

康熙帝接见俄国公使伊斯梅洛夫礼仪及其议定过程

　　沙俄公使伊斯梅洛夫伯爵于 1720 年 11 月 29 日到北京觐见康熙帝，次年 3 月 13 日离开。清朝有三名官员负责接待，聘用六名通事，在北京宫廷服务的罗马教廷传信部马国贤神父为五名西洋通事之一，他在回忆录《清廷十三年》里记叙接待过程中发生的各种事情，对觐见礼多有细节描写。沙皇派遣使臣的用意，致康熙帝书信云"渴望加强迄今为止与皇帝建立的两国之间良好的默契"，请"陛下能够详细倾听一下他（伊斯梅洛夫）所提交的所有事情"，办好之前不要让他离开。伊斯梅洛夫究竟要谈什么，他说在递交国书之后才能说明，在中方追问下，对方表示要签订两国条约。对于礼仪问题，双方一开始就显现出不同的态度。康熙帝在伊斯梅洛夫初到北京，就赏赐他御膳房食品，而伊斯梅洛夫拒绝使用致谢的传统跪拜礼："在我们全神贯注地与公使谈判的时候，陛下送给他的宴会餐到了。当公使被要求向皇帝谢恩，也就是习惯上的跪拜时，他拒绝了。公使声明说，他代表自己的皇帝，与中国皇帝在级别上是平等的，他只能按照俄罗斯的习惯来完成觐见。（中国谈判）班子成员们不能得到更多的让步，不得已认可了他的做法。"接下来是协商公使觐见和递交国书礼仪，双方坚持各自的立场：康熙帝"对国书的内容和公使带来的使命十分满意，但对他不肯履行必不可少的跪拜之礼感到不悦"。不过中方容忍了，想出主意，先以私人关系召见他，而后让其递交国书。意思是私人召见，伊斯梅洛夫不代表沙皇，就没有不行跪拜礼的借口，可是伊斯梅洛夫拒了私人召见，要求先递国书。康熙帝因此说，那就不接受他的国书、礼物，"他最好还是回俄罗斯去"。这大约是气话，康熙帝并没有驱逐他，双方协商还在继续。中方问他递交国书时会不会履行跪拜礼，伊斯梅洛夫说不会，并"宣称他会按照欧洲使节参见亲王们的敬拜礼节行事"。康熙帝令礼部尚书和总管太监明确宣布："不管沙皇如何，他必须履行跪拜。按照中国的不可改变的礼仪制度，参见使节必须跪拜。他要把国书放在案桌上，然后由本国重臣取过来，递送给陛下。虽然这是规矩，但皇帝在特定的场合也可以灵活处理，在大殿里召见他。"伊斯梅洛夫回应道："他的主人命令他把国书送到陛下的手上，他不

会违背沙皇的指令。"康熙帝遂亲自拟出谕旨，想用对其优待的
事实打动他：为"怀柔远方"，派出重臣会见，招待入馆，赐
予各项旅途所需，并赐御膳房菜肴。非要将国书直接递到皇帝
手上是无理的，他的行为令人怀疑他不是公使，而是商人假冒
的。递交国书，"应守不可变易之礼仪"。伊斯梅洛夫却态度不
变，再次表示："不答应按要求行跪拜礼；要把国书亲手交给皇
帝。"为打破僵局，康熙帝提出中国使臣到俄国行俄国礼，俄国
使臣在中国行中国礼的新方案："将来皇帝派使节觐见沙皇时，
一定答应给沙皇行脱帽致敬礼，尽管在中国除了有罪的囚犯露
出头颅外，没有人会脱帽，还会行使所有其他莫斯科习惯的礼
仪。"伊斯梅洛夫于是"答应按照中国规矩，行使跪拜之礼；还
答应让皇帝坐在皇位上，在他的注视下，把国书放在书案上，
以便让一个朝官随后把书信递给陛下"。行使礼仪决定了，接着
是履行。马国贤介绍 12 月 9 日递交国书的具体仪式和情景：在
正大光明殿（笔者按：应系乾清宫）[1] 进行，康熙帝坐龙椅，三
位皇子在其右侧坐垫入座，大殿地上放满垫子，宫尹（笔者按：
应系领侍卫内大臣、内务府总管大臣）跪在上面。稍远处站着

---

[1] 正大光明殿，紫禁城中无此殿，雍正间在圆明园建成此殿，康熙帝不可能
在这里接见伊斯梅洛夫。因此马国贤说在此殿举行觐见礼，应系指乾清宫，因
此宫殿内有顺治帝书写的"正大光明"匾，"皇帝召对臣工，引见庶僚皆当焉"。
乾清宫前面有乾清门，是康熙帝御门听政之所，《国朝宫史》云："皇帝御门听
政，则于门下陈设御座黼扆。部院依次启事，内阁面承谕旨于此。"载鄂尔泰、
张廷玉等编纂《国朝宫史》，北京古籍出版社，1987，第 201、204 页。

禁军、侍从、太监、宫廷大臣、有差事的欧洲人。靠近大殿的入口处，放着一张案桌，上面有给陛下预备的甜品。"在大殿往下几级台阶的门厅（笔者按：应系乾清宫门）里，放着另一张案桌，伊斯梅洛夫伯爵就站在案桌的那一边。按照大清的礼节，公使应该跪在大厅里，把国书放在这张案桌上。但是皇帝让人把这张案桌（笔者按：从乾清宫门厅）搬到（笔者按：乾清宫）大殿里面，这样公使可以把位置靠前，这是给了他很大面子的事情。随后，伊斯梅洛夫伯爵就进入大殿，他马上在案桌前跪下了，把沙皇的国书用双手递上。当初对伊斯梅洛夫伯爵显示过宽厚仁慈的皇帝，现在想到正好可以羞辱他一下，就让他在这个特殊的姿势上停留了一段时间。骄傲的俄罗斯人对此待遇感到耻辱，他用把头撇向一边，加上一些嘴部动作，发出了明确的愤怒讯号，这些动作在这样的场合之下是不合适的。陛下严肃地要求公使本人可以把信拿给他，伊斯梅洛夫伯爵跪下照办了，他亲手接过了国书。这是皇帝又一次给了伯爵荣誉，赐予了他原先已被拒绝的恩惠。"而后在礼部尚书陪同下公使退出大殿，"回到先前的大厅（笔者按：应系乾清门）里。不久，他又移到皇帝座位对面的大殿中央。公使后面站着他的主要随从，再后面是他的仆人和士兵们。当所有出席人员排列整齐，各就各位后，司礼大人发出一个特别的讯号，他们全体跪下，隔了几分钟后，他们的头部三次触地。做完这些，全体起立，然后又跪下，再叩拜三次。以这种方式，他们跪了三次，叩了九个头。做了所谓'三跪九叩'之礼"。"公使随后再次被带到皇帝的跟前，通过我们的翻译，陛下问站着的公使有什么特别的要求"，伊斯梅洛夫回答希望"确定一种业已存在于双方之间的友好关系"。康熙帝说："今天是个大喜的日子，谈论政事并不合适，可以另外赏给他一次机会加以召见。"随后让他坐下，康熙帝把公使招到御座前，"亲手递给他一杯由金杯盛着的葡萄酒，他还屈尊俯就地给"伊斯梅洛夫的四名随员赐酒，给公使一桌甜品，加一张桌子，放上御桌撤下的佳肴。[1] 马国贤所述伊斯梅洛夫的觐见礼仪大体如此。此种接受俄国使节伊斯梅洛夫递交国书的情景，可与同时在北京的罗马教廷使节嘉乐（嘉禄，Carlo Ambroise Mezzabarba，1685—1741）递交教皇文书的礼仪对照观览。嘉乐于康熙五十九年（1720）十一月到京，十二月初三康熙帝接受其文书，其情节见成文于当年年底的汉文档案，上有康熙帝亲自批改的文字，被学者陈垣（1880—1971）发现并于1931年整理成《康熙与罗马使节关系文书》。[2] 接受教皇信件与接见嘉乐礼仪的情形是："上御九经三事殿（畅春园正殿，与乾清门临朝功能同，接见臣工和使节），筵宴嘉乐。嘉乐着本国服色，于丹陛下进教王表章。上特命引至御前，亲接其表。嘉

1　马国贤：《清廷十三年——马国贤在华回忆录》，李天纲译，上海古籍出版社，2004，第90-97页。
2　该档案由李天纲予以校点，作为附录收入马国贤著、李天纲译的《清廷十三年——马国贤在华回忆录》，上海古籍出版社，2004。

乐行三跪九叩礼毕，命坐于西班头等大人之次。赐上用克食，上钦赐酒一爵……于殿庑下着伊都立等赐随来西洋人酒各一爵。上念天寒，外国衣服甚薄，赐嘉乐亲御貂褂一件。宴毕，上回宫，嘉乐谢恩而退。"[1]

雍正帝遵循康熙朝例接见葡萄牙使节麦德乐

麦德乐伯爵于雍正四年（1726）五月到澳门，因病停留，次年 5 月 18 日到北京，觐见后于 7 月 16 日离开。服务清廷的传教士巴多明被指定为双方会谈的通事，他于麦德乐离开北京三个月后的 1727 年 10 月 8 日通信讲述这段历史。与伊斯梅洛夫相同，麦德乐就礼仪的事同清朝当事人协商多日，最后双方妥协，事情完结。麦德乐来华，宣称是"向皇帝陛下来吊唁他的父亲康熙皇帝，并祝贺皇帝登基"。雍正帝自然高兴，派人前往澳门迎接。麦德乐到北京后不承认是来"进贡"的，负责接待的怡亲王允祥问巴多明、葡萄牙人传教士张安多（Antonio de Magalhaes，1677—1735）[2] 西文"进贡"怎么讲，当他听说麦德

1　马国贤：《清廷十三年——马国贤在华回忆录》，李天纲译，上海古籍出版社，2004，第 162—163 页。

2　张安多，1705 年在中国，1721 年奉康熙帝派遣往葡萄牙特使，1725 年与麦德乐同船往中国，先期回到北京，随后奉命与内务府郎中常保住迎接麦德乐进京。见荣振华：《在华耶稣会士列传及书目补编》（上），耿昇译，中华书局，1995，第 396—397 页。

乐不承认是进贡后说，我们要"改变老规矩，就会有下例，我将和皇帝商量一下"。对于递交国书仪式，麦德乐要求按照伊斯梅洛夫的办法进行，而清朝"惯例是先把信件放在一张桌子上，而大使希望像莫斯科的大使那样直接把信交到皇帝手中。他们（中国官员）问他从哪里知道的，'这在欧洲是众所周知的事情，莫斯科人还把它写进了邸报中'"。允祥就去同雍正帝商议，回来说"礼部搞错了"。然后他问是否查阅过有关接待莫斯科人的记载，他手下官员回答已经查阅过了。（他说）"照记载的办，这是皇上的旨意"。允祥对巴多明说，"麦德乐来不来我们朝廷与我们有什么要紧的？对我们有什么好处？他是来向皇上致谢，并且祝贺他登基，这是令人高兴的好事，他不来也没有关系，为什么要派人迎接他？"他来京在小事上啰唆，还会有什么麻烦；张安多说没有了。5 月"26 日，皇帝决定大使不用把信件放在桌子上，让他自己直接呈交"。礼部要求麦德乐先去练习礼仪，被拒绝，传教士们说他完全懂得了应有礼仪，不必去，礼部就同意了。可是麦德乐又要求带着侍从列队进宫，被拒绝。礼仪方式既定，递交国书的过程是这样的："5 月 28 日，大使第一次晋见皇帝"，七点半钟他骑马带着随从由午门入宫，在一个大殿等候并吃饭，皇帝传旨去另一大殿，进入次序如下："由两位殿前大臣在前面领路，随后是礼部一位官员和我，双手托着国王的信件的大使先生……我们肃穆无声依次地登上台阶直到大殿前，穿着礼服的官员们，每边两排肃立在台阶两旁。大殿两排坐满了朝廷大臣们，每边四行。皇帝端坐在大殿中央自己的宝座上。大使从西门而入，由礼部官员领着登上宝座前的台阶，跪下把国王的信递给皇帝。皇帝接过信，交给一位官员，那位官员双手接过信，始终举着直到晋见礼结束。大使站起来，回转身从西门出殿，走到仍敞开着的中门前。他在中门前的台阶上和他的随从一起向皇帝鞠了九躬。我站在大使身边，告诉他什么时候可以站起身。随后我把他领到皇帝宝座之下、所有的大臣之上，那里已经放了一个垫子给他。这一切都是在肃穆无声中进行的。大使以他庄重、谦虚、正确无误地遵守礼仪赢得所有人的好感。他表现得无懈可击，毫不窘迫。"而后皇帝让他坐并给他茶，他跪着向皇帝说："我受葡萄牙国王唐·若望五世之命来祝贺皇帝陛下登基……（国王）命我代表他前来向陛下表示对伟大的康熙皇帝去世的最深切的哀悼。"麦德乐退出大殿后，雍正帝说："这个人很有礼貌，很讨人喜欢。"巴多明则总括说："这次晋见双方都很满意。"[1]

马戛尔尼觐见乾隆帝的礼仪究竟是怎样的

马戛尔尼勋爵于乾隆五十七年（1792）离开英国；1793年8月5日到天津大沽口，9月在热河觐见乾隆帝；1794年1月

[1] 杜赫德编《耶稣会士中国书简集——中国回忆录》第三卷，郑德弟、吕一民、耿昇等译，大象出版社，2005，第228-240页。

10 日离开广州回国。自他踏上中国国土，就碰到绕不开的礼仪问题，他对此早有准备，就此写道：8 月 14 日，接待钦差征瑞及其助手王文雄、乔人杰提出觐见礼仪事宜，马戛尔尼回应道："今来贵国，拟用觐见敝国皇帝陛下之礼，觐见贵国皇帝陛下。谅贵国皇帝，不至强我必用华礼。"19 日，乔人杰、王文雄欲教习马戛尔尼跪拜礼，马戛尔尼托词改习中国礼，"恐非娴习有素，临时必有失礼之讥"。29 日，他写出觐见礼节说贴："觐见礼节，敝使拟用觐见敝国皇帝之诚礼，若贵国必欲改用中国礼节亦未尝不可，但须请贵国派一大臣，职位与敝使相若者，至馆舍中向吾英皇帝、皇后两陛下肖像行一觐见中国皇帝之礼，则敝使无不如命。"9 月 10 日，征瑞等表示"即行英国礼亦属不妨"，但不知英国礼是怎样的。马戛尔尼演示觐见英皇礼仪方式方法，因有与皇帝握手仪节，征瑞等三人表示惊讶，都说使不得；但征瑞就此请示和珅后，被同意行英国礼，但免去握手、吻手礼，同时要双足下跪。马戛尔尼同意前项要求，但仍坚持不能双足下跪。11 日，马戛尔尼拜会大学士、军机大臣和珅，和珅对他说："凡中国风俗，贵使以为不适者自不能相强，将来觐见时，贵使可即用英礼，不必改用华礼；贵国皇帝之手书亦可由贵使面呈。"于是马戛尔尼轻松地说："至此，礼节上之争执已完全终结。乃议决本星期六（笔者按：八月十一即 9 月 14 日），为吾觐见皇帝之期，由相国亲为引见。"依据马戛尔尼的说法，礼节是以怎样的方式实现的呢？他继续写来：14 日，"觐见之地为

（避暑山庄）万树园”，清晨到皇帝所御之大幄近处一间帐篷等候，及至乾隆皇帝临近，他们被中国官员通知到路边站立，对面站着的是清朝官员，瞬间，“见皇帝坐于一无盖之肩舆中，用十六人抬之；舆前有执事官多人，手执旗伞旌节之属，驾过吾前，吾等曲一膝以为礼，华官则行其本国礼节”。皇帝下舆，进幄，“余俟其升坐宝座之后，即恭捧英皇亲笔书信，入幄至宝座之旁，拾级而上，呈书信于皇帝手中。此信装于一木匣中，匣外用钻石为饰。皇帝手接此信之后，并未启阅，仅随手交与旁立之相国。相国亦并未启阅，仅置之于宝座之旁一锦垫之上。于是皇帝乃以赠予英皇之第一种礼物授我，嘱为转呈”。接下来是赐食，皇帝亲自赐酒。[1]马戛尔尼叙述行礼吝于笔墨，仅提到乾隆皇帝路过他身边时，他行了跪一条腿的礼。不过他的文秘、亲戚文带（温德）的日志手稿有着比他略微详细且有所不同的记录。该手稿云：当皇帝经过时，我们被领出帐篷，在官员和鞑靼王公对面排成一行。我们按口国的常规行了礼，跪地

1　马戛尔尼：《1793 乾隆英使觐见记》，刘半农译，天津人民出版社，2006，第 40-41、49-50、69、93、95-96、99-104 页。

九次。[1]

关于三国使节朝见清朝皇帝礼仪的讨论及践履就介绍到这里，接下来将探讨他们记载中的共同点、差异点，以及笔者对照其他相关文献资料产生的认识。

三跪九叩朝见大礼体制不变，接受国书仪式有了变动

笔者分别讨论三位使节的觐见、递交国书仪式，结论是使节朝见皇帝行的是三跪九叩首礼（或略有存疑说法：英使行三跪九鞠躬礼）。向皇帝递交国书，在康熙朝改变传统的由大臣转呈的方式，使节直接将国书呈送皇帝手中，产生新例，为后继人遵循，而整个朝廷的体制与观念维持不变。三国使节争取平等国的地位，获得了部分成功，这可由递交国书礼仪表现出来。

跪拜的觐见礼

根据马国贤的回忆，伊斯梅洛夫先是在大殿（乾清宫）递

---

1 文带手稿现存爱尔兰国家图书馆，本文转录于黄一农：《印象与真相——清朝中英两国的觐礼之争》，《中央研究院历史语言研究所集刊》2007 年 3 月。特向黄氏致谢。又，2006 年天津人民出版社版的《1793 乾隆英使觐见记》的林延清解读，亦应用了文带的手稿。解读云："马戛尔尼的一个亲戚温德，也是当时随行的秘书。其手稿已被发现，他如实记录了当时的活动：'当皇帝陛下经过时，有人通知我们走出帐篷，让我们在中国官员和鞑靼王公对面排好队伍。我们按当地方式施了礼，也就是说，跪地，扣头，九下。'"（第 242—243 页）

交国书，而后退出至对面的前厅（乾清门），稍停，移动到乾清宫与乾清门之间院子，面对大殿站好队，同所有与会朝臣共同向康熙皇帝行三跪九叩首礼，次后被召回大殿，赐坐赐食。首先进行递交国书仪式，是尊君之礼，是两国元首交接，虽然是通过使臣间接实现的，这时使节是跪着递交的，并未行三跪九叩首礼；其次是使节向皇帝致敬，行三跪九叩首大礼。马国贤明确说出伊斯梅洛夫在递交国书后行了跪拜礼，应是没有异议的。

　　从巴多明所述看，麦德乐也是先呈递国书，此后退到大殿台阶前站立行礼，再进大殿，雍正皇帝对他赐座、赐茶。仪式的程序与前朝一个模式，似乎不同的一个重要点是伊斯梅洛夫行三跪九叩礼，而麦德乐行的是"向皇帝鞠了九躬"。按照巴多明的说法，雍正帝不仅没有怪罪他不行跪拜礼，还赞扬他"很有礼貌，很讨人喜欢"，并且"以他庄重、谦虚、正确无误的遵守礼仪赢得所有人的好感"。莫非雍正帝和与会臣工思想观念统统发生巨变，接受了麦德乐不是来朝贡的，而是以平等国交往的观念，不必行跪拜礼？这只能是天方夜谭。巴多明又在述说麦德乐行九鞠躬礼时，说他自己"站在大使身边，告诉他什么时候可以站起身"。[1] 这就让人莫名其妙了：麦德乐鞠躬是站着进

1　杜赫德编《耶稣会士中国书简集——中国回忆录》第三卷，郑德弟、吕一民、耿昇等译，大象出版社，2005。

行的，何从说起"什么时候可以站起身"的话？只有下跪，才有须起身的问题。显然麦德乐行的是三跪九叩礼，由于三跪九叩礼是三次下跪两次起立，麦德乐事先并没有到礼部练习，在其行礼时巴多明及时指点他下跪后何时起身，于是麦德乐行礼如仪，皇帝满意，朝臣高兴。如若笔者剖析无误，只能认为巴多明出于某种原因而曲笔，隐藏麦德乐行使三跪九叩首礼的真相。看来伊斯梅洛夫、麦德乐均以跪拜礼完成了觐见礼仪。

至于马戛尔尼自己说是行单膝下跪礼，这是欺人之谈。前面引出黄一农在引用文带那一段话后的解读："虽称当周遭之人集体行三跪九叩之礼时（约持续一二分钟，且中间还须起立两次），英使也下跪了九次，但此应指其依照众人九叩首的节奏跪地行礼。"万树园的会面，是马戛尔尼向乾隆皇帝行了三跪九叩礼还是行的"略加修改的中式礼节：双膝下跪三次，每次三俯首深鞠躬，但不叩头"[1]？笔者浅薄，不敢下断语，但笔者认为马戛尔尼至少是连续行了三次下跪九次叩首或九次跪着鞠躬的一个完整礼仪。

行文至此，可以总括地说，康雍时期的两位使节正式履行了三跪九叩首觐见礼，满足了清朝皇帝要求。乾隆朝使节或许也是行了跪拜大礼，即使没有按整套礼仪进行，也是行了不完

1 黄一农：《印象与真相——清朝中英两国的觐礼之争》，《中央研究院历史语言研究所集刊》2007 年 3 月。

整的跪拜礼——三跪九鞠躬礼。

递交国书方式

康熙帝要求俄国使臣遵照清朝传统，将国书放在案桌上，而后由大臣呈递皇帝，同时说了句活话——"虽然这是规矩，但皇帝在特定的场合也可以灵活处理"。这在俄使递交国书过程中兑现了：当伊斯梅洛夫将沙皇致康熙帝信件放在案桌，跪在桌边，接着双手举起国书递给康熙帝时，康熙帝没有立刻接过信件，而是羞辱他片刻，才完成递交仪式。康熙帝出人意料地采纳了直接递交国书的方式，给了对方面子，但同时又用奚落使节这种方式来补偿自家心中的不快。如前所述，雍正帝君臣查阅了康熙朝接受伊斯梅洛夫递呈国书的档案，既然麦德乐请求直接递交国书，雍正帝就遵循先帝成法，直接从麦德乐手中接过葡萄牙国王信函，也没必要羞辱麦德乐。乾隆朝臣原先拟定马戛尔尼递交国书的礼仪，基本上是按老规矩，而且更加烦琐，但是最终双方妥协，马戛尔尼直奉将英皇书信送到乾隆帝手中。由此可见，康雍乾三朝的俄葡英三使节的递交国书仪式，都是将国书直接交到皇帝手中。

直接递交国书新例形成

就麦德乐要求实行伊斯梅洛夫的递交国书方式，雍正帝指示"照记载的办"，就是以档案所载的康熙朝方法进行。怡亲王允祥说"改变老规矩，就会有下例"。他们说的是同一个意思，即康熙朝的新办法成为新的事例，后朝就可以遵循。这符合"法祖"的治国方针。乾隆朝还想实行老方法，但遇到阻力，也就遵行新例了。使节先进呈国书且直接呈递，含有国与国对等的意思，而后使节行三跪九叩首礼，这在清朝皇帝观念里是附属国使臣应行的礼节。

康雍乾三帝筵宴俄葡英
使节的多种方式

　　康熙、雍正、乾隆时期，俄国、葡萄牙、英国使节先后来到中国。康雍乾三帝依据恩威并施之道、厚往薄来原则，用赐宴、赐食、赐银等多种方式予以招待，希图调和国家之间的关系。对这类活动，清朝官方历史文献记载较少，尤其缺少细节描写，而来到中国的西洋传教士和外交官，在中国及回国后写的通信、日记和回忆录、著作，以及中国教徒依据官方文告、碑刻和传教士文书写成的相关著述，则可为研究者爬梳利用，笔者乃主要借助西人记录写作此篇。

　　康雍乾三帝的赐宴，最高规格是皇帝亲自出席的宴会；其次是皇帝在场，从御用餐桌上撤出一些食品赐予会见中的客人；再次是皇帝不在场，从御用餐桌撤出一些食物赏赐客人；然后是皇帝对被接见人赐茶；最后是赏赐御膳房佳肴，赐食物或食材。

康熙帝接待俄国公使伊斯梅洛夫

康熙帝先后四次赐宴俄罗斯公使伊斯梅洛夫伯爵，至少有两次亲临现场。具体情形，据负责翻译的意大利人马国贤记载是这样的：为恢复两国贸易和谈判边界事务，1720 年 11 月 29 日到达北京，1721 年 3 月 13 日离开。他自进入中国境内，"各项旅途所需"均由中国供应。他刚到北京，康熙帝即令内务府总管："携御膳房所制菜肴前往探视。"12 月 9 日在紫禁城乾清宫举行递交国书仪式，康熙帝接见伊斯梅洛夫，后者希望"确定一种业已存在于双方之间的友好关系"，康熙帝说："今天是个大喜的日子，谈论政事并不合适，以后给你一次机会面谈。"于是开始有戏曲舞蹈演出的宴会。康熙帝把伊斯梅洛夫招到御座前，"亲手递给他一杯由金杯盛着的葡萄酒，他还屈尊俯就地给"伊斯梅洛夫的四名随员赐酒，给公使一桌甜品，加一张桌子，放上从御桌撤下的佳肴。康熙帝又命大臣给伊斯梅洛夫的其他随从布酒。与宴者每人一张低矮餐桌，盘腿坐在垫子上。席间，康熙帝吩咐"乐师演奏和吟唱中国风格的乐曲"，"稍后，两个年轻人被叫来了，跳起非常优雅的舞蹈"。笔者以为所跳的应是满人的莽式舞。宴会进行两个小时，康熙帝退席。随后，康熙帝在离宫畅春园第二次赐宴俄国公使及其全体随行人员。及至伊斯梅洛夫代表沙皇举行送礼仪式，康熙帝回赠礼品之外，又将伊斯梅洛夫及译员召到寝宫（应是畅春园）"赴宴"。这是第三次筵宴，马国贤说他们翻译也参加了。宴会中"专门讨论和平议题，商量如何能够在两大帝国之间保持友好"，康熙帝说了好多话，要求俄国人详细记录，以便回去向沙皇汇报，又要求满人大臣用满文书写圣谕。后来康熙帝让伊斯梅洛夫观赏大象表演，"而后一起来宫内赴宴"，给每人两杯葡萄酒。[1] 这是第四次赐宴，康熙帝是否亲临，马国贤没有交代。

　　康熙帝赐宴伊斯梅洛夫四次，至少有两次亲临。赐宴实行分餐法，除了皇帝在宝座就餐，其他人坐在垫子上，在身旁的矮桌上取食品吃用，中间皇帝会对贵宾亲自赐酒、交谈，在宴饮同时，有助兴的戏曲杂技演出。皇帝亲临宴会是恩赐，对与宴者是莫大的荣幸。此外，康熙帝允许俄国商人入境，并为他们提供交通运输工具，招待食宿（包括饲养马匹）。康熙帝不惜破费，以便取得边境的安宁。

雍正帝赐宴葡萄牙公使麦德乐

　　雍正帝赐宴葡萄牙公使麦德乐伯爵。麦德乐于 1727 年 5 月18 日到北京，觐见后于 7 月 16 日离开。服务清廷的法国人传教士巴多明被指定为双方会谈的通事，他记录了雍正帝对麦德乐的赐宴。5 月 12 日（时值夏天），麦德乐即将到京，雍正帝派人

1　马国贤：《清廷十三年——马国贤在华回忆录》，李天纲译，上海古籍出版社，2004，第 90-99 页。

去迎接，并下令以他的名义给使节带去"各种清凉饮料"。28 日麦德乐递交国书，雍正帝命人给他上茶，似乎没有赐宴。6 月7 日，麦德乐到离宫圆明园致送国王礼品，雍正帝下旨，"从此隔天送他餐桌上的菜给大使"，令两位大臣陪他吃饭，并给麦德乐一千两银子。13 日麦德乐去圆明园致谢，受到了跟第一次一样的招待，被宴请吃了饭并登上游船看宫中所有的花园。从巴多明的叙述可知，7 日、13 日的赐饭，只是大臣陪同，雍正帝没有露面。这期间的 7 月 8 日举办了早宴，麦德乐早六点往圆明园朝见，殿上有两三个大臣，台阶上站满了"身着礼服，端酒和水果的内侍们，在走廊上有两组琴师和乐师。竖起了一顶黄色帐篷，里面摆了餐桌，金、银器皿餐具放在院子里"。皇帝坐在大殿宝座上，麦德乐坐在垫子上，其他人都站着，"内侍给皇帝送来了庆典时喝的酒，他喝过以后，内侍给他送来了一只金酒杯，他用双手接过金酒杯，同时，三位大臣和我（巴多明）领着大使走到宝座脚下，皇帝给大使看酒杯，并且说：'如果他能喝的话，请把酒都喝了，如果不行，那就量力而行吧。'大使跪着从皇帝手中接过了酒杯，他喝了一小口，谢过了皇帝陛下，又回到他的座位上。他位子前的高桌上放了一堆水果。接着皇帝用满语和我说话，我也用满语回答他"。然后问麦德乐葡萄牙热不热，希望他保养好身体，回去问国王好。接着让麦德乐好好游玩，让大臣和他"一起吃饭、看戏"。在接见后，"为款待大使而举办了一次盛大的宴会，并上演了一出中国戏，这出戏深受葡萄牙先生们的赞赏”，麦德乐及其随从“美美地吃了一顿”。7 月 14 日为麦德乐饯行，两位大臣代表皇帝请他“赴宴告别，他们奉旨陪他登上游船，盛宴款待他”。16 日，麦德乐在通州张家湾登船，“御厨已经准备好了丰盛的晚餐”。17 日陪同的两位大臣离去，麦德乐启程。[1]

雍正帝对麦德乐设宴数次，只有一次亲临赐酒；雍正帝下令每隔两天，从他的餐桌上撤出一些食品送给麦德乐，分享皇帝饭食的是皇帝亲信，皇帝赐给使节，表示与他的亲近，令其感恩莫名。

乾隆帝赐宴英国使节马戛尔尼

乾隆帝赐宴英国使节马戛尔尼勋爵。马戛尔尼以庆祝乾隆帝八十圣寿为名出使中国，于 1793 年 7 月 25 日抵达天津大沽口外，9 月 14 日在避暑山庄万树园向乾隆帝递交国书，17 日参加乾隆生日（圣诞）庆寿礼，26 日到北京，12 月 19 日到广州，1794 年 1 月 10 日（十二月初九）离开广州回国。在这期间，他

1　杜赫德编《耶稣会士中国书简集——中国回忆录》第三卷，郑德弟、吕一民、耿昇等译，大象出版社，2005，第 237–240 页。朱静编译《洋教士看中国朝廷》，上海人民出版社，1995，第 153–162 页。宋君荣：《有关雍正与天主教的几封信》，沈德来译，载国家清史编纂委员会编译组、中国人民大学清史研究所合编《清史译文新编·第二辑》，第 12–13 页。吴旻、韩琦编校：《欧洲所藏雍正乾隆朝天主教文献汇编》，上海人民出版社，2008，第 40 页。

多次面见乾隆帝，三次赴宴并观赏戏曲、杂技表演。8月6日，
直隶总督梁肯堂（1717—1801）到天津大沽口迎接乘船远来的
马戛尔尼，使节及其随员四人赴总督临时驻节处拜访，受茶水
招待，及至返回船上，就见到梁肯堂派人送来四桌饭菜——"珍
肴满桌，香沁心脾"。[1] 副使斯当东记叙说"每桌有菜果四十八
种，吾西人宴会中，万万无此盛馔也"。[2] 在此期间梁肯堂和接待
英使的钦差大臣征瑞告诉马戛尔尼，"大皇帝念尔等航海远来，
情殷祝嘏，是以曲加体恤。尔等前赴热河，其沿途以及馆舍俱
有饩廪。叩见大皇帝后并有筵宴供给……大皇帝令赏给尔等一
年米石，食用宽余"。[3] 八月初十（9月14日），乾隆帝在热河避
暑山庄万树园接受马戛尔尼递交的英王书信并赐宴，《大清高宗
纯皇帝实录》记载云："上御万树园大幄次，英吉利国正使马戛
尔尼、副使斯当东等入觐，并同扈从王公大臣及蒙古王、贝勒、
贝子、公、额驸、台吉，暨缅甸国使臣等赐宴，赏赉有差。"[4] 马
戛尔尼是先觐见皇帝，然后与朝廷大臣、缅甸使臣一同领受皇
帝的赐宴。对于宴会情形，马戛尔尼及斯当东有着较为细致的

1　戛尔尼：《1793 乾隆英使觐见记》，刘半农译，天津人民出版社，2006，第
27 页。
2　同上书，第 28 页。
3　《清实录》第 27 册，《高宗纯皇帝实录》卷一四三一，六月丙戌条，中华书局，
1986，第 135 页。
4　《清实录》第 27 册，《高宗纯皇帝实录》卷一四三三，八月庚午条，中华书局，
1986，第 172 页。

记录。马戛尔尼记录：他递交国书后，在垫子上就座，"垫前设有食桌，桌上有桌盖盖之……各大员坐定后，执事官乃启起桌盖，而桌面所具盛肴，遂呈于吾等目中矣"。桌上"用碟子及碗堆成方锥形，碟中、碗中均盛有果子及他种食物，颇为丰满"。总之酒馔极其丰盛。"而皇帝复分外殷渥，命执事官取其桌上之盛馔数色及酒一壶送至吾桌……（酒）饮之颇甘美适口……约过半点钟，皇帝召余及斯当东勋爵至其前，各钦赐温酒一杯，吾二人就其面前立饮之。"回座位后，"皇帝与吾闲谈，问你们英吉利国王今年几岁了？余就实告之，皇帝曰：'朕今年八十三岁了，望你们国王与我一样长寿。'言时，意颇自得，气概尊严若有神圣不可侵犯之状，然眉宇间仍流露其蔼然可亲之本色。余静观其人，实一老成长者，形状与吾英老年绅士相若，精神亦颇壮健，八十老翁望之犹如六十许人也"。"宴会自始至终，为时有五点余钟之久，幄外有翻筋斗、拳术、走绳、戏剧诸技，以娱宾客。时时变换其节目，颇能令观者不倦。"斯当东《出使中国记》云："皇帝食时意态甚为舒适，且觉胃口甚好。""除皇帝先自启口，与他人谈话，他人遂语回答外，其余与宴之人均不能自由谈话……东方皇帝之尊严即此可见一斑矣。"[1]八月十三（9月17日），乾隆帝万寿，"御（避暑山庄）澹泊敬诚殿。[2]扈

1　马戛尔尼：《1793乾隆英使觐见记》，刘半农译，天津人民出版社，2006，第102-107页。

2　避暑山庄主殿，皇帝在此举行重大典礼和处理政务。

从王公大臣官员及蒙古王、贝勒、贝子、公、额驸、台吉，并
缅甸国、英吉利国使臣等行庆贺礼。御卷阿胜境赐食"。[1]当天
马戛尔尼三点钟起床往避暑山庄祝寿，在朝房等候，"执事官
奉茶点、水果、温牛乳之属至，陈之桌上。余等与华官且进茶
点，且谈杂事，殊觉欣洽。约过二点钟，执事官入曰：寿筵已
具，请诸位大人至万树园向皇上祝寿，恭与宴会"。下午一时宴
罢，马戛尔尼由和珅等人引领参观避暑山庄，休憩时食水果、
糖食、牛乳、冰水、咸肉、细点，"颇觉可口"并至剧场观看傀
儡戏。乾隆帝的寿辰连续庆祝三天，第二天马戛尔尼等人又应
邀去观看戏曲演出和各种娱乐活动，早晚两场。早场八点开始，
正午结束。开演不久乾隆帝召见正副二使，和颜悦色地说："朕
以八十老翁，尚到园子里来听戏，你们见了可不要骇异，便是
朕自己，平时也以为国家疆域广大，政事纷繁，除非有什么重
大庆典像今天一般，也总觉没有空儿常到此间来玩。"马戛尔尼
说："贵国治安日久方有此种歌舞升平之盛况，敝使东来适逢其
盛，殊以为快。"乾隆帝喜其对答，赏赐宝物和御制文。"戏场
中所演各戏时时变更，有喜剧，有悲剧，虽属接演不停，而情
节并不连贯。其中所演事实，有属于历史的，有属于理想的。
技术则有歌有舞，配以音乐，亦有歌舞音乐均摒诸勿用，而单

---

[1] 《清实录》第 27 册,《高宗纯皇帝实录》卷一四三四, 八月癸酉条, 中华书局,
1986, 第 176 页。

用表情科白以取胜者。"下午四时晚戏在万树园开场，有拳术、跳舞、刀剑及种种有趣的表演，终场放焰火。观赏戏剧中，"皇帝使人送茶点至，虽为极精之品，而余以时去晚膳未几，腹中尚饱颇不愿食，然因其为皇帝所赐，按诸中国礼节不可不食，遂略进少许"。[1]

上述康雍乾三帝赐宴实行分餐法，皇帝在宝座就餐，其他人坐在垫子上在矮桌上取食品吃用，中间皇帝会对贵宾亲自赐酒、交谈，在宴饮同时，有助兴的戏曲杂技演出。皇帝亲临宴会是恩赐，对与宴者来说是莫大的荣幸。皇帝赐茶，是在接见过程中命人给客人上茶，如雍正帝在麦德乐递交国书后给他赐茶，乾隆帝在与众人欣赏文艺表演时命人给马戛尔尼送茶点。中国人习惯家中来了客人，必定要给他上茶水，皇帝给使节赐茶是把他当作客人来对待。赏赐御膳房佳肴，如伊斯梅洛夫刚到达北京，康熙帝即行赐予，对他的到来表示欢迎，是一种很好的礼遇，让人有宾至如归的感觉。

康雍乾三帝接待外国使节，如此费心费财，是实行恩威并施、厚往薄来的原则，以实现万国来朝。对此留待后文绍述。

---

1 马戛尔尼：《1793 乾隆英使觐见记》，刘半农译，天津人民出版社，2006，第 118-130 页。

图 1-30　避暑山庄图

清朝皇帝"上国"观念的厚往薄来

——以接待马戛尔尼使团的开支为例

康熙帝、雍正帝、乾隆帝实行恩威并施的方针、秉持厚往薄来的原则，盛情接待外国使臣，是为"万国来朝"而兴奋，以此抬高皇帝的威望、满足虚骄的心理。

恩威并施的方针

杨保筠在《白晋和〈中国现任皇帝传〉》一文中写道："康熙还擅长处理外交事务。在他继位后，俄罗斯军队经常骚扰边境地区。为了保障边民的安全，康熙皇帝决定对俄国人采取恩威并施的政策。"康熙帝收复雅克萨，善待被俘的俄国军人，采取优待俄国使节的政策："这使俄罗斯人希望能够与中国和平相处，自由通商。最后，两国于 1689 年签订了中俄《尼布楚条约》，以康熙所希望的全部条件划定了中俄两国边界。"[1]杨保筠认为康熙帝成功实行恩威并施的政策，既是康熙帝自己的认知，同时也是被康熙帝任用的西洋传教士白晋的见解。

恩威并施的范例，在康熙帝实行的对俄商贸易实践中可以看到。康熙三十二年（1693），清朝允许俄商到北京进行贸易，规定三年一次，每次不得超过二百人，在京不得超过八十天，一应货物免税，路费及在京伙食自理。[2]而执行的情形却是，清政府供给其路费和伙食，所以康熙帝说俄国商队之来，"俱令乘驿，送至京城，留住数月，给以廪食，饲喂马匹"，耗费钱粮很多。[3]康熙帝额外加恩——提供路费和饮食，意图令俄国人感激并遵守规约。

中国皇帝对恩威并施之道认识深刻，善于践履。康熙帝在这方面是典范，处处标榜效法其祖的乾隆帝亦然。他将恩威并施具体化为对待来宾的"不卑不亢，以符体制，而示怀柔"的十二字方针。[4]在接待马戛尔尼来华事务中，他以此叠发上谕，反复教导臣工，希望以此迫使来者遵循朝贡使节的规

1　莱布尼茨：《中国近事——为了照亮我们这个时代的历史》，梅谦立、杨保筠译，大象出版社，2005，"译者的话"，第9页。

2　何秋涛：《朔方备乘》卷三七《俄罗斯互市始末》，光绪七年刊本。

3　《清实录》第6册，《圣祖仁皇帝实录》卷二七三，五十六年七月壬申条，中华书局，1986，第677页。

4　《清实录》第27册，《高宗纯皇帝实录》卷一四三一，六月丙戌条，中华书局，1986，第135页。

则。乾隆五十八年（1793）六月十七日，谕军机大臣："应付外夷事宜，必须丰俭适中。方足以符体制。外省习气，非失之太过，即失之不及。此次嘆咭唎国贡使到后，一切款待固不可踵事增华，但该贡使航海远来，初次观光上国，非缅甸、安南等处频年入贡者可比。（直隶总督）梁肯堂、（长芦盐政、接待英使钦差）征瑞务宜妥为照料，不可过于简略，致为远人所轻。"[1]六月二十五日，谕军机大臣："款接远人之道。固不可稍事苟简，致阻向化之诚。然加之体恤则可，若过为优待，隆其礼节，转使外夷不知天朝体统尊严，为其轻忽。征瑞于应接款待之间，务宜加倍留心，不卑不亢，以符体制，而示怀柔。此为最要……（向英使宣布）回程，经过山东、江南、浙江、福建、广东等省、岛屿收泊处所，该处地方官俱仰体大皇帝柔惠之意，必资送尔等食物，可以接济。如此先行谕知，俾该贡使等益知感激。"[2]八月初五，乾隆帝因英使不愿行跪拜礼，谕令军机大臣等降低其供给以示惩戒，谕军机大臣等："现在英吉利国使臣等前来热河，于礼节多未谙悉，朕心深为不惬。伊等前此进京时，经过沿途各地方官，款接供给，未免过于优待，以致该贡使等妄自骄矜。将来伊等回国……俱可照例豫备……只

---

1 《清实录》第 27 册，《高宗纯皇帝实录》卷一四三一，六月戊寅条，中华书局，1986，第 131 页。

2 《清实录》第 27 册，《高宗纯皇帝实录》卷一四三一，六月丙戌条，中华书局，1986，第 135 页。

须照例应付，不得踵事增华，徒滋繁费。此等无知外夷，亦不值加以优礼。"[1]八月初七乾隆帝因英使接受中国礼仪恢复优待措施，遂令军机大臣等："今该使臣等经军机大臣传谕训诫，颇知悔惧。本日正副使前来，先行谒见军机大臣，礼节极为恭顺。伊等航海远来，因初到天朝，未谙体制，不得不稍加裁抑。今既诚心效顺，一遵天朝法度，自应仍加恩视，以遂其远道瞻觐之诚。"[2]从笔者不嫌烦琐堆砌的史料中可知，乾隆帝的恩威并施，侧重于对使节供给丰俭平衡方面，即施恩，客人刚到就举行宴会，赐食赐物，表示欢迎，视对方为受尊重的客人，表现出热情、亲近、信任、慰劳的态度，以拉近双方关系，让来者感到主人可钦可敬，增强"向心力"；如若接待简慢，不能体现上国的富庶和经济力量的雄厚，而慢待客人，会让别人看不起，产生"离心力"。

恩威并施中重要的一点是要把握尺度。不能让人认为你没有法度，从而得寸进尺，不把施恩当回事，不尊重主人。乾隆帝一再强调接待中要丰俭适中，就是这个道理。适中原则如何掌握，还要看对象的状况，如距离遥远的英使首次抵达中国，则对其接待供给要比缅甸、安南等属国的使节更加丰盛。尽管

---

1 《清实录》第 27 册，《高宗纯皇帝实录》卷一四三三，八月乙丑条，中华书局，1986，第 170—171 页。

2 《清实录》第 27 册，《高宗纯皇帝实录》卷一四三四，八月丁卯条，中华书局，1986，第 171 页。

如此，下国对上国朝贡是在接待中是不可违背的原则。马戛尔尼以国与国之间平等关系的英国使节自居，给清政府的文书有"遣钦差来朝"等语。然而在乾隆帝心目中马戛尔尼不过是贡使，乾隆帝在六月三十日谕军机大臣："该国遣使入贡安得谓之钦差，此不过该通事仿效天朝称呼，自尊其使臣之词，原不必与之计较。但恐照料委员人等识见卑鄙，不知轻重，亦称该使臣为钦差，此大不可。著征瑞豫为饬知，无论该国正副使臣，总称为贡使，以符体制。"[1] 征瑞于是在运送马戛尔尼一行船只桅杆顶端悬挂"英国使臣进贡之船"的旗帜。[2]

恩威并施要兼顾"恩"与"威"，只靠施恩，不一定取得应有的效果，所以显示威力绝不可少——令其遵守身为朝贡者、客卿的职责和规矩，并对失范的客人略施薄惩。马戛尔尼不愿履行外国使臣例行的三跪九叩首礼，清政府就降低对他的接待规格，乃至减少官员饭食供应量，连餐具的质量也由精美改为粗劣，[3] 意思是给点颜色让他知道天朝不在乎他的朝贡，他不懂规矩，就鄙视他，不把他当作尊贵客人对待。

1　《清实录》第 27 册，《高宗纯皇帝实录》卷一四三一，六月辛卯条，中华书局，1986，第 139-140 页。

2　马戛尔尼：《1793 乾隆英使觐见记》，刘半农译，天津人民出版社，2006，第 30、45 页。

3　同上书，第 91-92 页。

厚往薄来的原则

厚往薄来与恩威并施相联系，同样具有施恩之意，二者是相关联的。清朝以宗主国、上国自居，将附属国、他国使者的来华称作朝贡，与附属国的贸易视为朝贡的一种内容，当代人把这种现象称为"朝贡贸易"。清朝总是本着厚往薄来的原则给贡使和外商以优惠，多施恩，即让对方多得益，满意而去。就以马戛尔尼来华而言，清政府的接待费用巨大，相比之下英国的礼品费就微不足道了。侍郎松筠（1752—1835）从北京陪同马戛尔尼到杭州，对后者说明此行中国供应用度："所用各项船只大小凡四十艘，执事之人自大员至苦力船户为数约可一千。此项用费皇帝规定数目，每天以五千两为限，倘或不敷，应由沿途地方供给。"[1] 使团主计员约翰·巴罗依据以上及其他信息，计算出他们在中国北京和往返航行路途的七十四天供应费用总计十七万三千英镑。[2] 而英国使团在华的用度，包括礼品在内才八千英镑——"使团对这个国家的全部支出，包括礼物，不超过八千英镑"。[3] 如此耗费的接待，乾隆帝就是本着厚往薄来的原则安排的，他在御制《红毛英吉利国王差使臣马戛尔尼等奉表

1　马戛尔尼：《1793 乾隆英使觐见记》，刘半农译，天津人民出版社，2006，第 167 页。

2　马戛尔尼等：《马戛尔尼使团使华观感》，何高济、何毓宁译，商务印书馆，2013，第 470-471 页。

3　同上书，第 472 页。

贡至诗以志事》中诗云："博都雅昔修职贡，英吉利今效荩诚。竖亥横章输近步，祖功宗德逮遥瀛。视如常却心嘉笃，不贵异听物诩精。怀远薄来而厚往，衷深保泰以持盈。"[1]怀柔远人，保持大清王朝升平气象，保障国家安宁；虽说是持盈保泰，实质是在对外关系上滥肆开销，以为这能够维持上国皇帝的威仪。

舍得"进贡"与漠视民艰

马戛尔尼使团来华，依据其成员巴罗的计算，中国为他们开支十七万三千英镑，而使团对中国的付出总共八千英镑，即中国供给是英国用度的 21.6 倍。其实巴罗算的中国供给并不全面，并没有把乾隆帝对英王、使节及使团成员的"赏赐"计算在内，若加上这些，两国费用差距就更大了。当然，供给英国人于路途的每天五千两也好，在北京的一千五百两也好，都没有全部用到英国人身上，官吏贪污中饱私囊不少，但国库支出的数目是不变的。所掷之钱，当然是来自税收，都是民脂民膏。懂得"天视自我民视，天听自我民听"的爱民道理，以"敬天法祖"为施政纲领的皇帝不能不恤民，但是为维持"万国来朝"的形式，就必须秉持厚往薄来、恩威并施的原则，就必须在金钱上向来朝国"进贡"；至于民艰，只有漠视了。可是来客看穿

1 《清实录》第 27 册，《高宗纯皇帝实录》卷一四三三，八月庚午条，中华书局，1986，第 172 页。

了"中国景"，马戛尔尼一行，眼见为他们服务的船夫、民夫缺衣少食和住"狗洞"的生活状况；使团成员巴罗等人穿行"中国人口最多和丰产的省份"——直隶、山东、江南、浙江、江西五省，认为"从百姓总的情况看，可以得出结论说，尽管勤奋，他们仅勉强能够糊口"。[1] 在江西抚州等地传教的法国人马若瑟（Joseph de Premare，1666—1736）于 1700 年 11 月的通信中说到中国人的勤劳与生活清苦："我们不能像责备欧洲多数穷人那样责备中国穷人游手好闲，以为只要他们愿意劳动便能维持生计。因为这些不幸者的辛苦超出了人们一切想象。一个中国人整天双手翻地，而且往往在水深入膝的水田里劳动，但晚上若能就着淡而无味的清水汤吃一小碗饭便是幸事。这便是他的日常生活。"[2] 能够做到厚往薄来，民脂民膏是它的物质基础。写到这里，笔者生出"统治者的厚往薄来与漠视民艰是孪生物"的看法，即清政府宁肯花钱于外人，却吝啬于对民间的真正施恩。

　　1980 年，笔者撰文《"郑和下西洋"的再认识——兼论"下西洋"同封建专制政治的关系》[3]，认为郑和下西洋是花钱"买

1　马戛尔尼等:《马戛尔尼使团使华观感》，何高济、何毓宁译，商务印书馆，2013，第 428 页。
2　杜赫德编《耶稣会士中国书简集——中国回忆录》第一卷，郑德弟、吕一民、耿昇等译，大象出版社，2005，第 151 页。朱静编译《洋教士看中国朝廷》，上海人民出版社，1995，第 26 页。
3　载《南开史学》1980 年第 2 期。

友谊"，买来"万国来朝"，但却限制清朝民间手工业的生产发展和民间的海外贸易。如今读到虞云国的文章《利玛窦眼中的"大明王朝"：向世界进贡还自鸣得意》[1]，有着某种同感。依笔者理解的该文意思，中国统治者迷信世界中心论而妄自尊大，接受外国朝贡，由于厚往薄来政策，大量施予外人，而不是接受外国财富的朝贡，实质上是对外国"进贡"。此见解尖锐有力。笔者认识不到这种高度，但深知厚往薄来所反映的世界中心论是为统治者妄自尊大所需要的，更是为某种政治形势所需要的。

1　虞云国：《利玛窦眼中的"大明王朝"：向世界进贡还自鸣得意》，《南方都市报》2017 年 11 月 28 日。

清朝涉外国事就是爱新觉罗皇室家事

——体现君主专制社会的特质

清政府在接待外国使臣、教廷使节的过程中，在同任用的西洋传教士（西士）的往还中，皇帝、与事官员及太监经常使用哪种语言文字，任用哪个民族、哪种衙门的官员？笔者在阅读的有关文献中，常见用"清字"（满文）、"清语"（满语）的记录。

外事交流中重要文献的文字是满文

清朝外交文书用满文或汉文书写：把外国来的公文、函件译成满文或汉文；涉及外事的交流语言，也是满语与汉语兼用。外交文书虽满文与汉文兼用，但最重要的文书还是采用满文。

康熙帝派遣传教士闵明我出使俄国，并给他看亲自用满文书写的信件。康熙十年（1671），精通数学的闵明我来到北京，康熙帝"非常喜欢他，厚待有加"。据莱布尼茨著的《中国近事——为了照亮我们这个时代的历史》记载：二十五年（1686），康熙帝"派遣他（闵明我）以帝国使臣的身份出使西洋。后来，每次葡萄牙人的船到澳门，皇上都去请教闵明我。而且，皇上向他介绍自己用满文所写的信"。[1]1690 年，"闵明我带着中国皇帝给沙皇的信，从陆路返回"。[2]因此，笔者将"派遣他以帝国使臣的身份出使西洋……皇上向他介绍自己用满文所写的信"理解为康熙帝用满文书写致沙皇的信，闵明我未能完成使命，就将康熙帝的满文书信原样带回。康熙五十九年（1720）十二月十八日，罗马教廷派遣使节嘉乐差人送信回罗马教廷，康熙帝令由驿站送往广州，但令嘉乐将书信"交与旧西洋人等译出呈览过，再行寄去"。具体负责嘉乐遣人往广州事宜的内务府总管伊都立将安排情况奏报，"谨此奏闻，请旨，用清字折奏。奉旨：'知道了，钦此'"。[3]康熙五十五年（1716），康熙帝鉴于多罗（Charles-Thomas Maillard Tournon，1668—1710）在华推行反对利玛窦规矩的教令，希望将自己颁布的信票政策令西方人知晓，下令用满文、汉文、拉丁文书写信票，由十六位传教士签名后

1　莱布尼茨：《中国近事——为了照亮我们这个时代的历史》，梅谦立、杨保筠译，大象出版社，2005，第 16 页。
2　同上书，第 168 页。
3　马国贤：《清廷十三年——马国贤在华回忆录》，李天纲译，上海古籍出版社，2004，第 164-165 页。

送往欧洲，"借以阐明他的意见"。[1] 此外，康熙帝在赐宴俄国使节伊斯梅洛夫时所说的话，要求满人大臣用满文书写圣谕。

以上诸事表明在涉外事务上，清朝君臣的文件书写，经常使用的是满文。对此事，参与清朝外事活动的西士更清楚，且既有概括说明也有具体交代。

曾为麦德乐口译满语的法国人宋君荣（Antoine Gaubil，1689—1759），就"为那些涉及中俄两国交往的所有事务充当拉丁文与鞑靼 - 满族语（la langue tartare-mant-cheou）的翻译，也就是说，他得负责把所有来自俄罗斯官方的拉丁文信件译成鞑靼 - 满族语，并把最初是满文写的中国官方就两国双边事务寄往俄国的信译成拉丁文"。[2] 掌握满文、汉文的传教士方守义（Dollieres，1722？—1780）为清政府将用满文写给俄国的公文译成拉丁文并将俄国来文译成满文："与我们相邻的莫斯科人有什么事情需要与（中华）帝国交涉，或后者需要与前者交涉时，他们行的是拉丁文文书；遇此情况，中方便把韩国英先生和我（或两人中的一个，这要视委托我们办的事情而定）叫到宫中大臣们跟前，我们将拉丁文译成鞑靼文后由大臣们送皇帝御览，陛下简短但内容充实的答复以及内阁的说明均是用鞑靼文写的，

1　蓝莉：《请中国作证：杜赫德的〈中华帝国全志〉》，许明龙译，商务印书馆，2015，第77-78页。

2　杜赫德编《耶稣会士中国书简集——中国回忆录》第五卷，郑德弟、吕一民、耿昇等译，大象出版社，2005，第72页。

我们拿到后将其译为拉丁文，再寄往莫斯科。"他还据此分析中国需要传教士的原因：中国人需要"天文学以及准确可靠学识丰富的翻译"。[1]

满文在外事方面的使用，更凸显其重要性的，体现在中国与外国订立的第一个条约——中俄《尼布楚条约》的文本上。这个条约有一个正式文本，即拉丁文本；另有双方代表签字盖印的满文本、俄文本为副本，满文本系由中方代表签字盖章后交给俄方，俄文本则为俄方代表签字盖章交付中方。可知康熙帝派出的代表团是以满文为国书、条约以满文本为有效的。至于中俄《尼布楚条约》的汉文本、蒙古文本，则是依据满文本翻译的。刊刻中俄界碑，使用的是满文、蒙古文和俄文三种文体。汉文与条约副本及界碑均无缘。

在文字方面，皇帝及皇室成员为了解西方、学习科学知识，令传教士将西方文献翻译成满文，兼及汉文。如康熙帝向传教士张诚学习"应用几何学"，张诚把"几何学的基本概念和实用地理学译为满文"。[2]康熙帝熟悉中医，认为需要了解解剖学知识，令传教士巴多明用满文翻译欧洲解剖学、医学大全著作，

1 杜赫德编《耶稣会士中国书简集——中国回忆录》第六卷，郑德弟、吕一民、耿昇等译，大象出版社，2005，第 199 页。

2 伊夫斯·德·托玛斯·德·博西耶尔夫人：《耶稣会士张诚——路易十四派往中国的五位数学家之一》，辛岩译，大象出版社，2009，第 28 页；《张诚神甫 1691 年第三次鞑靼之行》，载国家清史编纂委员会编译组、中国人民大学清史研究所合编《清史译文新编·第二辑》，第 174 页。

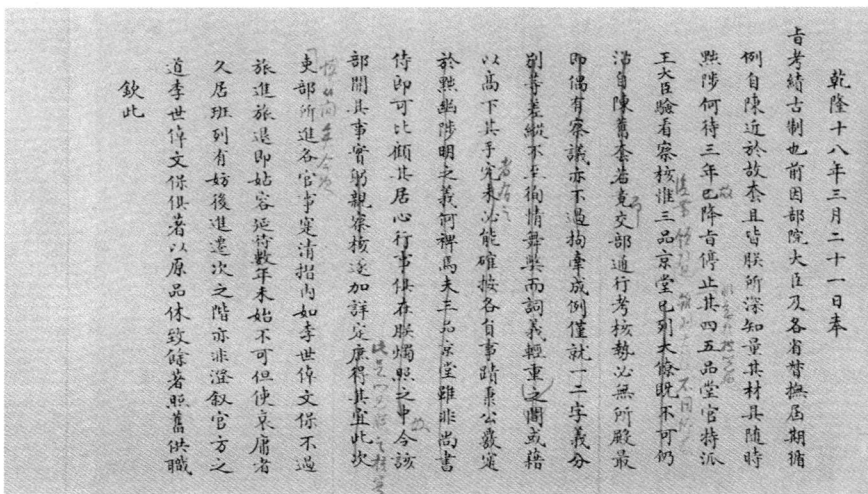

并为他配备两名懂得医学的助手协助翻译全书。在翻译过程中，康熙帝经常同巴多明讨论，提出各种甚至有关于蜘蛛网的问题。巴多明历时五年完成满文文本翻译，汉文未译成。康熙帝让官员子弟抄写三份，分别收藏在大内、畅春园、热河行宫中，有令他们学习之意。[1]徐日升到京，专门用汉文写了四本介绍音乐基本理论的书籍，后又将其译成满文。[2]

1　杜赫德编《耶稣会士中国书简集——中国回忆录》第三卷，郑德弟、吕一民、耿昇等译，大象出版社，2005，第286-304页。
2　莱布尼茨：《中国近事——为了照亮我们这个时代的历史》，梅谦立、杨保筠译，大象出版社，2005，第17页。

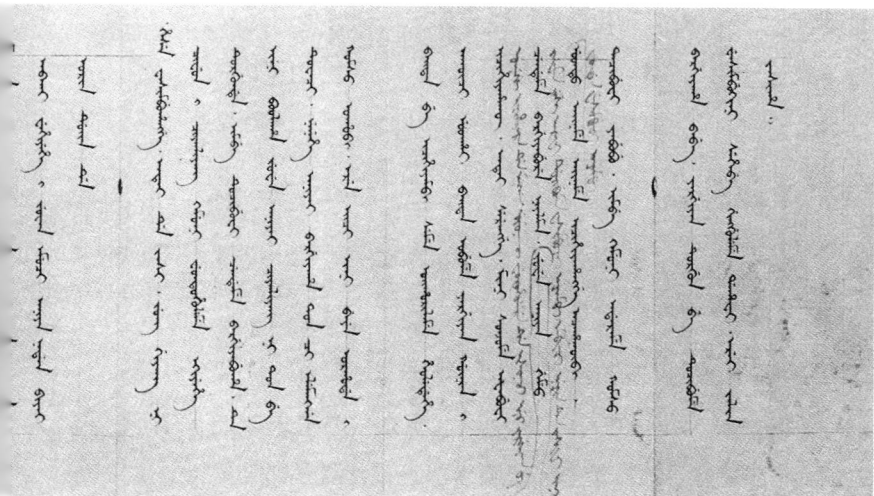

图 1-31 满文廷寄

　　外事场合使用满语和汉语，这里仅述使用满语的事例。1727 年 7 月 8 日，雍正帝在圆明园赐宴葡萄牙使节麦德乐，麦德乐进园，即有一位满人官员用满语对他说及礼部代表皇帝赐银三百两的事，在场的宋君荣做出翻译，巴多明到来后再次进行更准确的翻译。随后"在短暂的召见过程中，皇帝又只讲鞑靼语，这样巴多明神父就成了唯一的翻译"，而麦德乐从澳门带来的汉语翻译徐懋德神父和中国翻译对此无能为力。[1] 巴多明就

---

[1]　宋君荣 1727 年 10 月 11 日致盖雅尔神父函件，见国家清史编纂委员会编译组、中国人民大学清史研究所合编《清史译文新编·第二辑》，第 12-14 页。

此说："皇帝用满语和我说话，我也用满语回答他。他问大使葡萄牙是否和中国一样热……请（大使）转告您的国王……"次日，巴多明去见麦德乐，追忆觐见皇帝的情形，"因为我是唯一能听懂皇帝讲话的欧洲人。大使对我千恩万谢"。[1]

皇帝采用满人方式赐宴和食用满人食品

满人的坐席和坐姿。潘廷璋、蒋友仁等人为给乾隆帝画像观察他的坐姿："以鞑靼方式双腿交叉坐在台的中央，底下有个黄色锦缎坐垫。"[2]康熙帝赐宴伊斯梅洛夫，与宴者都是盘腿坐在垫子上，垫子是一个或几个，有所不同。餐桌多系低矮的，后世北方人用的炕桌大约与此相近。矮桌与座垫配套，方便就食。

满人的食品。牛乳及乳制品，英国使节马戛尔尼在接受乾隆帝赐宴及游园中可以饮用牛乳、温牛乳，从通州往圆明园途中的早餐，食物有煎猪肉、鹿脯饭、鸡蛋茶、牛乳等。[3]"为了他们在从北京到广州的航行途中能够喝到牛奶，伴送的侍郎松筠特地购买两头奶牛，由专船载运，以便供奶。"[4]在航行途中，

---

1 杜赫德编《耶稣会士中国书简集——中国回忆录》第三卷，郑德弟、吕一民、耿昇等译，大象出版社，2005，第238-240页。

2 同上书，第23页。

3 马戛尔尼：《1793乾隆英使觐见记》，刘半农译，天津人民出版社，2006，第51-52页。

4 同上书，第173页。

松筠传达乾隆帝手谕："皇上闻贵使启行后一路安吉，圣心甚悦，今特遣人送来牛酪一事，糖果若干，以为皇上厚爱贵使之证。"[1]对使节、传教士赐品中还有奶酪、奶酥等奶制品。马戛尔尼一行饭食中有鹿脯饭，而且是常食。"至天津，华官至岸上采办大宗供给之物储之船中以备航行之用。其中肉类有羊肉、猪肉、鹿脯三种。"[2]皇帝赐罗马教廷使节多罗整只鹿、狍子，赐传教士麋鹿。鹿肉成了洋人餐桌上的常备品。所赐硕大无朋的鲟鱼，应是黑龙江、乌苏里江、松花江的产品。狍子，出产在盛京（今沈阳）、宁古塔、黑龙江。上用克食、上用鞑靼茶，都是满人食物。奶制品、鹿肉是乾隆帝菜单中必有的，南巡途中也必备。所赐人参，乃内务府经管、经营的珍贵营养品。

满人的舞蹈。赐宴有歌舞演出助兴，其中满人的莽式舞得到客人的赞赏。

总之，赐宴赐食中的就餐方式、菜肴种类及伴食娱乐活动带有浓厚的满人生活因素，特别是满人皇室的成分。

内务府是从事外事活动的重要衙门

雍正帝派遣内务府郎中——常保住往广州迎接葡萄牙使者

1　马戛尔尼：《1793 乾隆英使觐见记》，刘半农译，天津人民出版社，2006，第 181 页。
2　同上书，第 172 页。

麦德乐。乾隆帝派遣长芦盐政——征瑞为接待马戛尔尼的钦差，原因是："此事因征瑞系内务府人员，是以派令照料伴送，督押贡物，前赴热河，以资熟手。"[1]内务府的人办这类事务熟悉，所以委派他们。由此可见，内务府与接待外宾有着特殊关系。征瑞开始办得好，乾隆帝特予嘉奖："给还征瑞佐领顶带并著加赏大荷包一对，小荷包四个，以示奖励。"[2]

向愿意永世留居中国的传教士颁发信票，是内务府经管的事务。此事理应由政府部门的礼部主管，但实际情形是内务府操办告竣，然后礼部走个形式进行公布。负责其事的是在康熙四十七年（1708）第一次废太子事件之前深受康熙帝宠爱的皇长子直郡王允禔。信票由内务府发放，但内务府不能通知各省，因此地方官员见到传教士辨别信票真伪，加紧查验，致使传教士以为只有个别传教士被允许居住在广东，其余的都到澳门，他们因此感到惶惶不安，闵明我为此请求礼部发文至各省，说明此事。奏文经允禔转奏后，康熙帝命大臣议奏，议出给票、领票具体规则。内务府就此行文礼部，于是礼部通告各省。[3]

---

1 《清实录》第 27 册，《高宗纯皇帝实录》卷一四三一，六月丙戌条，中华书局，1986，第 135 页。《清会典事例》卷五一〇，礼部二二一，朝贡迎送第 6 册，中华书局，1991，第 903 页。

2 《清实录》第 27 册，《高宗纯皇帝实录》卷一四三一，六月丙戌条，中华书局，1986，第 134 页。

3 韩琦、吴旻校注：《熙朝崇正集、熙朝定案（外三种）》，中华书局，2006，第 222-224、364 页。

参与决策性外事活动的主要官员，无一不是满人。负责处理麦德乐递交国书大事的是怡亲王允祥，他是雍正帝最信任的皇弟。与马戛尔尼谈判的和珅是正红旗籍，为内阁首辅大学士、军机大臣领班、领侍卫内大臣，其子丰绅殷德迎娶的是乾隆帝爱女——固伦和孝公主。福隆安是乾隆帝孝贤皇后之弟。伴送马戛尔尼南行的松筠属于蒙古八旗，觉罗长龄是皇族成员。《尼布楚条约》签订者领侍卫内大臣索额图是皇太子允礽的舅公，另一签字人佟国纲是顺治帝孝康章皇后之兄、康熙帝舅父。

外事是皇帝家事

笔者这么说，原因有二。

一是皇家重要成员和皇亲国戚主持其事，像怡亲王允祥掌管外事，直郡王允禔兼管传教士事务等。前述允禔授予传教士信票之外，经理传教士樊继训丧事，他还多少知道一点拉丁文，曾与巴多明讨论满文、汉文与西文优劣。他测试巴多明的文字功力，考究用满文、汉文、西文表达事物的能力，认为满文、汉文优美庄重。巴多明指出满文有缺陷，有的音发不出来，不能写诗，但允禔仍以满文第一，西文第二，汉文置于第三。[1] 皇

1　杜赫德编《耶稣会士中国书简集——中国回忆录》第三卷，郑德弟、吕一民、耿昇等译，大象出版社，2005，第290-295页。

图 1-32　允祥墓石碑坊

亲国戚索额图、佟国纲、福长安直接从事条约签订、安排递交国书事宜，他们是主事人；内务府成员伊都立、常保住、征瑞操办具体事务。这些人绝对尽心尽力替皇帝办事，皇帝也绝对信任他们。

二是由内务府管理任用的传教士，体现出皇帝将传教士当作家人使用。明朝是太监衙门管理皇帝家务，清朝易之为内务府。适才说明内务府是从事外事活动的重要衙门，说明对传教士、西士来说，内务府是他们的主管机构，内务府代表主人管驭家人，所以康熙帝说领了内务府信票的传教士，"与朕犹如一家的人",[1] 即成为皇家的人。不过这种皇家家人,实质上有如家奴。传教士马国贤对此就有所感觉:"陛下认为破格地责成我们欧洲人供奉于他,已经是荣誉了。"他又说,"我们只是帝国朝廷里的一种荣誉性的'苦工'而已"。[2]

清朝是满洲爱新觉罗家族建立的王朝,从关外入主中原,这是人所共知的常识,但是常为研究者忽略。说到底,清代中国是爱新觉罗的国家。慈禧太后的"宁赠友邦勿予家奴",汉人是被奴役的家奴,岂是偶然的脱口而出,更像是满人皇家传统观念的流露。清代的满汉关系史、政治经济文化史、对外关系史、人们的生活方式史,无不具有浓重的满洲因素。

《三字经》有云"夏传子,家天下"。自夏朝开始的家天下,更确切地说是自秦朝实行君主专制政体开始的、自此两千多年的家天下延续不辍。国家是皇帝家的,涉外事务是特别的事情,更是皇帝的家事。爱新觉罗氏的清朝以外事为皇家事,是赓续历朝传统,但是他以满族统治中国,更加把外事掌管起来,更体现出君主专制社会的特质。

1　韩琦、吴旻校注:《熙朝崇正集、熙朝定案(外三种)》,中华书局,2006,第366页。

2　马国贤:《清廷十三年——马国贤在华回忆录》,李天纲译,上海古籍出版社,2004,第70、98页。

清朝英睿君主严重昧于世界
发展潮流

在《康雍乾三帝接受俄葡英三国使节国书的礼仪与细节变动》等文中所呈现的使节觐见礼仪之争史事，令笔者产生三点感想："来者不善"；递交国书的礼仪之争，实质是使节代表其国家向以天朝上国自居的清朝皇帝传统社会权威的挑战；与前两点相联系的是，中国睿智统治者——清朝皇帝不识 18 世纪世界形势，清朝将在"天下文明中心"的自大观念主导下不可避免地陷入颓势地位，巨大的危险将至。

"来者不善"

只看词意，是笔者在贬来者褒主者，然，亦不尽然。来者都要求中国打开大门，允许来华贸易，其中英国欲望最为强烈，俄国次之，葡萄牙主要是要保持在澳门的既得利益。笔者所说的来者不善，主要是就英国要求形成的见解。英国使节马戛尔尼在谈判中向清朝提出六条要求：

"一、请中国允许英国商船在珠山（舟山）、宁波、天津等处登岸，经营商业；二、请中国按照从前俄国商人在中国通商之例，允许英国商人在北京设一洋行买卖货物；三、请于珠山附近划一未经设防小岛归英国商人使用，以便英国商船到彼即行收藏，存放一切货物且可居住商人；四、请于广州附近得一同样之权利，且听英国商人自由往来，不加禁止；五、凡英国商货自澳门运往广州者，请特别优待赐予税。如不能全部尽免，请依 1782 年之税律从宽减免；六、请允许英国商船按照中国所定之税率切实上税，不在税率之外另行征收。且请将中国所定税率赐一份以便遵行。缘敝国商人向来完税，系听税关人员随意估价，从未能一窥中国税则之内容也。"[1]

以上六点要求集中在一点，就是开商埠通商，有一种很厉害且很无理的手段，即占据两个小岛（或一个小岛、一片地方），这是以葡萄牙占据澳门为模式，澳门的主权虽在中国，但由葡萄牙占据和管理，澳门是实际上的殖民地，英国的要求实质如此。葡萄牙在明代可以窃据澳门，英国希图效法葡萄牙，但乾隆帝认识到领土不能随便放弃，给英王书云："天朝尺土俱

1　马戛尔尼：《1793 乾隆英使觐见记》，刘半农译，天津人民出版社，2006，第 155－156 页。

归版籍。疆址森然。即岛屿沙洲。亦必划界分疆。各有专属。"[1]
管理土地的版籍，就是主权的表征，乾隆帝自然提不出现代概念的国家主权说，但其意相通，他义正辞严、理所当然地拒绝了英国带有殖民性质的无理要求，以维护主权和领土完整。英国要求在广州行商之外增加三处通商口岸，所提出的宁波、舟山二地，渊源有自。英国东印度公司早就在宁波、舟山进行贸易，派遣卡恰甫于康熙四十二年（1703）到舟山定海贸易，将要发货的时候，皇太子允礽和皇四子贝勒胤禛（日后的雍正帝）的代理商先后到来，联手与卡恰甫谈判。[2]法国传教士洪若翰两次受康熙帝派遣去欧洲，第一次是三十七年（1698）往，四十年（1701）回，随即再度受命，于1703年1月到浙江舟山候船。他知道英国人在1700年以前，用半年的时间"绘制了一张有关这片海洋（舟山群岛）的详尽的地图。他们探测了所有地方，访问了所有岛屿，知道哪些岛屿有人居住，哪些岛屿有水供应"。由此可知英国人早就做好准备，在舟山、宁波经商、殖民。洪若翰于当年3月乘坐英国商船离开舟山赴欧洲。

---

1 《清实录》第27册，《高宗纯皇帝实录》卷一四三五，五十八年八月己卯条，中华书局，1986。
2 马士：《东印度公司对华贸易编年史（1635—1834年）》，区宗华译、林树惠校，中山大学出版社，1991。本处史料，承蒙林树惠先生赐教，他在《康乾时期英船在中国沿海的活动》（《南开大学学报（哲学社会科学版）》1982年第5期）述及此事。

看来，英国人对宁波、舟山经商有着强烈的兴趣，并有一定的了解，所以后来《南京条约》中宁波成为五口通商地之一，英国人终于达到目的，随后的《北京条约》中，天津亦开为商埠。

礼仪之争是近代国家之间建立平等关系观念的体现

为经商，英国要求在北京设置常驻机构，即公使馆和后世的商务领事馆。1793 年 10 月 2 日，马戛尔尼与和珅会谈，表示此来"非为暂时的联络感情计，实欲与贵国永远共敦睦谊计。故敝国皇帝之意，拟令敝使久住北京，倘此后两国国际上发生何等之问题，即由敝使代表敝国皇帝，就近与贵国政府直接商量"。他又说"此种互派使臣之法，系目下欧洲各国国际通行之惯例。倘蒙贵国皇帝允准，则东西两大雄主既可常通往来，复可交换文明，不特两国之私幸，亦为世界文明进化之公幸"。互派公使，和珅自然不明就里，所以置若罔闻。[1]此事不同寻常，不仅仅是经商之事，而是国与国之间派驻使节，虽说在欧洲国家间得以实行，清朝人哪里会想到有此种事情。

在递交国书与觐见皇帝的礼仪之争中，三国使节都为国家之间平等关系而争，并提出国家之间平等、对等的观念。如伊斯梅洛夫声称"自己的皇帝与中国皇帝在级别上是平等的"；麦

1　马戛尔尼：《1793 乾隆英使觐见记》，刘半农译，天津人民出版社，2006，第 44 页。

德乐知道雍正帝将给葡萄牙国王写信，预先向承办的礼部官员表态："如果回信的语气不平等的话，他是不接受的。"[1] 马戛尔尼不满于以贡使身份看待他，也是同样的意思。清朝以抚育万邦的天朝上国自居，视外国为附庸，当然要求其使节像中国臣民一样行三跪九叩首的觐见礼。三国使节要求按其国礼行礼，实质是对天朝上国权威的挑战，是不承认天朝上国的地位。康雍乾三帝在接受国书礼仪上，"屈尊"亲手接受使节呈递的国书，三国使节的挑战取得了部分成效。俄葡英三国使节之来与康雍乾三帝接待，各自为自身利益而有所妥协，康雍乾三帝是不得已降低自家身份，虽然是有限度的降低，但权威总归是被打开了缺口。以上国对待俄葡英三国，本来就是"自封"的，是不理智的狂妄，遭到挑战也是必然的。康雍乾三帝应当从中悟到一点对外政策中应该调整的内容，可惜他们并没有去思考。

国家之间观念平等、互派公使是近代理念。三国使节，尤其是马戛尔尼提出国家之间遵行此种概念的建议，清朝君臣在天朝世界中心论的观念支配下是不能够理解的，因此依然坚持传统社会国家之间的主从、上下关系，断然拒绝这种新理念的思维和建议。18世纪，英国和葡萄牙都有殖民地，俄国也在扩张，他们高唱国家之间的平等原则，是多么地滑稽，但因为中

1　杜赫德编《耶稣会士中国书简集——中国回忆录》第三卷，郑德弟、吕一民、耿昇等译，大象出版社，2005，第239页。

国皇帝认为他们不配与中国平等，所以他们向中国要求平等的抗争又有其合理性。在国际关系中，国与国之间的平等观念，是在第二次世界大战之后、殖民主义解体之后全面实现的。

不识世界形势的守旧颓势之不可避免

三国使节来华的 18 世纪，是人类社会形态转型与走向全球化的初期阶段。国际 18 世纪研究会主席约翰·施洛巴赫说 18 世纪是"一个独特的历史时期"；戴逸认为"18 世纪是世界历史的分水岭"。[1] 18 世纪中期，英国开始了产业革命，随后工业革命传播到整个欧洲大陆，19 世纪传播到北美地区。与此同时，各国与此相适应发生了资产阶级革命：1775—1783 年的美国独立战争，1789—1799 年的法国大革命，而英国在 17 世纪已经出现了资产阶级革命。从人类社会经济结构体系来说，18 世纪是世界性的自然经济社会向商品经济社会转型初期，资本主义代表新的生产力、生产关系，代表社会发展新方向，传统的自然经济社会走向衰落，人类社会形态开始转型，即由封建社会向资本主义社会转型，由君主专制向民主政治转型。西欧社会代表时代新方向。当然，随着资本主义的发展，殖民主义更加猖獗，它极其残酷且违背人道，却又是人类步入全球化的初始

---

1 戴逸主编《18 世纪的中国与世界·导言卷》，辽海出版社，1999，序言第 1 页、正文第 1 页。

阶段产物，是罪恶与进化存在同一体中，是同步进行的两种事物，而后归为一：殖民地与殖民主义消亡，后进国家和地区社会发展。

在这种世界局势下，有人来告诉你新信息，尽管是不怀好意的，但也需要你睁开眼睛看看世界情况、天下大势、趋向如何。可是历史上杰出的帝王康雍乾三帝及其大臣们的头脑为"中国是世界文化中心论"所占据，故步自封，墨守成规，主要表现在四个方面。

其一，实质上满足于东方第一雄主地位。乾隆帝自许十全武功，八旬圣寿庆典，安南国王亲自来朝，缅甸国王遣使来贺，随即击败廓尔喀，确实是东方雄主。既然如此，便只会接受贡使来朝，即使对并非属国的英吉利，也以上国自居，视之为下国，所以给英王书信（所谓"敕谕"）云："咨尔国王，远在重洋，倾心向化，特遣使恭赍表章，航海来庭，叩祝万寿，并备进方物，用将忱悃。朕披阅表文，词意肫恳，具见尔国王恭顺之诚，深为嘉许。"[1] 自视如此，哪里需要什么公使驻京？

其二，经济上故步自封与闭关锁国。对于中国经济状况，乾隆帝极其自负，两次致英王书信均有天朝"无所不有"的话，八月十五日的信中说："天朝物产丰盈，无所不有。原不借外夷货物，以通有无。特因天朝所产茶叶、瓷器、丝斤，为西洋各

1 《清实录》第 27 册，《高宗纯皇帝实录》卷一四三五，五十八年八月己卯条，中华书局，1986，第 183-184 页。

国及尔国必需之物，是以加恩体恤，在岙门开设洋行，俾得日用有资，并沾余润。"[1]言语间表明不用求人，且出于怜悯还给别人物资实惠。其实马戛尔尼、巴罗及来华的传教士都看到中国民众的贫困、生活的清苦，甚至不如欧洲的乞丐，拙文《清朝前期西洋传教士笔下中国人性格与中国政体》[2]《乾隆间下层民众的艰难生活状态》[3]对此均有较为详细的说明，此处从略。而乾隆帝竟然以"无所不有"遮盖中国经济的民贫状况。中国经济仍然是个体小农业，朝廷依然实行历久相沿的重本抑末方针。马戛尔尼在返程旅途中，船行到广东韶州、清远之间，见山间蜿蜒小路，尽头是黑色堆集物，"问诸华人，始知黑堆系山中开出之石炭。此石炭一物中国出产颇富，然中国以科学的工业未曾发达之故，无所用此也"。[4]他还对伴行的两广总督长麟、道员乔人杰等人说："中国工业虽有数种，远出吾欧人之上，然以全体而论，化学上及医学上之知识，实处于幼稚之地位……倘医、化两学不能发达，则人民死于非命者甚多，国势必不能强盛。"[5]他发现中国缺乏近代工业，尤其是化学及化工业，医学不发达，

1　《清实录》第 27 册，《高宗纯皇帝实录》卷一四三五，五十八年八月己卯条，中华书局，1986，第 185 页。

2　刊于《天津师范大学学报（社会科学版）》2016 年第 5 期，收入《尝新集——康雍乾三帝与天主教在中国》，天津古籍出版社，2017。

3　收入《清代社会日常生活》，中国工人出版社，2021。

4　马戛尔尼：《1793 乾隆英使觐见记》，刘半农译，天津人民出版社，2006，第 211 页。

5　同上书，第 206 页。

民众受苦，国家不能强胜。应当说他的见解是很准确的。

其三，满足于高度运转的皇权体制。马戛尔尼看到中国下层民众"干事之勤恳，秩序之整肃"[1]，但他们在英国船舱中见悬挂的中国皇帝肖像，"立即俯伏于地以至恭敬之状，向地皮亲吻数次"[2]，于是产生对中国皇帝、中国政体的某种羡慕之情："国家有此种底层社会以为其基础，诚令人艳羡不置也。"[3]"中国朝廷，其组织之法，足令上方之力直达下方，为状殆类一机器，但令此机器之原动力一发，则机器各部依其秩序而转动，不辍不滞，凡人力能为之事，莫不能任之，洵可异也。"[4]清朝政权就像一架机器，皇帝一声令下，整个机器就运转起来，而且是有序、高效地运转。马戛尔尼所见的欧洲王权强度哪里能同中国皇权相比。外国人对此表示艳羡，全国上下安之若素，听任皇权肆虐。中国历代王朝更迭的历史一再证明，即使一个君主专制王朝被推翻，换来的新王朝依旧是君主专制政体，且集权更加严重。

其四，中体西用主要体现在皇家生活享受方面。笔者在拙文《康熙帝多方使用西士及其原因试析》中说到，康熙帝在中

1　马戛尔尼：《1793 乾隆英使觐见记》，刘半农译，天津人民出版社，2006，第 29-30 页。

2　同上书，第 6-7 页。

3　同上书，第 46 页。

4　同上书，第 29 页。

国历史上开创性地任用"西士"于朝廷和宫中，让他们发挥西方科技艺术特长，铸造西洋火炮，被派往全国各地测绘地图，为修纂百科全书式的《数理精蕴》提供资料与编辑；从事西医书籍翻译和医药研制、治疗疾病，制作提供欣赏的艺术品和玩具。[1] 拙文同时也指出，康熙帝是西学中源论的提倡者，对西方科学的态度是重器物、斥观念，实质上是中学为体、西学为用论的开创者。一个多世纪后，张之洞提出中体西用的主张，渊源应当在康熙帝那里。[2] 尽管如此，康熙帝将西方科技用于制作舆图，编纂大型图书是重实用的，但是他的儿孙雍正帝、乾隆帝对西方文化的态度远不及他，他们除了赓续舆图绘制颇有价值外，在运用西方科技上乏善可陈，却在制造观赏用的喷泉、机器人方面下功夫，据说造喷泉是讲求风水，其实与造机器人一样都是为观赏享受，同国计民生毫不沾边。

归结起来，俄葡英三国使节来华的 18 世纪，是人类社会形态转型与走向全球化的初期阶段。处于 18 世纪的康雍乾三帝，尤其是处于 18 世纪下半叶的乾隆帝君臣对世界形势、发展趋势茫然不知，没有新内涵的天下观，缺乏新的世界意识，只知维护传统的君主专制体制、制度。在这种不识世界形势的守旧观

1　收录于《尝新集——康雍乾三帝与天主教在中国》，天津古籍出版社，2017。

2　《"康熙帝与西洋文化"研究中的两个问题》，收录于《尝新集——康雍乾三帝与天主教在中国》》，天津古籍出版社，2017。

念主导下，中国将不可避免地陷入颓势，巨大的危险将至。乾隆帝之后不到半个世纪就败给英国侵略者，清政府割地赔款，宁波及随后的天津果真成为通商口岸，进口税要由中英共同议定，清朝不得随意变更，废除对外贸易的公行制度，准许英商自由贸易，清朝被迫让当初马戛尔尼的要求变为现实。康雍乾是传统社会的明君，但昧于人类社会发展趋势的大方向，不懂得关注新兴的资本主义文明，这不是他们人品、素质问题，而是传统社会制度窒息了他们思考新问题的能力。

英国使节、西洋传教士评论清朝君主集权的高效率与吏治败坏

对中国两千多年的君主专制政体，在清朝前期来华的西洋使节和传教士有着一致的看法：皇帝集权，行政效率很高，但官吏乘机舞弊，百姓只能默默承受。

皇帝集权的机制像一架机器有序高效地运转

法国"国王数学家"、耶稣会士白晋得到康熙帝的信任，被派遣去欧洲招募科技艺术人才，写出《现任中国皇帝传》献给法国国王路易十四。他在书中关于清朝职官制度及政体是这样描写的，"中国实行的是不折不扣的君主专制政体，唯独皇帝享有至高无上的权力。下级必须无条件地服从上级。在一个城市里，只有知府一人有权决定这个城市的所有事务；在一个省的范围内，只有督抚有权决定本省的所有事务。这种政治体制本

身是十全十美的，但它要求代表君主权力的各城市和省份的最高官员如总督必须是廉洁奉公、不为贿赂收买，拒绝出卖正义的刚直不阿的官员"。[1] 他明确指出了清朝实行君主专制政体，皇帝拥有至高无上的权力，各级官吏在辖区具有说一不二的权威，但是都得秉承皇帝意旨，廉洁奉公。

　　白晋对君主专制内涵的解释，皇帝拥有至高无上的权力之外，就是对官吏的任用和监察。他说："中国自古以来就把学问作为任用官吏的准则。"[2] 对官吏的监察，白晋写道："康熙皇帝煞费苦心地从各省总督中选拔重臣，耐心细致地监督官吏们的行动，他为此所做的努力，可以说到了令人难以置信的程度。"[3] 他又说："皇帝的习惯是：对所有值得调查的事情都要搜集大量的有关情报；与六部的公开调查相反，他委派各种身份的人秘密进行调查。"[4] 白晋观察到康熙帝因重视吏治而加强对官员的考察。所谓六部的公开调查，是吏部主管对官员实行三年"大计"的考核，兵部则有六年"军政"的考查，朝廷特设与六部并列的都察院，专门监察、弹劾官吏。康熙帝不放心这些正式渠道的考核，怀疑其是否公正，亲自派人秘密调查官风

1　莱布尼茨：《中国近事——为了照亮我们这个时代的历史》，梅谦立、杨保筠译，大象出版社，2005，第63页。
2　同上书，第80页。
3　同上书，第64页。
4　同上书，第57页。

民情，以便整饬吏治和民风。当然，任用官吏和对他们进行考核，是为收揽人才、吏治清明，归根到底还是为巩固皇家政权。中国实行君主专制政体，是传教士的共识。传教士龚当信（Cyr Contancin，1670—1732）就中国官办的"邸报"向爱梯埃尼·苏西埃写信："中国政府是很完善的君主专制，全国各地事无巨细都要向他汇报，这种邸报在指导各地方官员履行他们的职责、告诫文人和老百姓方面能起很大的作用。"[1]传教士马若瑟论到清朝中国政体："中国政府是完美的君主制。它要求治理国家的各级官员的绝对服从，达到一种无可比拟的秩序……一切权力都集中在皇帝手中。""但是在这样一个绝对的政权之下，如果治理百姓的官员们滥施权力的话，老百姓是无权说话的……教他们（老百姓）尊敬顺从君王，这就是秦始皇统一中国做的事。"[2]传教士把皇帝看成君主集权制的体现者。

对于中国公文传递之快速，1793 年到中国的英国使节马戛尔尼因耳闻目睹而颇为惊讶。他在从北京出发沿运河南下的途中，与奉乾隆帝之命监视他同行的侍郎松筠朝夕相处，所谓"一路同行，吾见其每日必收发文书多件……至于华人传递文书之迅速则诚有出吾欧人意料之外者。大约为程一千五百英

1　杜赫德编《耶稣会士中国书简集——中国回忆录》第三卷，郑德弟、吕一民、耿昇等译，大象出版社，2005，第 190 页。
2　同上书，第 291 页。

里，费时不过十日或多至十二日"。[1] 也就是说输送公文的差役以
每日约行三四百华里的速度在进行。副使斯当东另外获知，紧
急公文传递，每行十或十二英里换一个人，不分昼夜晴雨拼命
前行，因换人马，不显疲劳，"故速率之大至可骇异"。[2] 尽管他
们知道得不少，但对于清朝驿递制度还是不甚了然。军机处的
公文，依据其内容的重要性，制定出每日发送历程，或三百里、
四五百里、六百里，甚至八百里。[3] 关于接待英使的事，乾隆帝
给有关督抚及接待钦差大臣征瑞叠发上谕，此类公文，不止一
次地下令"将此由五百里各传谕知之"。[4] 不只是这件事情让他
们惊异中国行政效率之高，从对他们携带来华物品的输送方面，
更是体认到管理机构的完善，马戛尔尼因而说："中国朝廷，其
组织之法，足令上方之力直达下方，为状殆类一机器，但令此
机器之原动力一发，则机器各部依其秩序而转动，不辍不滞，
凡人力能为之事，莫不能任之，洵可异也。"[5]

　　是的，清朝完善的行政管理制度，真是如同一架庞大的机

1　马戛尔尼：《1793 乾隆英使觐见记》，刘半农译，天津人民出版社，2006，
第 180 页。
2　同上。
3　赵翼：《檐曝杂记》卷一《廷寄》，中华书局，1982。王昶：《春融堂集》卷
四七《军机处题名记》，嘉庆十二年刻本。
4　《清实录》27 册，《高宗纯皇帝实录》卷一四三三，五十八年七月乙卯条，中
华书局，1986。
5　马戛尔尼：《1793 乾隆英使觐见记》，刘半农译，天津人民出版社，2006，
第 29 页。

器，皇帝一旦发令，便立即运转起来，而且是有序、高效地运转。外国人怎能不叹服——"洵可异也"。这是君主高度集权体制下的产物。至于各种尊君的烦琐而庄重礼仪、皇帝占有不可胜数的财富、唯有皇帝才能驰骋的御道的情形等，在《英国使节马戛尔尼眼中的乾隆皇帝——东方君主的威严、富有及奢华》篇中作了说明，请读者参阅。要而言之，清朝整个官僚体制就像一架机器唯皇帝之命而运转，中国高度集中的皇权达到登峰造极的程度，为世界王权之最，其他国家的君主无可比拟。

官吏残暴地虐待百姓

马戛尔尼一行，自到天津大沽口就有钦差征瑞及其助手副将王文雄、道员乔人杰等的照料，南返时先后有侍郎松筠、两广总督长麟伴送，从而眼见民众、夫役、船户在大吏下属官吏的监督下干活。他们发现官员毫无人性地虐待平民，鞭扑对民众来说是家常便饭，民众则逆来顺受。官员之所以如此残暴，乃因他们负责接待使臣是一种承担重要责任的差事，又是一种美差，为完满交差就无情地役使应役的下层民众。

比如抓夫。马戛尔尼一行乘船南行之时，正值枯水期，船夫劳力不足，官员就捉拿沿河两岸百姓来当纤夫。通常是官吏派兵丁半夜破门抓人，百姓如果不从就遭受一顿鞭打，最终还是得跟着兵丁走。这还不是最糟糕的。要命的是在恶劣的环境下干活，百姓被逼命般地挨受棍棒之刑和罚没工钱。当船行于山东境内，船上有拉纤的夫役 18 人，"用一头目领之。此辈举动素无秩序，至此乃稍觉整齐"。[1] 此处之"头目"，笔者以为是从地方派来的职役负责领工，督责纤夫有序劳作。再比如责令船夫无休止地拉纤赶路。北运河行程中，河水浅露，船户、纤夫只好日夜劳作，不得稍微休歇，即马戛尔尼所记载的"华官督令舟子前进，不任少歇"。[2] 官员为赶行程，不会体谅民工的劳累。更严重的是一条大船搁浅，官员"见他船已进，此船独留，乃大发雷霆，命兵丁拉船户等至，一一用军棍重责之。呼号之声四彻于野，而华官之虎威自若，不为所动。后闻人言，船户因搁浅之故不特受责，且已由华官将其两日中应得之工资罚去，果尔，则船户费两日之光阴与劳力而所得之赏酬，乃为一顿军棍也"。[3]

官员为完成护送差事，为赶行程而责打船户，理由"正大"，罚船户的钱是应该的，他们的大道理就在这儿。这种情形，英国人有点看不下去。斯当东说，"余来中国，几无日不见华官笞责小民，一若此为华官日课中必有之职务……凡中国人

1　马戛尔尼：《1793 乾隆英使觐见记》，刘半农译，天津人民出版社，2006，第 181-182 页。
2　同上书，第 164 页。
3　马戛尔尼等：《马戛尔尼使团使华观感》，何高济、何毓宁译，商务印书馆，2013，第 470 页。

受笞，必号哭求赦，声音绝惨"。[1] 巴罗与他有同样的感觉："在中国旅行期间，我们难得一天看不到打板子。"[2] 官员为保官位，穷凶极恶地虐待被役使的民夫，哪里还有天良可言？与此相对应的是懦弱而善良的民众，他们的不满只表现在敢怒不敢言，以及个别人用消极逃跑以避免徭役。正如马戛尔尼所说"百姓极端憎恶当官的人，他们害怕官吏任意处罚、迫害和凌辱他们，痛感官吏之不公，他们必须满足官吏的贪婪"。[3]

1　马戛尔尼:《1793 乾隆英使觐见记》，刘半农译，天津人民出版社，2006，第 38 页。

2　马戛尔尼等:《马戛尔尼使团使华观感》，何高济、何毓宁译，商务印书馆，2013，第 344 页。

3　同上书，第 11 页。

英国使节评议清朝政府的
故步自封

马戛尔尼等人既看到中国皇帝权威的无所不至，又观察到这种制度下的诸多弊病：诸如不讲科学，化学、数学、天文学、医学都很落后，没有大工业，没有形成冶炼业；平民百姓安分守己；军队只有冷兵器，缺乏火器，却在英国人面前一再炫耀"军威"。笔者读使团成员马戛尔尼、斯当东和主计官巴罗的记录，参以西洋传教士的书简，深知清代中国社会的弊病与隐忧，这里主要展现清朝统治者故步自封的保守观念和民众的贫困生活。

清政府因循守旧

马戛尔尼认为，康熙帝以后的中国政府不重视科学，特别是在军队武器装备、化学和医学三个方面。在 18 世纪的西方人意识里，康熙帝看重西学、西士，有口皆碑，马戛尔尼也不例外，他说"吾闻康熙大帝御极之日亦颇重科学，一时西洋教士来华当差者为数甚多"，但是"大帝殡天之后，后嗣竟不克继其大志"。清政府不再重视科学，虽然还用一些西洋人当差，"而政府对于彼辈初不重礼，几有全不理会之态"，中国的士人"所研究者初无成绩之可言，即或有成绩亦不切实用，遂至中国政府不复以科学为人生所急，而对于西洋物质上之进步亦以此一概抹杀"。[1] 一以概之，康熙帝后嗣雍正帝、乾隆帝不以科学为重，清朝出不了科学人才，对懂得科学的西人也不尊重。

马戛尔尼对清朝官员谈论化学和医学，他对长麟、乔人杰等人说，"中国工业虽有数种，远出吾欧人之上，然以全体而论，化学上及医学上之知识，实处于幼稚之地位。吾至中国见其人民中瞽者极多，跛者亦随处皆是，而目瞽则无良药以疗之；足跛则但能支之以棒而不能装用木足。因曰：'国家人口之繁盛与否，与医学、化学至有关系，倘医、化两学不能发达，则人民死于非命者甚多，国势必不能强盛'"。长麟说"这话讲得很有道理"。马戛尔尼继续说："敝国人士对于医、化两学研习颇勤，现在已发明妙术多种，如溺水之人可用机械的手续使之复活，失明者可用 glaucoma 抽出法，使其重明，足抱残疾，则可装用

1　马戛尔尼：《1793 乾隆英使觐见记》，刘半农译，天津人民出版社，2006，第 207 页。

图 1-33　乾隆帝写字像

木足令其行动如常。"[1] 马戛尔尼将英国医学发展与中国对比，西医在眼科、外科方面确有优长，义足技术就是显例。工业方面，当船行到广东韶州、清远之间，马戛尔尼见山间堆积煤炭，得知中国因工业不发达而不能利用颇有感慨。[2] 他不知道广东民间愿意开采煤炭、铜矿，但是朝廷时而允许，时而禁止，且禁止时日为多。矿业不能发展，是因为朝廷传统的重农抑商方针

1　马戛尔尼:《1793 乾隆英使觐见记》，刘半农译，天津人民出版社，2006，第 206 页。
2　同上书，第 211 页。马戛尔尼等:《马戛尔尼使团使华观感》，何高济、何毓宁译，商务印书馆，2013，第 464 页。

和惧怕矿工聚众而发生治安事故，因此限制了中国近代工业的发展。

皇帝要求在马戛尔尼行经各地展示军容，却暴露了军队装备落后及不图改良

马戛尔尼返程时，乾隆帝特意指示沿途军队操演，令其感受军威。所以自杭州至广州，多处地方有军事演习，马戛尔尼开始以为是对自己表示尊重，而后明白有示威之意，他藐视清军的冷武器装备。船行进到赣州时，"当地兵队整列出迎。至此，吾当总括一笔，盖吾辈一路至此，每过兵站，兵士殆无有不行迎接之礼者，均高举军旗，奏乐鸣炮"。[1]南康府之后的军士列队使他想到，"其人数之众多，军容之整肃，于行礼之中似夹有示威之性质，乃不能令我无疑……今兵队向吾等行礼而夹有示威之性质者，吾料其心中必蓄有一语，谓汝辈洋人看者，吾中国兵备甚佳，汝等若敢犯顺，吾辈无时不有对付之具"。马戛尔尼不仅明白清朝显示威力的意图，更从士兵的演练中获知军队的虚实。他看到士兵手持刀枪剑戟，故云："以余观之，此种宽衣大袖之兵，既未受过军事教育，而所用军器不过刀枪弓矢

---

1 马戛尔尼：《1793 乾隆英使觐见记》，刘半农译，天津人民出版社，2006，第 208 页。

之属。"[1] 他又说："中国目下之军队，则可决言其必无火器。既无火器，而犹故步自封。"[2] 他还说"每支军队有一定比例的火绳枪手"，在每个省军械库里有燧发枪。乾隆末年对廓尔喀用兵，"八万中国士兵中，仅三万人有火器，而且都是火绳枪"。[3] 他以为清军没有火炮，其实清军是有火炮的，只是数量很少，而且巴罗在梅岭关口看到卫兵"有两门旧炮，非常可能是 200 年前耶稣会士铸造的"。[4] 就清军装备仍处于冷兵器时代的事实，马戛尔尼观察到的是清朝并不想对此作出改进。他为显示英国武器和科学的先进，邀请曾任两广总督、"以熟于西洋事务自命"的福康安观看英国卫队的新式火器操演："带有卫队一班，颇精于欧洲新式之火器操法，倘异日大人有暇，敝使拟请大人观操，弗审大人亦肯赏光否？"但福康安大人意颇冷淡，岸然答曰："看亦可，不看亦可，这火器操法谅来没有什么稀罕。"[5] 颇能打仗的福康安对新式武器都毫无兴趣，更不必说其他人了。在近代工业文明业已诞生于西方之时，"吾（马戛尔尼）欧洲诸国前

1　马戛尔尼:《1793 乾隆英使觐见记》，刘半农译，天津人民出版社，2006，第 215 页。

2　同上书，第 113 页。

3　马戛尔尼等:《马戛尔尼使团使华观感》，何高济、何毓宁译，商务印书馆，2013，第 47 页。

4　同上书，第 435 页。

5　马戛尔尼:《1793 乾隆英使觐见记》，刘半农译，天津人民出版社，2006，第 112-113 页。

此亦用刀枪弓矢为战器，今则大半已用火器代之矣"。[1]自诩为世界文明中心的中国犹茫然无知，故步自封，倒让马戛尔尼窥知中国虚弱的端倪，所以他说，就凭冷兵器装备的中国军队，"一旦不幸，洋兵长驱而来，此辈果能抵抗与否？尚属一不易置答之疑问也？"[2]从之后的事情来看，确实让他言中了，入侵者不是他人，恰恰就是英国军队。

　　当初福康安对火器态度冷淡，后世人才懂得坚船利炮的厉害——兴起富国强兵的洋务运动。这种历史玩笑或可说是历史的惩罚，不能单纯归咎于乾隆帝、福康安等诸大臣，而是由天朝的制度决定的，比如在军队中倚重八旗军、轻视绿营，加以区别对待：分配不同的军饷、装备，火炮主要配给八旗军。康熙帝重视铸造火炮，目的是由八旗军掌握火炮铸造技术，汉人山西总兵官金国正请求捐造子母炮，康熙帝不允许，因为"子母炮系八旗火器，各省概造，断乎不可"。雍正帝原先不知道先帝有此谕旨而允许地方提督总兵官造炮，但得知康熙帝旨意后便收回成令，只准满洲人故地——盛京、宁古塔、黑龙江三处"照前设立子母炮一百位，此外各省旧存子母炮及捐造者，悉令查明送部"。各省驻军每千名配给威远炮四位、子母炮六位，应

1　马戛尔尼：《1793 乾隆英使觐见记》，刘半农译，天津人民出版社，2006，第 118 页。

2　同上书，第 215 页。

配足。[1] 比不发展火炮装备更严重的是，清朝从上到下对科学无好奇心。马戛尔尼说："无论乾隆本人，还是他身边的人，对这些东西（新的科学仪器）都没有好奇心。此外，现政府的政策不鼓励新事物，尽量防止百姓抬高外国人，贬低自己。"[2] 在这种思想观念的主导下，清朝根本不可能发展近代工业、农业和军工。

透过溺婴弃婴得知社会大弊——民众贫困

乾隆五十年（1785），来到北京的法国教士劳克司神父服务于朝廷，受派遣为马戛尔尼做中文翻译。他对后者说："我辈读中国之历史，证以目睹，则中国社会似尚无显著之缺点。唯残害婴儿一事，吾西人以为极背天理，华人则视为无足轻重，即日日见之，亦不以为怪。"他道出一种普遍的社会现象——中国人溺婴、弃婴，并不以为是惨无人道的行为。他又说，弃婴多系夜间被置于住宅门前，有碍帝都观瞻，乾隆末年步军统领衙门乃在早上派巡逻车收集弃婴，以便拉到义冢掩埋。西洋教士得知，便忙活起来，每天赶到巡逻车旁，"遍察各婴儿之尸，见

---

1 《清实录》第 7 册，《世宗宪皇帝实录》卷五六，五年四月丙午条，中华书局，1986。
2 　马戛尔尼等：《马戛尔尼使团使华观感》，何高济、何毓宁译，商务印书馆，2013，第 63—64 页。

其中尚有气息者必抱归灌救，救活则就教堂中抚养之，长而施以洗礼，是知此残余之生命系仰托上帝之佑护"。[1]巴罗听一位侨居伦敦、曾在中国福建传教多年的法国传教士讲，他到男仆家看望，见仆人将要把妻子刚生的婴儿投进水罐溺死，他对仆人说这样做"是违犯上帝和人性的"，可是仆人表示："因为无力负担，所以留下一条注定要吃苦受难的生命，还不如让他早早死去，这样倒可减轻罪过。"传教士见此情形，就说不如他把婴儿抱到教堂施洗，拯救其灵魂。仆人跟随到教堂，被传教士的行为感染而生发父子之情，遂抱回家养育。[2]为何溺婴？仆人说"注定要吃苦受难的生命，还不如让他早早死去，这样倒可减轻罪过"。他说的不无道理，生在穷人家受苦挨冻，是中国人溺婴的根本原因。乾隆朝表面上是盛世，但透过溺婴，以及使团成员目睹的下层民众吃食不如西方乞丐和船上夫役住的是"狗窝"等现象，不难发现民间贫困的事实和天朝盛世的虚假成分。

乾隆帝向英国人说："天朝物产丰盈，无所不有。"[3]其时号称繁荣昌盛，版图达一千三百万平方千米，然而故步自封，不讲求科学，在世界已出现近代工商业之时，还以传统社会的那

1　马戛尔尼：《1793乾隆英使觐见记》，刘半农译，天津人民出版社，2006，第74页。

2　马戛尔尼等：《马戛尔尼使团使华观感》，何高济、何毓宁译，商务印书馆，2013，第213-214页。

3　《清实录》第27册，《高宗纯皇帝实录》卷一四三五，五十八年八月己卯条，中华书局，1986，第185页。

套办法管理国计民生，是无从解决民众贫困难题的。官员为自身利益完成差事，不管百姓死活。溺婴之类的惨状折射出的民众疾苦，是一大社会问题。盛世遮蔽不了社会病，而皇帝骄淫自满，朝臣唯知服从皇帝，没有改良社会的可能。如果我们再看巴罗对中国与英国社会发展阶段性的比较，更可瞥见清代中国的落后。

　　生活于英国资本主义社会的巴罗在《中国行纪》中提出两个重大的问题：其一，乾隆时代中国处于何种历史发展阶段，即"按欧洲国家衡量的标准，中国应当属什么等级？"[1] 他在书中讲的中国社会情况，如民众在政府中没有发言权："中国百姓在政府中没有发言权，他们没有想争取他们应有的权利，他们必定心甘情愿忍受压迫，遭受践踏。帝王或者官员可以按己意随时行施手中的权力。百姓无意寻求反抗政府的方法，政府对此毫不担忧。"[2] 政府不懂得对私有财产的保护，政府、官员自行加税，农业生产规模小，人性被政治扭曲，女性受严重压抑，溺婴弃婴，等等。如果将他说的这些情形与英国《大宪章》内容作一对照，不难发现巴罗是按照英国资本主义制度来衡量中国社会水准从而判断中国制度落后于欧洲的。他的这种未加说明的、潜意识的比较，表明英国人在思索中国的社会制度性质。

1　马戛尔尼等：《马戛尔尼使团使华观感》，何高济、何毓宁译，商务印书馆，2013，第 479 页。

2　同上书，第 351-352 页。

　　其二，君主专制政体塑造了民众缺少活力、安分守己的性格。巴罗认为，中国君主专制的强力控制塑造了中国人的性格，这种强力控制就是法律的实施，而其结果是百姓懦弱、没有朝气、缺少活力，但政权能长期稳定。巴罗说，中国人性为强有力的统治者——专制君主和社会状态所制约，改变了本性："强有力的统治者已经完全控制，而且按照他的思维塑造百姓的形象，百姓的伦理和品行则受政府法律的支配，几乎完全受其统治。"[1]巴罗又说中国人的"行为都可能和社会状态有关，也和执政的政府有关，因它的影响，他们天生的性格明显经历了完全的变化"。[2]

　　巴罗从政府法律规章制度、颁布年历和邸报（北京公报）说明它们对百姓性格形成的影响："中国人的本性因受政府法律和规章的影响几乎改变，在这个国家，百姓的生活方式、思想感情和道德情操比在别处受到更大的扭曲。"[3]他知道光是法律还不足以完全控制百姓的思想和行为，他注意到比他略晚到过中国的荷兰人鲍（Mr Pauw，1739—1799）的话，"中国完全被鞭子和板子统治"，他则补充"加上两样东西：年历和北京公报"。鞭子、板子是执行法律的暴力工具，而年历和邸报是思想统治

1　马戛尔尼等：《马戛尔尼使团使华观感》，何高济、何毓宁译，商务印书馆，2013，第333页。

2　同上书，第160页。

3　同上书，第205-206页。

工具。所以他解释年历的"刊行是为了传承迷信风俗，显然政府鼓励百姓使用"；公报"是一种媒介，把当今帝王的品质和仁爱传播到国家的每个角落"[1]，以教化百姓。

巴罗还具体说明清朝百姓性格改变的结果："他们天性安静、顺从、胆小，但社会状况和实施的法律把他们变得冷漠、无情，甚至残忍，这有许多事例可以清楚证明。"[2]"一方专制、独裁和压迫，另一方畏惧、虚伪和反抗。"[3]人性的冷漠无情、残忍最为恶劣，甚至将未死之人活埋，对落水者不救助，甚而捞取其帽子；溺婴、弃婴。[4]更严重的是人们，特别是年轻人缺乏活力。"男孩有时一起在学校读书，但构成他们教育大部分内容的僵硬礼仪，限制了他们生活中需要的一切游乐，完全压抑了他们的活力和进取心。上层社会的中国青年缺乏朝气，显得古板和严肃，始终承受岁月的压力。"[5]"不管好坏，中国政府在世界历史上空前成功地治理百姓，采取措施克服种种灾难，保持国家的稳定……有关事件的处理足以证明在这方面政府是有经验的。"[6]

1　马戛尔尼等：《马戛尔尼使团使华观感》，何高济、何毓宁译，商务印书馆，2013，第349页。

2　同上书，第206页。

3　同上书，第333页。

4　同上书，第208-210页。

5　同上书，第196页。

6　同上书，第351页。

　　总之，建立在勤劳朴实民众基础上的清朝政权巩固，然有难于克服的隐忧。因为皇帝和官员故步自封，不讲求科学，不懂得发展近代工商业，而以传统社会的那套办法管理国计民生，导致民众贫困乃至出现溺弃婴等社会问题；重满轻汉方针政策形成又一个社会问题。种种社会问题之下，清朝政权将有怎样的前途呢？清朝统治者并未对此未雨绸缪！

第
二
编

从传统文化到
筹办近代教育

康熙和允祉父子主持编纂
《御制律历渊源》

　　康熙五十二年（1713），康熙帝在畅春园内开设蒙养斋馆，修撰律吕、算法诸书，并颁发有关御制文做编纂依据，命皇三子诚亲王允祉（1677—1732）主持馆务；后又成立算术馆，附属于蒙养斋馆，令贵族子弟入学。

　　蒙养斋馆从事数学、历法、乐理的综合研究，康熙帝本人和允祉在这方面都接受过西方传教士安多、张诚、白晋等人的讲授，有较为深厚的功力，才能提出和胜任这项主持工作。学者韩琦在《西学帝师——耶稣会士安多在康熙时代的科学活动》文中说明了安多指导康熙帝、允祉等学习及其与编纂《御制数理精蕴》的密切关系。安多于康熙二十四年（1685）来华，这之前他在葡萄牙耶稣会学院教授了一年数学，简明、清晰地为初学者和到中国传教的候选人写出《数学纲要》，内容涉及数学、几何学、球体、地理、水力学、音乐、光学、静力学，以及历法和天文学。他给康熙帝讲授算术、三角函数和代数，编写中文的正弦、余弦、正切和对数表。安多的《借根方算法》，是他向康熙帝介绍代数学的教材。[1] 在浙江的传教士傅圣泽（Jean Francoise Foucquet，1665—1741）著有《历法问答》，讲授月球经度纬度，于 1715 年 11 月 25 日进呈康熙帝。[2] 传教士德里格（Don Teodorico Pedrini，1671—1746）教授允祉和康熙帝十五子允禑（1693—1731）、十六子允禄（1695—1767）西洋乐理，他说："至于律吕一学，大皇帝尤彻其根源，命臣德里格在皇三子、皇十五子、皇十六子殿下前，每日讲究其精微，修造新书。"[3]

允祉富有文采，武艺出众。据传教士白晋说，康熙帝"亲自把几何学原理教给"他，"不言而喻，他是个具有种种优秀品质的人，皇上从他身上看到极其适合于研究这门科学的天赋"。[4] 西人认为允祉很好地掌握了西方数学，康熙帝在 1713 年"建立了一所由三皇子允祉负责的独立学院研究数学和天文学。这位皇子非常擅长西方数学，因为安多曾教过他"。[5] 原来允祉数

1　韩琦：《西学帝师——耶稣会士安多在康熙时代的科学活动》，《故宫文物月刊》2011 年第 343 期，第 52-57 页。

2　魏若望：《耶稣会士傅圣泽神父传——索引派思想在中国及欧洲》，吴莉苇译，大象出版社，2006，第 169-170、173 页。

3　马国贤：《清廷十三年——马国贤在华回忆录》，李天纲译，上海古籍出版社，2004，附录六，第 150 页。

4　莱布尼茨：《中国近事——为了照亮我们这个时代的历史》，梅谦立、杨保筠译，大象出版社，2005，第 80 页。

5　魏若望：《耶稣会士傅圣泽神父传——索引派思想在中国及欧洲》，吴莉苇译，大象出版社，2006，第 168 页。

学好，受益于父皇康熙帝和安多，而乐理则得益于德里格。允祉武艺出众，为传教士张诚亲眼所见，他见康熙帝打枪，中的较多，允祉打两枪，中其一，而大臣们无一人命中。[1]

允祉主持蒙养斋馆，延聘一批著名学者，如主编《古今图书集成》的陈梦雷，桐城古文学派创始人方苞、魏廷珍、蔡升元、法海，以及青年梅珏成、何国宗、陈厚耀、明安图等人。

允祉提出治历需要测量北极高度，除离宫畅春园、观象台每日测量外，还需要派人到广东、云南、四川、陕西、河南、江南、浙江等省进行实测，以便获得资料。康熙帝批准允祉的提议，派遣钦天监技术人员和理藩院官员何国栋、索住、白映棠、贡额、那海、李英测量北极高度和日影。[2] 允祉操持此事，虽说是为治历，实际上是测绘舆图、编纂《御制律历渊源》、治理历法三事的共同需要。另据《钦命传教约述》记载，康熙五十一年（1712），"钦差西士治理历法雷、冯、德，向道护军参领陶、钦天监赫五位大人，造绘各省舆图"。[3] 这是说康熙帝派遣雷孝思（Jean-Baptiste Regis，1663—1738）、冯秉正（Joseph Francois Marie Anne de Moyriac de Mailla，1669—1748）、德玛诺

1　《张诚神甫 1691 年第三次鞑靼之行》，载国家清史编纂委员会编译组、中国人民大学清史研究所合编《清史译文新编·第二辑》，第 176 页。

2　《清实录》第 6 册，《圣祖仁皇帝实录》卷二六一，五十三年十一月辛亥条，中华书局，1986，第 571 页。

3　韩琦、吴旻校注：《熙朝崇正集、熙朝定案（外三种）》，中华书局，2006，第 225 页。

（Romain Hinderer，1668—1744）至各地测绘舆图，同时派八旗军官、钦天监官员协助工作。所说"向道护军参领陶"的"向道"，疑是陶护军参领起向导作用，负责与地方官员联络，以保证西士测绘事务的顺利进行。西士费隐等人被派往云南测绘，康熙帝从内廷派出常保、英柱等五人与他们共同工作。[1] 要之，允祉通过实地测绘，获取有关资料，才得以成功编纂《御制律历渊源》。

蒙养斋馆成立的次年（1714），允祉和允禄进呈《御制律吕正义》，康熙帝审阅认可。该书记录康熙帝所定十二律及乐器制造，此书包括上编《正律审音》、下编《和声定乐》、续编《协均度曲》，其中续编介绍传教士徐日昇、德里格的乐理，并与中国乐理比较分析。康熙帝特意将此书赐予历算学家梅文鼎一部，命其校订讹误。

允祉等还编撰《御制历象考成》《御制数理精蕴》，它们与《御制律吕正义》共同构成《御制律历渊源》，这是一部关于数学、历法、音乐的百科全书式图书。这部百科全书式的巨著，应该说是由康熙帝、允祉，以及西士合作编撰而成的，是西法治理历法的总结和西方数学、音乐的某种概述。

1　冯明珠主编《康熙大帝与太阳王路易十四特展》，台北故宫博物院，2011，第 131 页。

雍正帝论天主教的正道与
"异端"

雍正帝禁止天主教在华传播，传教士对此莫不诋毁，那么雍正帝对天主教是怎样的认识呢？

雍正五年（1727）四月初八，系佛诞日，恰恰又值葡萄牙使臣麦德乐到京。雍正帝遂发出长篇上谕，发表对包括天主教在内的各种宗教的见解，由此令人知道他对天主教的基本认识和态度。上谕的中心意思是：各种宗教都有正道与异端两种成分，各有长短；只要善于对待它们，就可以帮助圣帝贤王建设太和世界。这也是让臣工明白他的宗教政策的理论根据。

雍正帝首先阐述关于"异端"的见解，指出世俗所指斥的异端不准确，不能笼统地将佛教、道教、天主教视为异端。他说，僧道家极力诋毁西洋教，而西洋人又极诋佛老之非，他们互相指为异端，这是把异己者视为异端，而不是中国圣人所说的异端。接着，雍正帝讲解何谓异端及如何区分各种宗教的正道与异端。他认为，宗教本身不是异端，而利用宗教的人不走正道，做有害人心的事，因而产生异端。就天主教而言，西洋人崇尚天主为万物主宰，如同自古以来没有不敬天的人、没有不敬天的宗教，西洋教之敬天本来是正道，持有"十诫"，这是好的。但是若说"天"转世化作人身（指耶稣，将天人格化）以救度世人，还有永恒的苦、永恒的乐，这是神话，是借天之名蛊惑愚人，从而成为天主教的异端。看来，雍正帝以对敬天的认知去理解天主教教义，认为天主教徒也敬天，此为其正道；至于转世救人之说，则为其中的异端。宗教本身并非异端的观点，令雍正帝进一步说明各种宗教的共同性，即创教者是不平凡的人，而其末学曲解其意，走入异端。雍正帝是肯定创教者教忠、教孝、教善、去恶的本意，是要弘扬其正道，摒弃其异端。具体到对天主教的方针，雍正帝说，中国有中国之教，西洋有西洋之教，彼西洋之教不必行于中国，亦如中国之教岂能行于西洋？不过西洋人精于历法，所以国家使用他们。很明确，他不许西洋人在中国传教。朝廷任用西洋人，是为制定历法等技艺之事。

　　既然分清了各种宗教的正道与异端，对它们就不可一概否定或一概肯定。据此，雍正帝要求各种宗教信徒，彼此取长补短，停止攻讦，相安共处，共同建设阴阳和合的太和美满社会。雍正帝的这种宗教观具有包容精神，他承认宗教存在的合理性、合法性。作为中国帝王，从其道义上对天主教有这样的宽容理解是难得的。雍正帝认可天主教在西洋的存在，同不许其教徒在中国传教，并不矛盾；因为他要维护中华民族固有的伦理观念，反对人民信仰天主教。[1]

_____

1 本篇主要参考：中国第一历史档案馆编《雍正朝起居注册》，中华书局，1993。

乾隆时期扬州人引领时尚

——生活消费与教育文化

扬州有名的景区有"瘦西湖"和"小秦淮"，这样看来，扬州人真是倾慕杭州、南京啊，紧追名城风度不舍。然而在乾隆时期，扬州人一度引领时尚，在消费与生活方式和文化教育方面为人瞩目。这里将次第述说扬州引领时尚的共识、内涵及其形成的原因，当然这就离不开徽商和朝政了，尤其是康熙帝和乾隆帝的各自六次南巡。

乾隆时期扬州人引领时尚是不同时期人们的共识

1996 年，笔者为《扬州研究：江都陈轶群先生百龄冥诞纪念论文集》作序[1]，说到"扬州似乎常和'时髦'联系在一起，

1　冯尔康等编《扬州研究：江都陈轶群先生百龄冥诞纪念论文集》，台北联经出版公司，1996。

被作为繁华和奢靡的代名词",又说"商品经济刺激人追求时髦,扬州的兴衰史似可证明这一点,这或许也是给人们的历史启示吧",从而提出扬州人文社会的一种特点。十几年后的2011年,笔者进一步认为乾隆时期的扬州人生活愈加时髦,竟然引领时尚,影响及于其他大都会。笔者的认知,是综合乾嘉时期官绅和现代学者的见解,或者说是一种共识吧。

乾隆帝六下江南,在扬州游览,其《自高旻寺行宫再游平山堂即景杂咏六首》之二写道:"富庶从来说广陵,满城丝管映街灯。唐风拟令崇淳约,谋食贫人虑失凭。"[1]乾隆二十七年(1762)的《游平山堂即景杂咏八首》之二又云,"楼台丝管广陵擅"。[2]这歌咏的是扬州一派升平的繁华气象,尤以楼台丝管为说辞,即不仅是经济上的富庶,更是生活的艺术化,表明人们生活中富有文化内涵。雍正间两淮盐政高斌说扬州"人物秀杰,掇巍科,登显甲者,如云而起"。[3]仪征人李斗在乾隆二十九年(1764)至六十年(1795)的三十余年间,搜集扬州人活动的素材,于乾隆末年写出《扬州画舫录》[4],以亲身经历、耳闻目睹之事,描绘了扬州人生活的繁华景象。大学士、扬州人阮元于嘉庆二年(1797)为其书作序,谓乾隆帝"翠华六巡,恩泽稠叠,

<hr />

1　赵之璧:《平山堂图志》,载《扬州地方文献丛刊》,广陵书社,2003,第3页。
2　同上书,第4页。
3　道光《重修仪征县志》卷一六《学校》,光绪版。
4　李斗:《扬州画舫录》,中华书局,1980。

士日以文，民日以富"，所以《扬州画舫录》系"目睹升平"之实录。[1]他明确"士文""民富"是繁荣的标志，扬州兼而有之，而这是乾隆帝南巡造成的。袁枚在《扬州画舫录序》中云："扬州一郡，又为风尚华离之所。"[2]这类"风尚华离之所"的议论，启发我们认识乾隆时代扬州的引领时尚。

时至今日，学者王振忠在 20 世纪 90 年代认为，乾嘉时期，"扬州成为东南首屈一指的文化中心城市。东南文化的精华都在此汇集、提炼和升华，并形成独具特色的文化内涵，进而向全国各地辐射、播布"。[3]杜瑜弟认为扬州在雍乾时期"逐渐成为当时东南地区文化中心"，至近代才因淮盐转输和漕运的交通枢纽的优势丧失，发展不及他处。[4]卞孝萱在《郑板桥全集·前言》中云，"康雍乾时期的扬州，是东南沿海地区一大都会。经济的繁荣，促成了文化艺术的昌盛"。[5]

扬州人的生活与时尚

关于时尚内涵，笔者关注的是在消费文化、休闲文化、文

1　李斗：《扬州画舫录》阮元《序》，中华书局，1980。

2　李斗：《扬州画舫录》袁枚《序》，中华书局，1980。

3　王振忠：《明清徽商与扬州城市文化的特征和地位》，载《扬州研究——江都陈轶群先生百年冥诞纪念论文集》，台北联经出版公司，1996，第 502 页。

4　杜瑜弟：《扬州历史地理综论》，载《扬州研究——江都陈轶群先生百年冥诞纪念论文集》，台北联经出版公司，1996，第 56-61 页。

5　卞孝萱编《郑板桥全集》，齐鲁书社，1985。

学艺术和教育方面，其中消费文化主要是指衣食住行交游的消费。从具体内容来讲，有生活空间的住宅园林花圃、家庭用具摆设和工艺品，食物的餐饮及与此相关的人际交往的餐馆茶馆，美容健身的衣饰、沐浴、按摩、理发，口耳身心并赏的戏剧曲艺杂技，兴办学校与教育成效；至于图书的刻印与收藏，在《清前期扬州徽商主导的诗文会》篇中有所涉猎，就不再赘述。至于如何认识它的社会价值，留待第三部分交代。

园林花卉甲天下

乾隆时期扬州园林之胜，为天下之最。常州人钱泳在其著作《履园丛话》中说，"造物之工，当以扬州为第一"，素负盛名的苏杭不及；又说国初以张南垣为园林建筑高手，近时杰出者是常州人戈裕良，扬州属县仪征朴园出其手笔，道光三年（1823）被认为比苏州狮子园有趣，实为淮南第一名园。[1] 国子监祭酒——吴锡麒在《广陵赋》说，扬州"园亭之胜，甲乎四方"。[2] 园林之盛为扬州的特色，李斗说"郡城以园盛，康熙间有八家花园"，内有篠园、贺园。程梦星的篠园及其有关趣事，请阅览《清前期扬州徽商主导的诗文会》篇。

园林宅院有花圃，扬州遂别有花卉业，能与京城争胜，可

1　钱泳：《履园丛话》卷一〇《营造》、卷一二《堆假山》、卷二〇《朴园》，中华书局，1979，第 326、330、534 页。

2　同治《续纂扬州府志》卷二三《艺文志上》。

知其不凡的地位。扬州人种花是专业经营，并有专业营销者，消费者既有广大人群，又有专门行业从业者。种花，不是指一般的园圃业范畴，而是专植花卉。傍花村、堡城、小茅山、雷塘等处均有集中种花者。[1]徐谦芳述及扬州人的职业，反映花业盛行：四野之民业农，四郊之民业圃，沿江各洲之民业商，傍海之民业鱼盐，近郭之人以种花为业者亦多，莳芍药与菊，多佳种，且流布江南各处，几与北京丰台争胜。[2]种花有自卖的，也有专业贩花发售的，形成花市，此外还有小贩沿街叫卖。郑板桥诗句"卖花声里雨蒙蒙""小楼帘卷卖花声"，[3]反映的就是此种情形。用花者甚多，所谓"扬人无贵贱皆戴花"。[4]"郭外饱看花，道观夭桃争秀色，宝城秋菊斗奇葩，佳日赏芳华。"[5]文士鉴赏鲜花，寄寓情怀，达到物我交流的境地。因为花业盛行，"花朝"也就过得有声有色，届时举行百花会，在张秀才家进行，四乡名花毕集献艺。[6]扬州人讲究使用工艺品，漆器、玉器、剪纸、盆景及家庭摆设用物中外驰名。

1　李斗：《扬州画舫录》，中华书局，1980，第23、80页。

2　徐谦芳：《扬州风土记略》，载《扬州地方文献丛刊》，广陵书社，2003，第47页。

3　卞孝萱编《郑板桥全集》，齐鲁书社，1985，第130、140页。

4　李斗：《扬州画舫录》，中华书局，1980，第80页。

5　黄鼎铭：《望江南百调》，载《扬州地方文献丛刊》，广陵书社，2003，第1040页。

6　李斗：《扬州画舫录》，中华书局，1980，第80页。

图 2-1 郑燮竹石图

维扬菜与发达的餐饮业

扬州茶馆被称作天下第一，饭菜制作形成维扬菜（即扬州菜），予人口福。餐馆、茶馆不仅是满足人生理需要的场所，同时是人们社交的公共场所，具有多种功能。

扬州食材丰富，郑板桥诗云"百六十里荷花田，几千万家鱼鸭边。……湖上买鱼鱼最美，煮鱼便是湖中水。……一塘蒲过一塘莲，荇叶菱丝满稻田。最是江南秋八月，鸡头米赛珍珠圆。""昨夜村灯鱼藕市，青帘醇酒见人情。"[1] 原料及制作成的美食之诱人，溢于纸上。惺庵居士的《望江南百调》记叙扬州名菜名点有烤鸭、三鲜面、煮干丝、水晶肴、蜜钱、酥糖等。维扬名菜"三头宴"的焖猪头，原来是学者江藩家的拿手菜，由来久远。扬州点心制法极精，汤包、油糕尤擅名一时。[2] 袁枚在《随园食单》中记录了许多扬州菜，如剥壳蒸蟹、程立方豆腐、定慧庵冬瓜，两淮盐运使卢见曾家的运司糕、洪府粽子、仪征萧美人点心。[3] 袁枚是美食家，他的品评多为定论。扬州菜在讲求色香味之外，还加装饰物，夏令厨师雕诸瓜为灯，玲珑透露，精美绝伦。[4] 扬州酒肆甚多，在虹桥，康熙间有野园、冶春社、七贤居、且停车，为游人小酌之地，韩园则为聚饮之所。

1　卞孝萱编《郑板桥全集》，齐鲁书社，1985，第 63、127 页。

2　徐谦若：《扬州风土记略》，载《扬州地方文献丛刊》，广陵书社，2003，第 48、91 页。

3　袁枚：《随园食单》，中国商业出版社，1984。

4　徐谦若：《扬州风土记略》，载《扬州地方文献丛刊》，广陵书社，2003，第 91 页。

李斗说:"吾乡茶肆,甲于天下。"[1]他是"三至粤西,七游闽浙,一往楚豫,两上京师"[2]的游历家,见多识广,不会作无根之谈,扬州茶馆应系甲天下。扬州城乡皆有茶馆,所谓"扬城四面多茶寮,由朝至暮,辄高朋满座,抵掌谈天,故北方人谓扬人为'渴相如'(即渴死鬼之意)"。[3]惺庵居士说:"高会谷林堂,试茗有泉烹白雪。"人们举行茶会,品尝天下第五泉烹制的茶水,反映扬州人的茶趣。扬州人有到茶馆饮早茶的习惯,嘉庆以前,人们清晨相约至好茶馆、好面馆,或叙谈,或议事。[4]品茗,为的是叙事闲谈,或者是商谈业务,且有点心供客人果腹,如林妪的茶肆和供应酥儿烧饼见称于市。[5]

美容健身的衣饰与沐浴、理发业

衣着、首饰、化妆,讲究修饰的人对这些极其在意,即使不拘小节的人也会对衣服的质地、颜色稍加留心,扬州人是注重美容的典型。

惺庵居士说扬州人"服饰竞时髦",[6]李斗则云"扬郡着衣,尚为新样"。扬州多子街,因两边多绸缎铺,又名缎子街。在

1　李斗:《扬州画舫录》,中华书局,1980,第26页。
2　同上书,自序。
3　徐谦若:《扬州风土记略》,载《扬州地方文献丛刊》,广陵书社,2003,第49页。
4　林苏门:《邗江三百吟》,广陵书社,2005,第119页。
5　李斗:《扬州画舫录》,中华书局,1980,第198页。
6　黄鼎铭:《望江南百调》,载《扬州地方文献丛刊》,广陵书社,2003,第1049页。

乾隆五十年（1785）以前，流行缎料八团花纹，后变为大洋莲；衣服的颜色崇尚三蓝、朱、墨、库灰、泥金黄。乾隆五十二年（1787），大将军福康安前往台湾平定林爽文起事，路经扬州，穿的是膏粱红、樱桃红色衣装，人们于是喜爱膏粱红、樱桃红，名曰"福色"。[1]男子穿的蝴蝶履，为"扬式名鞋"，世传"苏杭人极称羡"。林苏门以为一双鞋有什么金贵的，不相信传闻是真的，及至杭州始知实情如此，每双鞋价值高达一两二三钱。[2]女裙，原来将缎料裁成若干条，使用金线对每条镶绣花边，拼结成裙，谓为凤尾；乾隆后期改为百褶裙，使用整幅缎料折成细道，常服是二十四折，名"玉裙"。这些成衣，往往由翠花街成衣店制作。[3]扬城翠花街，市肆韶秀，原来是珠翠首饰铺。扬州人常用义髻，有蝴蝶、望月、花篮折项、懒梳头、双飞燕、到枕松、八面观音等，异于他处。[4]

　　香料，多用于化妆品，清朝人喜爱佩戴香囊。李斗说"天下香料，莫如扬州"，又是扬州第一。制作的商号，以戴春林为上，张元书次之。[5]《望江南百调》说到戴家香料店："扬州，比户戴春林，一样牌题名士手，几番香醉美人心，脂粉旧驰名。"[6]

1　李斗：《扬州画舫录》，中华书局，1980，第 194 页。

2　林苏门：《邗江三百吟》，广陵书社，2005，第 80 页。

3　李斗：《扬州画舫录》，中华书局，1980，第 195 页。

4　同上。

5　同上。

6　黄鼎铭：《望江南百调》，载《扬州地方文献丛刊》，广陵书社，2003，第 1045 页。

戴家名声在外，固然香料上好，也得益于扬州人喜用香料制品，使用者多。张家也具竞争力，江畹香署理山东巡抚，为乡试监临，令张家店制汉瓦、奎璧等形的香料，凡乡试诸生各予一枚，其后张家名其为"状元香"，售予士子，以图吉利。[1]

扬州俗谚："早上皮包水，晚上水包皮。"说的是扬州人的生活习惯：皮包水，指上述的饮早茶；水包皮，则谓泡澡堂。扬州澡堂业兴旺，《望江南百调》咏曰："沐浴有跟池，扶掖随身人作杖，摩挲遍体客忘疲，香茗沁心脾。"[2]这是说洗澡与按摩同时进行，令人身心舒泰。笔者在20、21世纪之交在北京浴池所见搓澡业者多自称扬州人，大约是因扬州早年沐浴业发达从而形成后人的从业资源了。

扬州还有类似今日的足疗业，从业者对客人进行足部按摩，有修、捏、刮、出血诸名目，东台有修脚处，理发师亦兼理。[3]

戏曲重镇

扬州人喜爱戏曲。后人认为，乾嘉时期各地戏曲来扬州串演，令此地成为戏曲演出中心。扬州是徽班进京的准备场所、京剧的最初孕育地。[4]

1　李斗：《扬州画舫录》，中华书局，1980，第195页。
2　黄鼎铭：《望江南百调》，载《扬州地方文献丛刊》，广陵书社，2003，第1048页。
3　徐谦芳：《扬州风土记略》，载《扬州地方文献丛刊》，广陵书社，2003，第48页。
4　杜瑜弟：《扬州历史地理综论》，载《扬州研究——江都陈轶群先生百年冥诞纪念论文集》，台北联经出版公司，1996，第59页。

扬州作为两淮盐政所在地，盐院例养戏班，以备皇帝巡幸、官员应酬之用，是以扬州戏剧业发达。正如钱泳所说，"梨园演戏，高宗南巡时为最盛，而两淮盐务中尤为绝出。例蓄花雅两部，以备演唱"。[1]李斗讲，"两淮盐务例蓄花雅两部，以备大戏"；又指出花、雅之别："雅部即昆山腔；花部为京腔、秦腔、弋阳腔、梆子腔、罗罗腔、二黄调，统谓之乱弹。"[2]扬州昆曲居主流地位，昆腔班起始是商人徐尚志招苏州名伶组成老徐班，而后有大洪班、德音班，又征花部春台班，演大戏。人们看重昆腔，把演出称作堂戏。秦腔名伶魏长生（三儿）到扬城投奔布政使衔、总商——江春，演戏一出，被赠以千金，实为天价。[3]

扬州本地戏，属于乱弹类，戏文亦间用元人百种，音节服饰极为土气，谓之草台戏，演出于祷祀场合，名曰台戏，以旦角为正色，间以丑角，正、丑角搭伙。[4]

专业戏馆，仿自京师南城外（前门外）戏馆，有固乐园、阳春茶社、丰乐园。戏馆观众众多，林苏门形容其踊跃情形，"呼朋逐队观者如堵，细雨邪风坐稳身"。[5]戏院演出，不受风雨影响，看客稳坐欣赏剧目。

1　钱泳：《履园丛话》卷十二《演戏》，中华书局，1979，第332页。

2　李斗：《扬州画舫录》，中华书局，1980，第107页。

3　同上书，第122、125、131、132页。

4　同上书，第130、133页。

5　林苏门：《邗江三百吟》，广陵书社，2005，第108页。

曲艺门类颇多。评话，说演义故事，如吴天绪"三国志"、徐广如"东汉"。徐氏在成名之前，苦读汉魏文三年，故能吐属渊博文雅，为士大夫所欣赏。艺人浦琳，艺名皮五，自撰《清风闸故事》，演出"揣摩一时亡命小家妇女口吻气息"，闻者欢笑，感情随之变化。他还善于说笑话，演口技。[1]

扬州弹词（弦词）与苏州弹词，共为江南弹词的主流。[2]

打十番鼓，使用十种以上乐器，《望江南百调》云："扬州好，鼓乐十番多，豪竹分明如法曲，哀思婉转当清歌，缓急应云锣。"[3]说到打十番，不免想到《红楼梦》中写贾母带领子孙观赏的情形。

发达的书院教育

扬州有很多教育机构，大体上分府州县学、书院和义学三种。书院以设在郡城的安定、梅花和设在仪征的乐仪三间最为著名。扬州府、两淮盐政皆倡导书院建设，盐商出力最多。书院院长（山长）皆饱学之士，培养出大量人才，成为扬州文化城市的重要内涵和标志。[4]

1　李斗：《扬州画舫录》，中华书局，1980，第205、258页。

2　参阅严岚：《悲欢离合胸中记　只在三弦一拨间——写在〈扬州弹词·审刁案〉出版之际》，《古籍新书报》第95期，2010年7月28日。

3　黄鼎铭：《望江南百调》，载《扬州地方文献丛刊》，广陵书社，2003，第1055页。

4　关于扬州安定、梅花、乐仪书院师资、办学及效果的详情，笔者在《扬州盐商兴办文化教育事业》有所说明，这里从略，该文收入拙作《清代社会日常生活》，中国工人出版社，2021。

前面介绍多了，乾隆间扬州人生活的其他方面就不去阐述了。从上面所说的事情，想来读者已不乏了解。下面我们就简单道及扬州人引领时尚的缘由。

政、商结合的机遇造成扬州的一时兴旺

三种因素结合形成的生活方式和消费时尚

康熙帝、乾隆帝各六次南巡，扬州盐商（徽商、山陕之西商）报效，营建行宫，供皇帝驻跸。皇帝巡幸杭州、苏州、江宁之后，返程在扬州驻跸数日，如康熙帝给随从臣工、奴才放假，官员于是大肆采购，甚至包括女奴，从而大大促进了扬州的商业兴盛。对于热心报效的大盐商，皇帝驾临其花园，赐予匾额，而后徽商进京，参与臣工对皇太后的祝嘏、千叟宴等盛大活动。报效甚多的徽商，常常得到皇帝的青睐，被赐予职衔，如总商江春得到乾隆帝欢心，出席皇家千叟宴，被赐布政使职衔，是所谓布衣而与天子交游者。皇帝希望见到歌舞升平的盛世景象，盐商有钱挥洒，承担争奇斗艳的消费，从而获得乾隆皇帝的赞赏："富庶从来说广陵，满城丝管映街灯。"

扬州是两淮盐政所在地，盐是官卖品，盐税是清政府重要的税收来源之一，嘉庆间监修《扬州府志》的两淮盐政阿克当

阿，谓扬州"盐荚之利，邦赋攸赖"[1]。这表明盐利不仅对扬州，更对国家财政有重大意义。两淮盐官拨出部分官银补助扬州兴办书院，颇有成就。盐利之巨，成为盐商奢靡生活的基本条件，暴富者效仿上流社会生活方式——学雅，各方面消费激增；食盐系官方控制销售，皇帝南巡享受盐商的报效，视为当然，促成盐商的奢华。华靡成风，下层社会效仿，于是愈演愈烈。正是皇帝驾临、盐商报效、盐政助兴三种因素促成扬州在乾隆年间引领生活方式的潮流。

含有政治因素形成的奢华城市不能持久，扬州引领的时尚光辉难以为继

阿克当阿的同僚德庆宗在《重修扬州府志》《序》中写道"东南三大政，曰漕，曰盐，曰河，广陵本盐荚要区，北距河淮，乃转输之咽吭，实兼三者之难，其视江南北他郡尤雄剧。"[2]这说明了扬州在盐政、漕政、河政中的重要地位。扬州繁荣的基本原因离不开盐利和盐政，这是人们的共识；但这种优越条件在嘉道之后逐渐消失了。漕粮运输道路由运河改道东海、黄海、渤海航运，扬州遂失去漕运之利；道光间两江总督改变淮盐管理方法，徽商渐失其利，奢华生活自然无以为继。

1　嘉庆《重修扬州府志》阿克当阿《序》。
2　嘉庆《重修扬州府志》德庆《序》。

清前期扬州徽商主导的
诗文会

　　清代人们有"无徽不成镇"之说，意思是因徽商的到来，城镇就形成了、兴旺了。徽商还有一个特点，就是被艳称的"贾而好儒"，他们重视文化、追求功名。富商大贾之家往往成为"绅商"，乐于赞助士人，士人也乐于同绅商为伍。这里不妨就来说一说扬州绅商与士人合作的诗文会，但在具体叙述之前，笔者先介绍绅商马曰琯家族为乾隆帝修书、捐献图书及其所得的荣誉。

　　扬州徽商马曰琯、马曰璐兄弟设有小玲珑山馆藏书楼，藏书丰富，编辑出《丛书楼目录》。乾隆朝编修《四库全书》，马曰琯儿子——马裕进呈可备采摘的图书七百七十六种，内有多种宋版书，从而获得乾隆帝嘉奖，被赐予《古今图书集成》《平定伊犁御制诗》《平定金川御制诗》等书。[1] 同时期的江浙藏书家为朝

1　李斗:《扬州画舫录》，中华书局，1980，第88页。

廷修《四库全书》纷纷献书，乾隆帝嘉许，特在扬州建立文汇阁、杭州设文澜阁、镇江建文宗阁，赐书《古今图书集成》及四库全书馆藏书的抄本——《四库全书》，允许士子到阁借阅。"文汇阁"之名亦为乾隆帝钦赐。在扬州任安定书院院长的国子监祭酒吴锡麒创作《广陵赋》，特意写道："独不见圣天子之惠我儒生乎？度恢宏而建阁，被'文汇'之嘉名。"[1]

　　扬州徽商主导的诗文会，由具有较高文化素养的徽州绅商主持并出资，招来四方文人雅士和幕宾，研究学术和文艺，举办歌咏宴会，出版诗集。"扬州诗文之会，以马氏小玲珑山馆、程氏篠园及郑氏休园为最盛。"小玲珑山馆是马曰琯、马曰璐兄弟的，前述藏书事已有所道及。马曰琯为诸生，"好学博古，考校文艺评骘史传，旁逮金石文字"，著有《沙河逸老诗集》，他本人就是一位力学的学者；在康熙帝南巡时被两次赐予御书和满人食品的克食，后来进宫为皇太后祝寿。马曰璐，工诗，著作《南斋集》，不乐仕宦，因而拒绝博学宏词科的召试。马曰琯、马曰璐兄弟二人被人称为"扬州二马"。小玲珑山馆拥有两栋藏书楼，马氏兄弟热情接待士人，研讨诗文，"所与游皆当世名家，四方之士过之，适馆授餐，终身无倦色"。[2]如"浙西词派"的中坚人物——厉鹗，诗文颇受名家欣赏，"搜奇嗜博，馆于扬

1　同治《续纂扬州府志》卷二三《艺文志上》。
2　李斗：《扬州画舫录》，中华书局，1980，第86页。

州马曰琯小玲珑山馆者数年，肆意探讨，所见宋人集最多，而又求之诗话、说部、山经、地制，为《宋诗纪事》一百卷、《南宋院画录》八卷"。马曰琯对厉鹗多方照顾，特辟住宅为他纳妾；及至他回乡亡故，又为他设位祭奠。[1]马氏家族所藏图书，可以想见是厉鹗等名士帮助搜求的。

　　绅商程梦星的延聘文士与马氏共享盛名。他延揽的文化名家有：韦谦恒，探花出身，程氏"于家中构玉山心室，延之校书"；常客之一陈撰，中乾隆博学宏词科；盛唐，布衣，工书，"馆于篠园最久"；张铨，诸生，喜游山水，足迹遍天下，精于鉴别古人书画，在程氏处绘画扬州二十四景及金、焦二山图画。宾客栖息之所——程家篠园，营建于康熙末年，园内外百数十亩，建设有多处亭榭花圃，有荷花池和水榭的今有堂，梅园及亭的修到亭，种植芙蓉养蓄水鸟的月牙形池，竹丛中可眺可咏的来雨阁，三十株老桂树的桂坪，花药古松的馆松庵。[2]程梦星本人"于艺事无所不能，尤工书画弹琴，肆情吟咏"，每当园花报放之时，辄与友朋同赏，作诗文之会，"以是推为一时风雅之宗"，负有时望，"江淮冠盖之衔，往来投赠殆无虚日"；[3]招徕之众，可以想见。

1　《清史列传》第 18 册，卷七一《厉鹗传》，中华书局，1987，第 5833 页。

2　李斗：《扬州画舫录》，中华书局，1980，第 22、343 页。

3　嘉庆《江都县续志》卷六《人物》，"中国万志丛书"本华中地方第 394 号第 1 册，台北成文出版公司，第 197 页。

贺君召建成"贺园十二景"，接待四方宾客游览，两淮盐政准泰为其春玉堂题额"襟怀顿爽"，尚书、书法大家张照则题联："万树琪花千圃药，一庄修竹半床书。"乾隆十一年（1746），贺氏大会宾客，蓄墨数升，供客人题咏，当日以千计。贺君召汇集游人题咏诗词，成《东园题咏》一书。[1]

布政使职衔、总商江春，诸生出身，工制艺，精于诗，迎接乾隆帝南巡，报效甚多，讨得君主欢心，出席皇家千叟宴，被赐布政使职衔。他广结宾客，建随月读书楼，请人选时文付梓行世，为士子应试读物，名《随月读书楼时文》。他去世后，每日来祭灵而不报姓名的有十多人，所以有人将他比作孟尝君。

绅商主办的诗会，先订会期，届时在园中设置若干条案，每案供一人使用，案上放置纸笔墨砚和水注，诗韵，茶壶茶碗，菓合、茶食合。诗牌，是象牙制品，一寸半见方，每人分得数十字，或百余字，凑集成诗，最难工妙。与会者诗成，即行刻印，次日送各人欣赏，在三日内若有改动，则重新刻印。马曰琯为此刊有《韩江雅集》。每会，备有极为珍美食品。听曲，先在陋室听老艺人奏曲，次后在豪华露厅观赏妙龄男女艺人演奏。所作之诗，至乾隆末年仍在流传，有大学者汪中的"叶脱辞穷巷，莲衰埽半湖"，张四科的"舟棹恐随风引去，楼台疑是气嘘

1　李斗：《扬州画舫录》，中华书局，1980，第317~324页。

成"。[1] 在诗会进行中，与会者的歌咏就能刻印出来，以便修改定稿，既反映与会者的认真态度和主人的不惜花费，更表明扬州发达的刻印业助成诗会雅集。这在其他地方几乎是不可能做到的，基于此，笔者便说说扬州发达的刻印业。

清代扬州是刻书业重镇。早在康熙年间，两淮盐政、江宁织造、《红楼梦》作者曹雪芹的祖父——曹寅奉命在扬州编印《全唐诗》，印制类书《渊鉴类函》《律吕正义》等巨著。他刻板技艺高超且精益求精，边刻印边进呈康熙帝御览，皇帝满意则继续雕版；曹寅另刻有关艺术史方面的书籍十二种。[2] 马曰琯刻印小学类图籍说文、广韵、玉篇、字鉴等，被称作"马版"。[3] 乾隆四十二年（1777），两淮盐政伊龄阿奉旨于扬州设局修改曲剧，四年事竣，总校黄文赐，分校凌廷堪。[4] 嘉庆帝下令编印《全唐文》，在扬州设淮南书局刊刻，同时刻印《明鉴》。[5] 当地人印书，或盐商为外地学者刻书，也是屡见不鲜之事。如马曰琯为康熙朝"博学鸿词科"中试的名士——朱彝尊梓刻《经义考》；[6] 进士出身的程鉴辞官后，"选定明代及本朝古文，次第付梓"，因少年时代与桐城派开创人方苞接近，为其刊刻《望溪全

1　李斗：《扬州画舫录》，中华书局，1980，第 180 页。
2　同上书，第 51 页。
3　同上书，第 88 页。
4　同上书，第 197 页。
5　同上书，第 29 页。
6　同上书，第 88 页。

集》。[1] 总商鲍志道，幼时读《论语》《孟子》，无善本，发迹后细加校正付梓，藏诸家塾。20世纪六七十年代，扬州有广陵古籍刻印社，出版线装名贵古籍，是其时全国唯一的线装图书出版社，便是继承清代扬州出版事业的传统。

1　嘉庆《江都县续志》卷六《人物》，"中国方志丛书"本华中地方第394号第1册，台北成文出版公司，第197页。

清代江南人在商品经济发展中
"末富观"显露端倪

　　说到江南，首先要明确它的地理和经济区概念。清朝于顺治初年设立江南省，辖今江苏、安徽二省之地，康熙六年（1667）正式建立安徽省，原江南省改名江苏省。本文所讲的江南，指苏、皖分省后江苏省所辖的长江以南地区，即江宁府、镇江府、苏州府、松江府、常州府和太仓直隶州等五府一州地方。如今学术界从经济史观，把江南区域扩展到浙江杭嘉湖等地，但本文的叙述仍限于江苏南部地区。

　　江南是明清时期商品经济最发达的地区。清代前期江南地区的商品经济有了较明显的发展，商品生产在农业和丝棉织业中都有了增长，市场交易随之发展，人们的消费也在上升，虽然人们的观念形态对变化着的经济形势反映得要慢一些，不过"末富观"在民间已悄然兴起。

　　重农抑商的本末观，千百年来相传。江南丝棉织业的发展，是所谓工商末业的兴盛；植棉业虽属于农业，但依当时统治者的观念，因其不生产粮食，也被当作末业：所以江南经济是"末业"的发展，它的繁盛被人视作"是末富，非本富"[1]。确实，就人们的谋生之道来说，"人心趋末富，其权加本富之上"[2]。但是，重本抑末的观念是否因而有所改变呢？就笔者所见资料，不仅在康雍乾时期，即使在稍后的一段时间内，传统的重农轻商思想还是在支配着人们。乾隆五十五年（1790），状元、苏州吴县人——石韫玉在《放舟吴淞》的诗中咏道："愿依芦荻移家住，漫说江湖破浪行。此去吴淞三百里，有田决计便归耕。"[3]这是仕而归农的思想，而且想把仕和农结合起来。约在乾隆年间，苏州吴江分湖人——袁璇因家道中落，弃儒经商，发财后，"买田分湖上，筑室种树，课子弟力耕，农隙课之读书，其不耕者仍遣服贾，贾还复读，不数年而贾者耕者接踵入泮矣"。[4]这是耕、读、贾三者结合，而归之于读，是"以末起家，以本守之"论者的内容体现。在常州武进城里有个开豆腐店的张金麟，一天对家人说："吾在城数十年，饱食暖衣，农务荒矣，图目前之安，而不思经久之计，非所以贻后人也。"他于是下乡"创置田园，建造房屋"，把妻与子打发回乡耕读，其年

1　冯桂芬：《显志堂稿》卷九《请减苏松太浮粮疏》。

2　包世臣：《齐民四术序》，载《安吴四种》，道光二十四年（1844）南京仙游阁刊本、台北文海出版社《近代中国史料丛刊》本。

3　石韫玉：《独学庐初稿》卷一。

4　柳树芳：《分湖小识》卷二《人物》。

老也返回乡里。[1]一个豆腐坊的小本经营者，在经济比较稳定时期尚且为预防亏本而留后手，富商大贾为预防因经营不善而顷刻荡家，当然更要购置田产，以便败而有所归。就是这个原因，江宁、上元两县的人"重本富，期久远"[2]。常州江阴"大率商贾习俗，富则教子弟读书。"[3]金匮（今无锡）人钱泳主张："凡买产业，自当以田地为上，市廛次之，典与铺又次之。"[4]究其原因就是田园为务本的产业，店铺是从事工商的末业。末业虽然给江南人民的生活带来好处，给这个地区的经济带来繁荣，但是鄙视工商的观念依然占据支配地位，可见要产生一种新的观念是极其不容易的，它不可能因经济基础的某些变革而立刻发生相应的较大变化。

就主流意识而言，本末业的观念是如此；但江南商品经济的发展，对人们的思想也非一无影响。特别是在民间，一般人对金钱的看法发生了值得注意的变化。乾隆时武进人钱惟诚说："今不重布帛菽粟而重金钱。"[5]这就是说，在一部分人中把货币看得比粮食、布帛还重要，因为"得金不患无粟"[6]，金钱是真正

1　《毗陵城南张氏宗谱》卷四《金麟张公传》。

2　莫祥芝：同治《上元江宁两县志》卷七《食货》。

3　李兆洛：道光《江阴县志》卷九《风俗》。

4　钱泳：《履园丛话》卷七《产业》，中华书局，1979，第 187 页。

5　魏源编《皇朝经世文编》卷一一《养民论》，上海广百宋斋校印本、1992 年中华书局《清经世文编》版。

6　魏源编《皇朝经世文编》卷二八钦善《松问》，上海广百宋斋校印本、1992 年中华书局《清经世文编》版。

可以挡饥挡寒的，货币势力增大了。钱泳记叙过一个故事："吾乡有富翁，最喜作刻薄语，尝谓人曰：'钱财，吾使役也；百工技艺，吾子孙也；官吏缙绅，亦吾子孙也。'有人诘之者，富翁答曰：'吾以钱财役诸子孙，焉有不顺命者乎？'语虽刻薄，而切中人情。"[1] 人情以钱财为贵，是进一步认识到货币的威力。引文中的富翁深知有了金钱可以购买百工技艺的生产品，可以驱使官吏缙绅为他办事。钱可通神，人们对此早有所知，清代江南商品经济的进一步发展使作为交换媒介的货币，其作用进一步显示出来，因而人们加深了对它的重视和追求。这是"末富观"悄然兴起的表现。

当然了，清代前期的江南民间对货币作用的认识也还是有限的，对比一下同时代西方人的观念就可以看得更清楚了。在已经发展了资本主义商业的法国，作家巴尔扎克在《欧也妮·葛朗台》中写道："钱像人一样是活的，会动的，它会来，会去，会流汗，会生产。"他又写道："金钱控制法律，控制政治，控制风俗，到了前所未有的程度。"人有了金钱，可以开办工厂，雇佣工人，制造商品，增值新的财富，其对金钱"会生产"的深刻认识比清代江南人的见识显然高了一筹。究其原因，乃是金钱在法国仿佛已经控制了一切，或者如同巴尔扎克所说："法力无边的财神，现代人的上帝。"金钱在清代中国的江南还没有取得这个地位，人们自然也不能有巴尔扎克那样的认识。

---

[1] 钱泳：《履园丛话》卷七《刻薄》，中华书局，1979，第 197 页。

吴汝纶的问诊西医及为建立
西医学校的努力

　　吴汝纶（1840—1903），安徽桐城人，同治四年（1865）进士，授内阁中书，先后为曾国藩、李鸿章幕宾，历任直隶深州、冀州知州，保定莲池书院山长。光绪二十八年（1902），他以北京大学总教习身份受清朝学部派遣赴日本考察教育，就留意西医教育。他前往医学堂、医院参观，出席医学家集会，访问学者和官员时交谈医学教育，将心得写进日记，并写信告诉友人和学部大臣——张百熙，特别在《东游丛录》作出专题报告，并收入《吴汝纶全集》[1]（以下称《全集》）。笔者依据吴氏《全集》（含有附录之吴氏传记、行状等文章）的资料，描述他对西医的推崇、对中医的批评和个人与家属就诊西医的活动，并探讨他推介西医的历史意义。

1　吴汝纶：《吴汝纶全集》，施培毅、徐寿凯校点，黄山书社，2002。

图 2-2　张百熙画像

在 18 世纪末至 20 世纪中叶中医命运的巨大变化中，吴汝纶是反中医崇西医的弄潮者。他于光绪十九年（1893）明确表示"笃信西医"，[1] 主张开创西医学院，培养西医医生。十年后的光绪二十九年（1903）正月初，他在家乡桐城筹办学堂，不幸积劳成疾，病笃之际，拒绝中医诊视，派人到安庆请西医诊疗；日本学人、略知西医的早川新次陪同美国医生闻生前来诊治，然而西医对他的病情束手无策，眼见他撒手尘寰。[2] 仅此一事，足以显现吴氏宗奉西医、厌弃中医的鲜明态度，其所宣称的"笃信西医"丝毫不爽。

1　吴汝纶:《吴汝纶全集》第 3 册，施培毅、徐寿凯校点，黄山书社，2002，第 70 页。
2　早川新次:《在安庆寄邦人书》，载吴汝纶:《吴汝纶全集》，施培毅、徐寿凯校点，黄山书社，2002，第 1166 页。

热忱提倡西医，抨击社会对西医的误解

吴氏和家属信任西医，劝谏友人改从西医

前文已介绍了吴汝纶自己至死聘请西医诊病，其子闿生患结核病，他请日本军医（即西医）冈柴治疗[1]，又征询从美国回来的罗大夫及应系洋人的阿大夫意见，令闿生坚持休养[2]。

肖敬甫久服中药而不见效，光绪十七年（1891），吴氏在信中说他"宁为中医所误，不肯一试西医，殊可悼叹"，进而劝他改从西医："执事久客上海，宜其耳目开拓，不迷所行，奈何顾久留病魔，不一往问西医耶！"[3]吴季白之侄，听了吴氏的话请西医治病，后到京城，吴氏于十八年（1892）九月劝导他继续用西医，给吴季白信云："令侄还京后，幸尚就西医治之，可望复壮，勿听他人沮败也。"[4]次年三月，因不知对方是否服用西药，写信询问，并指责吴季白医学观念守旧，不读西医书籍，对西医信不过，要求他尝试"游移不自信之术"的西医。[5]同年，写信给居住在直隶鸡泽县的王西渠，因其父体弱失眠，建议改

---

1 《送日本军医柴冈先生归国》，载吴汝纶：《吴汝纶全集》第 1 册，施培毅、徐寿凯校点，黄山书社，2002，第 444 页。

2 吴汝纶：《吴汝纶全集》第 3 册，施培毅、徐寿凯校点，黄山书社，2002，第 573、577 页。

3 同上书，第 55 页。

4 同上书，第 62 页。

5 同上书，第 69 页。

变迷信中医的态度，到天津洋行购买西药（西洋补药）服食。[1]
何豹丞身体羸弱，吴氏特地向他推荐在北京熟识的美国医生满
乐道，要他去找满乐道诊治。[2] 贾绂臣听从吴汝纶的劝告，用西
医治好疾病。[3] 吴氏学生王某体弱多病，吴氏命他吃西药，颇见
功效。[4]

吴氏宣传西医，劝导于人，甚至采取责骂态度逼迫对方遵
从，如谓信中医的吴季白："执事于医学，所见如此肤浅，劝君
且止此事，但可作举子业，今年取乡荐，明年入馆选，岂非用
君所长乎! 医道一事，从此闭口勿言可也。"[5] 又如给姚叔节的信
中说："不信西医者，皆庸人也。"[6] 他采取这样激烈的态度，似
乎有失敦厚之道，乃因他感到中医传统之强势，故推广西医得
清除社会的阻力。

吴氏多方面宣传西医，以便国人接受

吴氏认为，对西医已然在世界和中国流行的形势应当有认
识。他在光绪十九年（1893）说，"近日五洲医学之盛"[7]，使得中

1　吴汝纶:《吴汝纶全集》第 3 册，施培毅、徐寿凯校点，黄山书社，2002，
第 70 页。
2　同上书，第 156 页。
3　同上书，第 141 页。
4　同上书，第 179 页。
5　同上书，第 78 页。
6　同上书，第 110 页。
7　同上书，第 69 页。

医一钱不值。在此前二年，吴氏认为西医已在中国流行，故云其时"西医盛行"。[1]1901 年又针对湖广总督张之洞的西医不合风土人情说法批评道："西医在中国行术者六十余年矣，何尝有'不习风土'之患？"[2]

吴氏以治愈病人为例介绍西医，因贾绂臣用西医收效，希望"自此京城及畿南士大夫，庶渐知西术之不谬"。[3]

吴氏认为用西医则须笃信之，不可将信将疑。所谓"以信医为第一义，一起居，一服食，无不惟医之从"，这样医者亦愿诊治，故能生效。[4]他要求养病的儿子"一切惟（西）医之言是听"。[5]

吴氏认为非痼疾均可以光顾西医，始能相信西医。1891 年云西医对"非劳瘵痼疾，决无延久不瘥之事"。[6]

吴氏劝人化除积习和成见："中国读书仕宦之家，安其所习，（对西医）毁所不见。"

吴氏提出对西医书籍应持欢迎态度。[7]他劝人阅读西医书

1　吴汝纶:《吴汝纶全集》第 3 册，施培毅、徐寿凯校点，黄山书社，2002，第 55 页。
2　吴汝纶:《吴汝纶全集》第 4 册，施培毅、徐寿凯校点，黄山书社，2002，第 456 页。
3　吴汝纶:《吴汝纶全集》第 3 册，施培毅、徐寿凯校点，黄山书社，2002，第 141 页。
4　同上书，第 568 页。
5　同上书，第 591 页。
6　同上书，第 55 页。
7　同上书，第 141 页。

籍，谓"近今西医书之译刻者不少"，不读是不求上进。[1] "尊体羸弱，宜略阅西医书，稍明养身之法。"[2] 有人认为不通德文不能翻译医书，如今所译之书是糟粕，吴氏则云英文通行各国，法文尤精，懂英法两种文字即可，无须一定要用德文，而现在所译的书皆有用之书，即使是糟粕，也可先用，再谋求翻译精辟之书。[3]

吴氏抨击中医

吴氏认为中医从业者自私自利："用医术为生计者，又唯恐西医一行，则己顿失大利，以此朋党排摈，而不知其误人至死者，不可胜数也。"[4]

吴氏使用中西医对比的方法贬低中医，提倡西医。吴汝纶常常进行这种比较，他不止一次地讲"中医之不如西医，若贲育之与童子"[5]，以为两者功效差别是一天一地，让人唾弃中医而信奉西医。

1　吴汝纶:《吴汝纶全集》第 3 册，施培毅、徐寿凯校点，黄山书社，2002，第 69 页。

2　同上书，第 156 页。

3　同上书，第 78 页。

4　同上书，第 141 页。

5　同上书，第 145 页。

对西医科学的认知和创建医学院校、学堂卫生法设想

吴汝纶的提倡西医，是建立在对西医学正确认识的基础上，是理性的而非感性的。他对此不只停留在认识上，更希望建设西医学校，培养西医，造福病人；同时在学堂实行"卫生法"，提高学生体质。他务实，同时具有更高的思想境界，即以提倡西医学，推介西学，促进国家开化（近代化）。

吴汝纶从三个方面认识西医的科学性

在吴汝纶的时代，即使相信西医的科学之处和真正价值者，其认识也是不完全的、有限的。吴汝纶与在北京、天津、保定的西洋医生、华人西医及懂得医术的传教士交游，特别是阅览一些有关西医的书籍和手册，如《妇婴新说》[1]《省身指掌》[2]《西医大成》[3] 等，因而对西医有所了解，并在与友人的书信中进行交流。他在光绪二十三年（1897）说的这一番话，大约表现出他的总体认识："西医考核脏腑血脉的有据；推论病形，绝无影响之谈；其药品，又多化学家所定，百用百效。"[4] 但他对西医科学所能理解的、感受到的，或者说能表达出来的，主要在下述三个方面。

1　吴汝纶:《吴汝纶全集》第 3 册，施培毅、徐寿凯校点，黄山书社，2002，第 254 页。
2　同上书，第 268 页。
3　同上书，第 52 页。
4　同上书，第 141 页。

一是学理、病理清晰准确。吴氏说西医"理精凿而法简捷"，而中医则是"含混医术"。[1] 这种"精凿"与"含混"的对比，是说西医学理精确，也就是现代所说的西医是科学，是有理论的，是用理论来论证病情，可以准确无误地剖析病人所患为何种疾病及应该如何治疗。吴氏以人们常说的头痛病来说明西医分析得精到：有人头痛，每发辄椎床呼号，此病中医不知其故，西医书则称其脑气受累所致。缘脑气所以受累者，则因人之聪明知慧皆出于脑，每日用功，必有休息闲适之时，然后脑不受累；若才力不及，而强令完课，竭蹶不遑，脑必累而成病。[2]

二是诊治方法简明而科学。吴氏在没有参观西医剖腹截肢手术之前，知道西医使用听诊器检查病状，确定病名，对症下药，相比于中医的切脉，他认为西医的操作简单可信。他就西医诊治肺病，说"用闻症筒细心审听，决为可治，乃足信耳"。[3] 意思是医生通过听诊器细心诊断，认为肺病的程度仍可治疗，才会给药及提出养病建议，病人也因此信任医生的处断。诊断认真，且为不可缺少的环节，否则不给治疗，所谓"西医不见病人，不肯给药"。[4] 吴氏还知道西医通过 X 光镜为病人作检查。

1　吴汝纶：《吴汝纶全集》第 3 册，施培毅、徐寿凯校点，黄山书社，2002，第 55 页。
2　同上书，第 179 页。
3　同上书，第 287 页。
4　同上书，第 586 页。

李鸿章在《马关条约》签订时遇刺中弹，吴氏写信慰问，并询问治疗情况："面部所被子弹，闻用西医新法，照见留藏处所，曾否用法除去，果以毋庸过问，至为私系。"[1]

三是药品因科学研制而富有疗效。吴氏说"西医研精物理"[2]，深知物性，研制出医药产品，故而对治病有效。他为此将化学家与治药连为一体，如说"制药，化学家事也"[3]，以及前述药品多化学家所定。说到"学家"，意味着科学，令人信服；比如国人深信燕窝为最有价值的营养补品，而吴氏说西医通过研究得知，从骆驼粪便提炼出的阿磨利亚、树生的阿磨利亚和鹿茸的功力相等，而价格便宜百倍，同时它们的补力都很小，西医并不采用。[4]

建设西医学堂的思考

吴汝纶相信西医，但医生从哪里来？吴汝纶在国内阅读西方和西医书籍，结交洋医生，应当对西医学院有所耳闻，如他于光绪二十七年（1901）阅览沈敦和辑译的《英法俄德四国志略》，得知德国设有大学院，其医学有六门类，为核全体骨窍肉筋血液管脑气，论各经功用，论病源，论药品，论配制，论胎

1　吴汝纶：《吴汝纶全集》第 3 册，施培毅、徐寿凯校点，黄山书社，2002，第 124 页。
2　同上书，第 257 页。
3　同上书，第 704 页。
4　同上书，第 257 页。

产。[1] 及至 1902 年到日本考察教育，他留意于西医教育，已如前述。从他写进日记的心得、给管学大臣张百熙和友人的函件及《东游丛录》的内容，可了解他对建设西医院校的识见。

医学在学科分类中为专门之学。吴氏获知西方学术界将学术区分为三大类，即自然科学、社会科学和心理科学。自然科学里的二类学科有材料学科，其下有性态科学，实即医学，内涵生理学、组织学（凡人物身体之构造，骨骼之结合，研其效用，谓之组织学）、病理学、卫生学。[2] 由此可知医学是一种专门学问，医学教育也就是一种专门教育。在日本，中学毕业可以进入专门学校，包括进入医学堂。

日本医学院校的建制和学制。医科学校有两种，由国家设立的为医科专门学校，归文部省管辖，经费出自中央政府；由府县设立的名曰医学校，经费由府县筹备。[3] 医学校分为二科，一为医学，另一为药学。医科学业年限系四年，药科则为三年。[4] 教员，在专门学校分为两种，即教授和助教授，前者系奏任职务，后者为判任职[5]；在医学校，亦分两种职务，曰教谕、

1　吴汝纶：《吴汝纶全集》第 4 册，施培毅、徐寿凯校点，黄山书社，2002，第 667 页。
2　同上书，第 548 页。
3　吴汝纶：《吴汝纶全集》第 3 册，施培毅、徐寿凯校点，黄山书社，2002，第 664 页。
4　同上书，第 657 页。
5　同上书，第 666 页。

助教谕，也分别是奏任、判任[1]。大学医学部的教习，多延聘荷兰、英国和德国学人。[2]教学设备，除了教室、宿舍、餐厅，重要的是实验室，如病理标本室、解剖标本室、验药室、制药处、考验（化验）毒物室、生理化学室、生理室、眼科解剖标本室，附属医院和病房。[3]课程，开设有生理学课程。上课以外，还有实习。[4]学生，中学毕业生可以直接进入医学校，而入专门学校则要经过考试录取。学生均须缴纳膳食费。府县医学校卒业，即可行医。[5]

特别关注于法医。吴氏云："所心服者，尤在法医。法医者，检视生死伤病，以出入囚罪，近年问刑衙门获益尤多。吾国所凭《洗冤录》、仵作等，直儿戏耳。"[6]他又云："（法医）吾国所急宜讲求者。"[7]

设计学堂卫生法

吴氏将学堂卫生看作第一等事。他所理解的卫生，是将体育（体操）视为生理卫生的重要内容，纳入教学课程；制定学

---

1 吴汝纶:《吴汝纶全集》第3册，施培毅、徐寿凯校点，黄山书社，2002，第664页。

2 同上书，第779页。

3 同上书，第703、717页。

4 同上书，第766页。

5 同上书，第664页。

6 同上书，第396页。

7 同上书，第716页。

校清洁卫生法规；主张设立校医。

卫生为教育根本的识见。吴氏得知"外国学堂以卫生为第一义"[1]，而且"现今以卫生为教育根本，已成世界之公论"，"西洋各国学校中皆有卫生之学"。何以卫生能成为教育根本？吴氏认为学堂卫生有三个必要，也有三种收益：使学生身体健壮，足以胜任工作；体健能够令人有精力发挥才智，创造财富，使得国家富足；体壮能够精神刚毅，义勇奉公，是国家兵力强大的条件。[2] 吴氏这样把富国强兵同卫生联系起来，自然将卫生教育放在重要地位了。

学堂清洁法。吴氏请人将日本学校实施的清洁法译成中文，预备在他筹办的学堂中实行。他对此不是原文照搬，而是加上自己的见解。如大扫除，日本原定每年一次，他觉得太少，改为每年二至三次；又如禁止吐痰一条，他特别加写"此各国所兢兢也"。[3] 清洁法规则分三个方面，为日常清洁法、定期清洁法和校园被水后清洁法。其日常清洁法有九项：一、教室、宿舍每日洒水打扫，擦拭用具，开窗户，洒水而不能使室内潮湿；二、教室、宿舍备字纸篓、痰盂，不得乱扔废纸及随地吐痰；

1　吴汝纶：《吴汝纶全集》第3册，施培毅、徐寿凯校点，黄山书社，2002，第591页。
2　同上书，第671页。
3　吴汝纶：《吴汝纶全集》第4册，施培毅、徐寿凯校点，黄山书社，2002，第1166页。

三、宿舍预备鞋帽刷子，学生出入应该刷拭；四、衣服被褥时常曝晒和洗涤，每月最少一次；五、便所每日清洗，粪缸撒布防臭药；六、食堂、厨房、浴室、盥漱室时常打扫，开窗通风，清除臭气；七、垃圾及时搬运出去；八、水沟经常疏通；九、庭园、操场、廊檐下亦需保持清洁。定期清洁法不再说明，其水后清洁，是为防制湿气。[1]

　　体操课程的设置。吴氏批评儿子闿生不懂得体育的重要："体育为学校中一要义，各国皆讲求此事，汝独不能，是仍中国旧见。"[2] 表明他知道重视体育乃世界潮流，国人要能跟上，必须破除传统观念——以为体能活动不是读书人的事情。他强调，体育不只是学生个人的事，而是关系着国家的富强。日本体育会体操学校的松井次郎兵卫给吴氏信中讲述体育的好处是：体育令人身体健壮、精神旺盛，"则文教可兴，武备可精，殖产兴业可以隆盛焉。果然，则富国强兵之策，全存于兹"。[3] 这封信，吴氏收入所著《东游丛录》中，表达出对其观点的重视和赞同。

　　校医的设置。日本学校设有校医，在 1902 年吴汝纶考察之时，公立学校有校医七千余人。校医的一项任务是调查学生的

1　吴汝纶：《吴汝纶全集》第 4 册，施培毅、徐寿凯校点，黄山书社，2002，第 722 页。
2　吴汝纶：《吴汝纶全集》第 3 册，施培毅、徐寿凯校点，黄山书社，2002，第 603 页。
3　同上书，第 750 页。

体格，一年两次，所谓调查，即体格检查，并写出报告，说明学生现时身体强弱，比较当年与前年的体质变化。报告送交文部省，以便修改学生的课程数量，保障学生的健康。[1]

其他方面，吴氏亦多有关注，如教室采光，课堂桌椅高度与学生身材的配合等。[2]另外，个人卫生方面，他强调注意仪表整洁，比如教导作为学生的儿子，身体宜修洁，囚首垢面而谈诗书令人讨厌，以后八日一剃发，三日一洗澡才好。[3]

以上介绍了吴汝纶设计的整套学堂卫生规则：学校开设体育课、生理卫生课，建置校医室，实行清洁卫生法。以笔者的亲身经历，20世纪40年代在农村上私塾，在大城市读高小、进初中。私塾还是老规矩，不必说没有体育课和课外活动，就连去厕所也被要求拿牌子并及时回到书房，随地吐痰、擤鼻涕更是常见现象；而大城市的学校就大不同了，教室放有废纸篓、痰盂，每天有值日生做清洁，另有定期大扫除，体育课之外，高小打垒球，初中打篮球。而今回想起来，能在这样的现代学校学习，真是幸运，而这是受现代教育推行者之赐，是吴汝纶等人的现代教育思想为世人所接受的结果，在很大程度上可以说是受吴汝纶之赐。因此笔者对他怀有感激之情。

1　吴汝纶：《吴汝纶全集》第3册，施培毅、徐寿凯校点，黄山书社，2002，第670页。
2　同上书，第733页。
3　同上书，第576页。

为中国"开化"（近代化）而倡导西医

吴氏提倡西医和西医学，直观上看他是要用西医取代中医，但是事情不是这样简单，而是反映了中国对西学的接受和近代化的进程，包括近代教育。他在直接给张百熙的书信及由他人转达的函件中，介绍了他在日本耳闻目睹关于西医重要性的言论，如日本政要文部大臣菊池、外务大臣小村、长冈子爵、近卫公爵等，医学家同仁会均讲说兴办西医的意义，他之所以不厌其烦地转述这些言论，是怕中国政坛"以医为无甚关系，故具书此间所闻，以备张（百熙）尚书采摘"。[1] 他认为西医为开化之端，所谓"医学为开化至要"[2]，日本"文明之化，自医学开始"[3]。开化是针对文明而言的，文明是近代文明，吴氏认为中国要走出古代的不开化，走向近代文明，就要以学西医为起手办法、为开端。

西医促进中国西学的发展。学习西医，就要联络西人，从而成为加强西学东渐的一种门径。而习西学，是立国之本。吴氏在研经会招待席上致答词："今时国无西学，不足自立。下走（自我谦称）东来，仰求师法，实欲取长补短，以求自列于群集竞存之场。"[4] 用现在的话就是说，学习西方，使中国走近代化的

---

1 吴汝纶：《吴汝纶全集》第 3 册，施培毅、徐寿凯校点，黄山书社，2002，第 397 页。
2 同上书，第 396 页。
3 同上书，第 447 页。
4 同上书，第 450 页。

道路，立足于世界的竞争之林。具体一点说，是借助西医学、西学和开化思想，在学堂进行卫生教育，培养体魄健壮人才，创造社会财富，形成富国强兵的局面。

写到这里，需要明确吴汝纶具有的富国强兵的政治观念是时代思潮的反映，他的幕主——曾国藩、李鸿章掀起洋务运动，企图实现富国强兵的政治主张，吴汝纶同样具有这种政治理念，而且认识到提倡西医和西学是一种实现西学东渐的途径。

总之，吴汝纶的倡导西医理念，是以西医学为出发点，进而学习西方科学技术，促进社会进步。他目光远大，心怀国家前途，后人理解他的心意，就自然而然地对他产生敬意。

余论：如何看待 19 世纪末 20 世纪前期的反对中医思潮

晚清至中华民国前期，西医在中国的实践可能更让人感到中医之无能，于是当时把"庸医杀人"与中医等同起来，或者说"庸医"就成为中医的代名词。鲁迅不就因其父的治病而大骂"庸医杀人"吗？这与吴汝纶痛恨"中土庸医杀人"[1]如出一辙。吴汝纶及社会上反中医的思潮与行为自然不足为训，不过也应看到其正负两方面的影响。

中医在理论上、治疗手段上、医疗立见效果上都不及西医。

1　吴汝纶：《吴汝纶全集》第 3 册，施培毅、徐寿凯校点，黄山书社，2002，第 141 页。

中医诊断、用药规律性不显著，不能培养大量人才，医生多凭个人素养、经验处方诊疗病情，误诊之事不可避免。可是中医又占据医疗系统的主导地位，如果不撼动它，西医就不可能立足和发展，也就不能为多数民众所接受。批判中医的群体在态度上有两种区别，一种持激进态度，以为中医一无可取，要使它从医疗界消失；另一种则持温和态度，认为中医、西医各有优长，也各有不足，它们都不能百病皆治，所以要取长补短，这种观点持有者自然允许中医的存在了。两种态度，都对西医在中国传播有利，并质疑中医的垄断地位，从而使它处于被动地位，以至1929年国民政府卫生部作出取缔中医的决议案而赖于有识之士的缓颊才使中医延续下来。而后中华人民共和国政府的政策使中医有了较大的发展，不过此时它已吸纳西医成分，似乎已然不是纯粹的中医了。简而言之，冲击中医的统治地位是必要的，这有助于它自身改进更新，提高科学程度，取信于人，乃至走向世界的可能性越来越大。但是另一方面，激进者过分打击中医的行为，使得它在一个时期内难以生存，不能发挥它治病救人的作用，也使得从业人员艰于生活，这对社会、对医药界、对病人、对中医从业人员都是不利的。

严修贵州学政任上开办官书局
传播实学与科学知识

　　笔者于 2016 年撰文《严修贵州学政的教育业绩与撰写经济特科奏折的思想学识准备——恭读南开校父严修〈严修日记〉（1894—1898）感言》，开篇写道："严修（字范孙，1860—1929）的任职贵州学政，于光绪二十年九月十六日离京赴任，十一月二十九日（1894 年 12 月 25 日）接印上任，二十三年十二月初十（1898 年 1 月 2 日）卸任，十六日离开贵阳返京。这期间像他在翰林院时期一样，每天书写日记。《严修日记（1876—1894）》业经陈鑫学友编校于去年梓刻，现经陈氏不懈努力《使黔日记》亦排印面世。令人欣喜！何也？严修在此期间，于二十三年九月二十四日'拜发条陈设科折'（《使黔日记》该日日记语，以下引文凡出自日记者，不再注明），即上疏请开经济特科，并以此闻名于时，延誉于后世。确实，此奏疏为严氏重大历史贡献之一，而此时期亦为其人生的重要阶段。严氏怎么会写出这一奏折？

《使黔日记》记录他履行学政职责，前往贵州各府州举行岁科两试，参与乡试，创办官书局，赋予贵阳学古书院新使命（中西学堂雏形），亲自执掌数学课教鞭，同时着力自家修身养性，一以贯之地阅读有关近代西方书籍，从而近世经世致用观念益趋深化，并在岁科两试、经办官书局与学古书院过程中强调近世经世致用之学。……总之，《使黔日记》的内容能够反映他撰写经济特科奏折时期的思想、学识和为人胆识，以及奏折的撰写过程。本文利用日记资料说明严氏履行学政职责的各种举措和事迹，兼及研讨奏折产生的思想、学识条件。"此文作为《严修日记（1894—1898）》解读，附录于该书[1]。笔者据之，改写出三篇随笔：之一，严修贵州学政任上开办官书局传播实学与科学知识；之二，严修改建贵阳学古书院为具有"中西学堂"性质的书院并亲自执掌数学课教鞭；之三，严修撰拟请开经济特科奏折——以《严修日记（1894—1898）》资料为限。

在严修具体创行贵州官书局之前，笔者简单交代这段时间与他的任职及思想学识有关的社会背景。严修就职贵州学政之日，恰是甲午战败的灾难深重之年，朝野士大夫思想剧变，洋务运动之无济于事日益为人知晓，维新变法的观念开始深入人心。随着洋务运动的兴起，传播西方文化，特别是科技文化的事业应运而生。一些省份开办官书局，兴办翻译印书机

1　严修：《严修日记（1894—1898）》，天津古籍出版社，2017。

构，同治二年（1863），广方
言馆在上海设立，于同治六年
（1867）并入上海机器制造局
为翻译馆；同治三年（1864），
曾国藩（1811—1872）开办江
南书局；光绪十四年（1888），
商务印书馆编译局面世。这
些机构编译中外书籍，上海
机器制造局翻译馆出版几十
种图籍，其中有同治十二

图2-3　严修像

年（1873）创刊的《西国近事》，刊载最新国际要闻，光绪元
年（1875），每五天出版一期，每月（或每季）汇编成册，遂名
《西国近事汇编》。同治间，在岁科二试中增设算学考试。光绪
二十一年（1895），津海关道员盛宣怀创办天津中西学堂。

江苏、湖北、广东等省的官书局，出版实学及有关西学书
籍；而贵州缺如，严修到任贵州后就着手兴办，第二年建成，
为士子读书提供方便。

筹划全局，订立章程

作为天津人的严修早早感受到近代文化气息，接触西方文
化。他赴任伊始，即着手经营官书局和具有新式内容的书院，

图 2-4　商务印书馆
发行所旧照

但是贵州是内陆省份，接受新信息、新事物慢于东部沿海地区，严修的事业并不顺利。崇敬严修的贵阳学古书院山长雷廷珍（字玉峰）在《誓学碑》中写道："乙未（光绪二十一年）夏，（严修）始则拟开精舍于资善堂，以教黔士；继而为人所阻，复筹商于当轴，改设书局，捐廉千金，以助成之。实开都中强学会改官书局之先，黔士遂广沐其泽。"这概括出严修创办资善堂官书局的经过与作用。

　　严修就任二十天后，就于十二月二十日与贵阳知府文仲瀛"议设局购书，仿津局例"，次日拟出《书局章程》草底，积极创设书局。次年（1895）正月十四"写信致首府，为运售官书事"，就是为外省官书局出版的书籍在贵州营销的事情，写信和文知府商讨。由于二月至五月往安顺等府岁试，运作官书局事稍有停顿，及至六月二十四日，严修与贵州嵩巡抚协商筹办贵州官书局，随后向嵩巡抚发出咨文建议设立贵州官书局。嵩巡抚支持严修的建议，一面援照广西成案向朝廷奏请兴办官书局，一面先造活字版一份，备排印书籍之用。七月初九，严修与文仲瀛同赴资善堂看新到局书，"堂在北门内车家巷，北向，入而东。厅事三楹，极闳厂"。他到这里是为书局选址，或者先选好后再来此观察，看后，甚为满意。接着，他在八月十二日，再次"拟书局章程"，终于写就《谨议设立官书局章程》，对书局的地址、经费、经管人员、刻印书籍、购书与销售方法作出规范。

开办经费，贵州省没有这笔预算。严修设法自筹，如《誓学碑》所言，他首先捐出养廉银一千两。徐世昌（1855—1939）在《蟫香馆使黔日记选·序》说严修在贵州，"振兴文教，培植人才，竭尽心力。清俸所余皆出，以济其用"，确为实录。严修的养廉银一部分用作还债，一部分捐助书局和学古书院。

致力于刻印实用图书，传播中外实学书籍和教材

严修为学子获得教科书、开阔视野和思路的图籍，刻印教科书、算数书、工具书。早在光绪二十年（1894）十二月二十八日，"商刻《先正读书诀》"，此书为乾隆四十四年（1779）贵州乡试典试官周永年（1730—1791）编著，到光绪二十一年（1895）八月十二日，撰《先正读书诀序》，二十三日将书印出，分"送抚、藩、邵前辈、黄廉访、文观察、严绍光、李章式，唐、邵、黄、严、文五处并配书目各十本"。光绪二十三年（1897）四月二十四日刻成《算法须知》；光绪二十二年（1896）九月初四，与襄理衡文的幕客尹湜（字澄甫，举人）商"议刷印《书目答问》"事，不知后来有无下文。雍正帝的《圣谕广训》，笔者所藏为宣统二年（1910）津河广仁堂印本，所依据的是严修于光绪二十一年的刻本。笔者疑是仿照严修在贵州梓刻的模式。此外，严修组织生员抄写张之洞（1837—1909）的《輶轩语》数份，备借给生员阅读。

为节省刻印图书经费，严修拟使用木活字，颇为费神：光绪二十二年二月十三日，"为活字板"写信给善后局严绍光；三月初八再次致函，商议三事，其一是"铅板价昂，拟请方伯将署存活字木板发局"，即拟向贵州布政使提请将所藏活字板给书局使用，以降低印书成本；三月二十三日，接见"书局管书板张云浦（铭）"，显然是谈论活字板的事情。

严修支持学古书院诸生成立刻书会，为刻书献策。光绪二十三年五月二十四日"杨德懋等议立刻书会，拟先刻算书"。严修将此事放在心上，在离任前一个月的十一月十六日，特与协助算学教学的裕增"商改算会章程"。

确定购书单，销售、转输书籍

书局刻印书籍之外的业务是从事发售，发卖的是自印及外省书局购进的图籍，而购书单由严修审定，以便有益进步的书籍在贵州流通。

光绪二十一年（1895）八月十四日，严修与尹湛"商官书局应买书单"。二十二年（1896）七月二十三日，"为书局赴各省咨取官书"，知府衔戴斐章携来善后局详稿，严修"为增入上海局书八种，又湖北局《旧五代史》"。二十三年（1897）二月二十一日，严修为书局业务复与尹湛商议购买"西学书单"。四月二十三日，因杨德懋来访，严修将学古书院生员需要的购书单请他转交书院山长送书局采购。

严修为贵州书局筹划销路。书局设在省城，要面向全省，讲究让书籍高效流通的方法。这需要把各省书局现刻的书目，向每州县寄送一本，由其开书单认购，派人到省局领取。各州县所购之书，交学官存储学舍，允许士子赴学翻阅，并预备登记簿，由阅读者签名，书写时日及所读书名、册卷，并以此考核生童及教官之勤惰。

严修为官书局经营图书制订"书价宜从廉"及生童优惠的方针。"各州县购取者，仍照原价加三成"，"远近士子来局购取者，照原价加一成"；略有盈利，以维持书局的运营。

严修创设的书局刻印、经销图书，以及营销方法、书价原则，均有益于士子利用，有利于传播基础知识、读书方法及自然科学知识。

严修改建贵阳学古书院为具有"中西学堂"性质的书院并亲自执掌数学课教鞭

　　学政的任务是进行岁科两试，严修在日常公务完成的同时，就将精力用于兴办具有中西学堂性质的学古书院专修班，并且亲自讲授算学课程。

　　严修到贵州就想开办具有新式教育内容的书院，但是遇到如同《誓学碑》所说的巨大阻力，可是在他离任前的一个多月，"绅士'请开中西学堂'"（光绪二十三年十月二十三日日记）。不到三年的时间，绅士的态度就有 180° 的转向，真是吊诡，然而并不奇怪，一则是全国开办中西学堂的呼声日益高涨，二则是严修致力办学的成效显现。对题目所示的"'中西学堂'性质的书院"，笔者将严修的创办、制定章程、生源、师资、教学等详情一一道来。

开办具有新式教育内容书院的条件初步具备

严修一贯重视书院建设，贵阳有学古、贵山、正本三间书院。光绪二十二年（1896）八月初一日，邵实孚布政使给他送来三书院"条规"、"高材生加饩章程单"、善后局给三书院的经费单，当天他就抄写"善后局月发三书院银数单"，可知他对书院的关心程度。他懂得改良书院的办学方针，必须同地方官及其主管合作，所以不时同贵阳知府李祖章、主管善后局事务的知府衔严绍光来往，以取得他们的支持。怕有遗忘，他特地书写备忘录，二十二年十月初一日记："书院、书局事宜，以纸记出，待（严）绍光面议。"

严修为推动贵州学子学习数学的热情，采取两种办法，一为在岁科两试中鼓励考算生童，二是设立书院着力于数学教育。在岁科两试中，严修致力于算学考试，于是算学生童增多，表明学子对数学的看法有所改变。尽管清政府在同治年间增设岁科二试的算学考试，然而在贵州很少人学数学，诚如《誓学碑》所言，"算于黔中绝学也"。严修在贵州岁科两试的第一站是安顺府，于二十一年（1895）二月初七，"发牌示二：招考算学及童生十五岁以下默经，"将招考算数生的意向宣示于学界。二十一年闰五月二十一日在贵阳府岁试，考经古者到场诸生五十六人，童生七十八人，其中考算学者生员二人、童生一人；次日发榜，取三十人，内含算学三人。在一百三十四名生童中，有三人报考算学，只占考生总数的 2.2%，可知缺少这方面的学子；而考算学者全部录取，占到录取人数的 10%，三名考生可能有学习算数的基础，但也可能包含严修鼓励生童学习算学热情的倡导成分。光绪二十二年（1896）十二月初九在兴义府科试，有二人报考算学，严修问一人是否会算术，对方回答不懂得；询问另一人是否读过《九章算术》并会开方，对方全然不晓；严修乃让他们改考经古。这二人或许是因宗师鼓励考算学而企图侥幸录取，但是严修并不马虎迁就，而是真想造就算学人才。二十三年（1897）正月初六，严修在安顺府看生童算学卷八本，初八取中算学生二名。二十三年二月二十一日，严修在贵阳"考算学，备调书院，到三人。……算取二"。这一天的日记透露出一个信息，就是要办书院培养算学人才。

在学古书院内办理中西学堂式的专修班

筹办书院事务，主要是制定书院章程、选择管理人和教习、选录适宜培养的生员三项。

制定书院章程。书院章程是书院的"基本法"，拟订章程，严修对此是不惮其烦，斟酌至再。据日记所载，录之于次：二十二年八月二十一日、二十五日、二十八日均"拟书院章程"，二十九日"抄书院章程草稿"，三十日接着"抄书院章程草稿，至此凡五异（易）稿矣"。几个月后的二十三年正月二十四日，善后局"（严）绍光送来《书院章程》刊本又序文"，二十六日"校书院章程刊本"。这一反复拟订的过程，除了说明严修的认真对待态度，可能更表明书院章程内容的难以确定，但是严修最终克服了这个难题。此外，严修还拟制"书院条约"。光绪二十三年（1897）三月初二，严修"拟书院条约，自辰（7点—9点）至子（23点—1点），乃就初稿"（即从午夜到清晨的修订规章，终于有了初稿）。初三"拟书院条约，又删改一次，凡十二则"。初二另有"《山长学规》，付杨（馥滋）、饶（德舆）二君，属院生缮清稿"。严修为书院拟制了《书院章程》《学古书院肄业条约》《山长学规》三种规则。笔者见到《学古书院肄业条约》的十二项内容，可分为两类：一类是讲礼法、如何做人，如衣冠整洁礼拜孔子，"谨守学规、笃信师法"，"恪守礼法"，"朋友讲学虚心讨论，互相切磋，不得恃己骄人，致生嫌隙"；另一类是行为守则，如不得旷课、在外留宿、让客人进入宿舍，十天休沐一日，书写与交阅日记，尽力购买书籍，违规记过以至开除。（《严修手稿·黔轺杂着》）

严修特别留意于选择经办书院、官书局的人才，而这方面的人才稀少，聘请不易。他发现雷廷珍（字玉峰）和郭竹居二人，另有数学人才裕增（字福田）。雷廷珍，贵州绥阳人，光绪十四年（1888）举人，二十二年（1896）年初，受聘为官书局董事。他"治经学颇有心得"，著《经义疏证略例》。二十二年六月十七日，严修与雷廷珍初次见面，认为他学问上"所诣甚深"。至此之后，他们交往频繁，日记所书不下三十次。可能出于严修的推荐，他管官书局，兼掌学古书院。他于光绪二十三年（1897）十一月撰写讴歌严修教育业绩的《誓学碑》，就是在学古书院敬业堂写成的。对于西学，雷廷珍自云"于泰西学术，茫乎未知"，所以他在学古书院应该是教习中学；执掌书院西学教席的主要是郭中广。二十二年（1896）六月初一，严修在都匀岁考，"与监场学官杜文屏同年（字嗣音）、郭竹居（字中广）畅谈"。这大约是他们相交的开始，严修对郭竹居的印象很好，当天记其阅历与特点：贵筑举人，光绪元年（1875）师从座师"毕东屏于苏州郡齐，颇习洋学，通演算法。"后到广东，"充水陆师学堂稽查，兼教习汉文。"于是西学知识"益进，于中外情形、泰西学术大略能言之。黔中有此人，庶几一开风气乎！竹居自撰有《勾股细草》，又拟删繁就易改订《代数术》"。严修称赞郭竹居是贵州难得的人才。次日，郭竹居将所撰《代数细草》呈送严修。严修得书，当天阅览，接着于初三阅读并做练习题——"阅郭广文《代数细草》，演十余题"。初四亦然，初九又据以做题二十多道。可知他把郭竹居的著作用作演练算术的参考书籍。严修既然认为郭竹居是难得的人才，遂将他聘任为学古书院山长，是以有二十三年七月初三，"郭竹居为书院火夫与黄大令之仆斗殴事来面禀"的事。看来，学古书院有两位山长，雷廷珍全面主管，而郭竹居掌管专修班。

　　严修物色教授数学的师资，一面自己留心寻觅，一面求助于贵州布政使、贵阳知府。二十二年（1896）十月初六，他在从贵阳往遵义途中，于沙子哨打尖时，写信给贵阳知府李祖章："商订算学山长事。"十月十三日，他在遵义收到复信："李簧青太守发三百里排递信一封，言接到沙子哨信，已据达黄君矣。"十一月二十四日，他得知"黄玉屏不应主讲之聘。"严修次日给湖广总督张之洞写信，请他推荐算学人才赴黔，允诺年付聘金三百两，似乎没有得到回应。（二十四、二十五两日日记见《蟫香馆使黔日记选》）光绪二十三年（1897）三月十三日日记："（贵州布政使邵实孚）方伯得长沙钟太守复函，言算师因道远脩微皆不肯就聘。"邵实孚要湖南长沙知府帮忙请人，对方进行了查访，但是"算师因道远脩微皆不肯就聘"。所好者严修自己发现了裕增这样的合格人选，可以做自己助手。二十二年八月初六，严修会见裕增："颇好算学，兼习推步。"严修欣赏裕增的喜好算学，从此频频来往，研讨数学，更多的是严修听他讲解算法。当年八月初十，"（裕）福田为余说《少广缒凿》《开方古义》两书之法，并各演算以证之。数年蓄疑，今稍豁然。甚矣！口授之贤于冥索也"。深刻领会听讲释疑的乐趣，视之为数学老师——"余所从习算学者也"。（二十三年十一月二十七日日记）二十三年二月二十日，"福田自昨日安砚于西偏之左室，日一至，后不复书"。这是将裕福田请到学政衙门，视其如同幕友，此为裕增协助教授南书院学生数学课的张本。九月二十五日，严修"到书院。为刘思明演句股草二。又属黄、周、张、熊、唐、孙、罗、刘八人联算课，请（裕）福田主课，合之二谈，共十人"。这是请他为南书院的十名学生讲授数学课。十一月十六日，严修与裕增共同商改熊继先所草拟的算会章程。二十七日，将离任的严修与友人合影留念，其中有陈惟彦（1856—1925）、祁祖彝和裕增。

选取学生，特别是算学课学生。二十三年（1897）二月十一日日记云"考算学，备调书院，到三人"结果为学古书院选取学生二人。二十三年十一月十三日"考试贵阳八属保送南书院肄业生。……到五十二人"。这里说"考试贵阳八属保送南书院肄业生"，明确说出是南书院在招生。十八日"高材生卷原拟备卷十七本，请澄儿（尹湉）覆校，仅汰其三，乃定为正取四人，备取十人，翌辰榜示"。即十九日发榜，取中四名，备取十名。考试是保送的，仅取四人，看来录取很严格，是优中取优。

学古书院（南书院）开办"住斋课额，经算兼课"班及其行政管理

笔者阅《蟫香馆使黔日记》，第一次见"南书院"名称是在光绪二十三年二月初七，"傍夕到南书院，同（严）绍光周阅前后"。南书院不像正式书院的名称，研究者指明它是学古书院

的俗称、简称。前述严修给张之洞函件请求帮助聘请算数教习，信中说："黔省学古书院改设住斋课额，经算兼课。"原来是在学古书院增设住斋课额（住校生名额），兼授经、算两个方向的课程。对此，《誓学碑》亦有所说明："……丙申（光绪二十二年）秋，（严修）复建议变通书院，捐廉购置中西学书八十余种，创立科条，学兼中西，调四十人肄其中，无间风雨寒暑，日亲督课，十月如一日焉。"事情是严修欲办学兼中西的学堂，设立章程，选调四十名生员入学，传授中西文化知识。实际上是严修在学古书院内开设学兼中西的专修班。二月初七，他同严绍光到南书院"阅前后"，就是观看校址，了解办学环境。

开学典礼在二月二十八日举行，严修当天的日记曰："已初至南书院，山长至，行交拜礼，余东向，山长西向；又行酬酢礼，各四拜，起止以揖。既毕，诸生叩见山长，又谢余，俱四拜再揖。"上午九时，严修、雷廷珍、郭竹居到学古书院，首先行交拜礼，似是严修正式宣布：学古书院山长雷廷珍主持经课，郭竹居教课外兼理专修班行政事务；其次是行酬酢礼，严修与雷廷珍、郭竹居相互敬酒，表示敬意和善意；复次，诸生先后向雷廷珍山长、郭竹居山长、严修学政（宗师）行跪拜礼致敬。标志着学古书院内兼学中西的专修班正式成立。

学古书院专修班开班后，虽有山长、监院管理，但严修对书院事务仍然关心备至。六月初四，"到南书院，晤（雷）玉峰、（郭）竹居，皆久谈"。书院有的事情，山长总是请求严修帮助处理，如前述郭竹居因书院火夫与黄知县仆人斗殴事请求严修处置。七月初四，"到书院。晤玉峰。诸生不满于竹居，大相岨峿，传而申饬之，并规竹居"。可能是郭竹居不善于行政管理，同诸生发生冲突，严修与雷廷珍交谈言，批评诸生；同时规劝郭竹居改善行政技能，从而妥善处置了师生纠纷。九月十五日，"到南书院，山长新立课程，诸生病其繁，毫无演算之暇，是日与之商改"。这仍然是协调师生间的不同要求，严修让给学生多留自学时间，以利诸生练习算术。

严修想到南书院应办之事，就主动提出。光绪二十三年（1897）三月初八，严修给严绍光写信商议事情，其一是"书院宜设斋长"。四十名诸生，行政上主要由监院管理，严修建议在南书院设立斋长，从诸生中选任，负责自学、纪律的监督，协助院方管理。关注新生的入学。二十二年（1896）二月十一日的铜仁考试，严修发现唐桂馨是美才——"童生唐桂馨年不及二十，文笔敏捷，书法亦佳……美才也"，遂让他进学为秀才。南书院开班后唐桂馨转入书院，严修在日记中特予记录——"三月十七日到南书院。唐桂馨昨日进院"。严修把人才牢记在怀，唐桂馨进入南书院，可能正是他致力的结果。

亲自执掌数学课教鞭

数学是一切科学，尤其是自然科学、工程科学的基础，学习数学关系到科学技术的发展，因此严修着力提倡学子学习数学，并为他们的学习创造条件，亲自到南书院讲授数学，批阅试卷并发奖。此外，他还举办算学考试，颁发奖品，鼓励学子习算。

严修设立算课并积极实践。前述《誓学碑》说宗师严公，"特每月朔，创设算课，捐廉重奖，以开风气"，是说严修设立算学课——数学考试，每月一次，考试日期定在每月初一。南书院开学后的第三天，就举办第一次算学课，光绪二十三年（1897）三月"初一日，月课算学是为第一次。生、监、文童共三十人。辰至午、未至酉，俱在堂上监视之"。第一次考试，严修亲自监场以示郑重；应试者不限于南书院诸生，其他书院的生员、监生、童生都可以参加。严修经过数日的阅卷，选中十五名，初九发榜，予以奖励。自此至严修离开贵阳前的十一月，每月考算学课，五月"算课到五十五人"，取超等八名、特等三十四名。六月初一的考算，人数增加到五十八名，二十二日"发算课奖"，予孙、唐二生《代数术》各一部。十一月初一日，"算课到二十六人……申（十五点—十六点）退堂，牌示：'本日作三四题均可。过日有补作者，另卷誊写。限三日交卷，作全者优奖'"。因题目多，在三日内做完亦为合格。这时他将离任，诸事繁忙，仍然阅卷，并就欣赏的答题抄录下来，如初七，"午，抄算课卷之佳者。又批本月课卷"。十一日，发本月算课榜。为学子增加数学知识，严修开创算学课，真是不遗余力。

　　严修在南书院讲授算数，《誓学碑》概述为："于算术演式读理，尤不惮烦难，口讲笔授。"从日记很难明了严修讲课的系统内容，但从他给诸生的阅读书籍及教给诸生的算数题目、出的试题、讲解演算方法、批改作业等诸方面，可知他主要是讲授代数学、几何学，兼及微积分。三月初四，"《算法须知》一本、《算〈算〉〔学〕大成》内《代数》三本交黄禄贞传阅"，这是将《算法须知》借给学子阅读，及至此书由官书局印出，严修将购买的书于五月初九到南书院，"散、演《算法须知》"，即在赠书同时，演算其中的练习题教育诸生。二十一日"到书院，为周生讲算。晚，阅《通艺录》，载有公式，摘录之，拟翌日示周"。他将学生的疑问记在心间，见到哪个问题有公式可解，就抄写下来，第二天给对方，以增进其知识和改进学习方法。

算学外的"时务"教学内容

　　南书院教习中西文化，自不会排除中学，有造诣颇深的雷廷珍在，不会不进行有关内容的教育。就《蟫香馆使黔日记》载笔而言，严修特别关心对诸生进行"时务"教育。维新派于光绪二十二年（1896）八月创办《时务报》，严修就成为热心读者，不仅自家阅览，还把它推荐给诸生，如在二十三年（1897）三月十四日收到《时务报》四十份，即于次日"到南书院，散《时务报》"。八月初九善后局给他送来廿六、七、八三号《时务报》各

图 2-5 《时务报》书影

四十一份，他当即送雷廷珍转发南书院诸生。严修还劝谕诸生订阅《时务报》，就此一事，可知严修热切期望诸生关心时务，以便有真才实学，为国"储才"。

数学人才大增

至此不妨回顾一下，严修初到贵州举行岁试，考算术的生童才二三人，而且基础较差，可是到他行将离任时，仅在贵阳参加算学课的每月都有几十人，成绩被严修评为超等、特等的为数不少，可知贵州学子学习数学的兴趣与水准大为提高。再换个角度观察，原来贵州为请算数教习，到外省招聘，却招不来，等到严修在贵州任期即将结束之日，竟然出现贵州向云南输送算数教员的盛事。前面讲到严修赞赏唐桂馨十数人，其中有"婺川选生申云藩"，后来申云藩更致力于算数，并不时到学政衙署拜见严修求教。八月、九月算课，"皆申云藩第一"。严修深知他数学造诣可以为人师，十月初八，乃请"徐家驹函询申云藩原就云南算师之聘否？"十二月初八，得到申云藩"愿就滇中算师之聘"的

图 2-6　严修家政学校学员旧照

答复，严修立即将来信转送邵布政使，意在玉成其事。从向人家索求数学人才，到向他人输送人才，岂不是巨大的成就！有鉴于此，雷廷珍才兴奋地在《誓学碑》中写道："（严公）创设算课，捐廉重奖，以开风气，黔士通代数微积者，至今遂彬彬焉。"学子在严修的引导下关注数学，贵州省人才蔚然而起。贵州省秋闱，新举人中，六人出自南书院，解元即在其中："南书院肄业生中六人，一解元、一第四、一第八，余则十四、十七、二十也。"（九月初二日日记）可见南书院成绩斐然，严修劳绩卓著。

　　归纳严修在学古书院附设专修班，从事中西学问，特别是数学的教学，令书院初步具备"中西学堂"的性质，并为贵州培养出初步学兼中西的人才。严修离开贵州几个月后，即在光绪二十四年（1898），贵州巡抚王毓藻上奏，将学古书院改为经世学堂，"仍饬山长令其阅史书、探掌故，泛览中外时报及泰西各种书籍，以拓其眼界；精求经义及先儒语录，以正其心术。并举经济科内政、外交、理财、军事、格致、考工六事，按条考核，相语讲明而切研之"。[1]这是在严修创办的基础上将学古书院改设为贵州第一所近代学堂，严修致力的事业得到了延续和发展。

1　贵州省文史馆：《贵州通志·学校选举志》，贵州人民出版社，2008。

严修撰拟请开设经济特科奏折

——以《严修日记（1894—1898）》资料为限

三年学政任期尾声，严修以递呈请开设经济特科奏疏画上圆满句号，更应该说这是他人生的一个节点，也不妨把它视为几年后清朝废科举的先声。

这里仅仅依据严修日记资料，说明严修书写奏折的思想基础、撰拟过程、奏折内容与朝廷反响。

思想认识的前提和知识积累的条件

甲午战争之后，人们鉴于洋务运动的失败，出现一种思想倾向："外察大势，内求诸己，认为必须大事变革，与人并驾齐驱，结果形成政治改制运动。"[1]如前所述，严修强调的近世经世

1　郭廷以：《近代中国史纲》，香港中文大学出版社，1980，第287页。

致用之学，具有洋务运动的内涵，同时他外察大势，内求诸己，含有维新变法意识。他关心时务，涉猎面广泛，借以获取新信息，观察世事的变化，观念随之更新，有益于产生变革思想。他因为具有这样的思想认识和知识积累的条件，才可能提出开设经济特科的请求。

还有一点需要注意到，开设经济特科，同严修深明科举积弊密切相连。他在《劝学告示》中说："国朝大儒顾亭林有言，今日考试之弊，在乎求才之道不足，而防奸之法有余。"他又在送出经济特科奏折后半个月的十月初九写出的《贵州武乡试录后序》痛陈："臣闻明臣张溥（1602—1641）有言：'古之取士以人，今之取士以天。'痛哉其言也！邱濬（1420—1495）亦言：'论文科者，谓科目不足以得人，豪杰之士由是而出耳。'武举亦然。合两说观之，科法之敝，盖非一日之故矣。"他深知科举弊端非止一日，不能不有所变革，并且确认科举外大有人才，需要招揽，就要开设经济特科。

撰写奏折过程

日记所留下的信息，完全可以说明奏折书写经过，唯一的缺憾是没有叙述写折子的原因。

书写奏折的过程是：光绪二十三年（1897）八月十五，严修将思考已久的写奏折设想告诉陈惟彦（劭吾），后者表示非常赞同，严修乃决心书写。"劭吾谈极久，与商奏设特科事。邵吾大以为然，余志乃定。"十六日，严修又同幕宾尹湉商讨，进一步确立信心，动手写作，为此查阅清朝历代《圣训》等书，其中的康熙词科史籍非常重要，因为康熙博学鸿词科是严修建议开设经济特科的历史依据，所以他下了这番功夫，检索到奏折所要引用的素材（"拟折草，先与澄兄商榷。检查《（历朝）圣训》及《诗人征略》《先正事略》诸书，考究康熙词科诸人官阶"）。十七日，严修继续撰写（"仍拟折草"）。十八日，严修奏折初草拟就，并且抄出清稿，同时写出奏折附片和请假扫墓折子（"奏草一、附片一、请假一，属草略就，先自书一底稿"）。十九日，严修请尹湉誊清奏折底稿，未抄完（"澄兄来代誊奏草，未毕"）。二十日，在尹湉抄写进行中，严修与他商酌，对奏草有所改动后，严修亲自誊清。（"澄兄代誊奏草并附片。……就澄兄商改奏草，复易两纸，因自书之"）。二十一日，严修到陈惟彦处，请他看奏折底稿，征求意见（"拜客：诣劭吾，以奏草就正"）。陈惟彦经过多日斟酌，修改严修奏稿，到九月十四日交还（"劭吾送来代拟清折"）。九月十五日，严修与尹湉讨论陈惟彦修饰的奏折稿子（"与澄兄商改折稿"）。十七日、十八日，严修继续修改奏稿（"改折稿"）。十九日，奏折基本定稿（"折稿略定"）。二十日，严修再次与尹湉、陈惟彦研讨，确定奏折稿本（"折稿写一通，自巳正至申初毕。复请澄兄审定。是日，凡客皆谢不见。……晚，便衣诣劭吾商折稿，劭吾以为可用矣"）。大约又经过一两天的深思熟虑，严修决定递交奏折，因学政没有资格直接送呈，要通过巡抚代交，因此到二十三日，请巡抚衙门的汪巡捕来包装奏折（"汪巡捕来包折"）。二十四日，严修为上奏折设香案行跪拜礼，然后交给巡抚衙门桂巡捕（"拜发条陈设科折，附请假修墓片。交抚辕桂巡捕"）。从八月十五日决定写作请开经济特科奏折，二十一日写出初稿，经陈惟彦修改，到九月二十日定稿，二十四日拜发，历时五十天，可知严修对上折子的极端重视；过程中与友人陈惟彦、尹湜商酌，陈惟彦尤起推动作用。在严修的心目中，陈惟彦是"博洽能古文，通时务，尤留心义理之学，庶乎有体有用者矣"（二十三年八月二十三日日记）。他们在"时务"见解上志同道合，是以重视他的支持态度，促成严修下决心递呈折子。当然，上建议性奏疏会有风险，但严修有胆有识，毅然呈递。

奏折内容

折子开宗明义说明开设特科吸收人才的必要性："时政维新，需才日亟，请破常格，迅设专科，以表会归，而收实用。"接着叙说招揽经济人才及其办法：特科与科举制度不相冲突，是仿照、变通康熙朝、乾隆朝博学鸿词科之例，其时是吸取山野逸才，如今新科，是专收周知全国地方利弊、中外交涉、科学与法律、机械制造、工程测绘的时务专才，"统立经济之专名，以别旧时之科举"；专科取中名额不限，因人才多寡而定；定期举行特科，宜短不宜长；与试资格，以荐举为定，责成京官四品以上、外官三品以上、各省学臣实心举荐；录取人员同于正途出身。

朝廷反响

严修的奏折递呈后，光绪帝于二十三年（1897）十一月二十三日指示军机大臣："著总理各国事务衙门会同礼部妥议具奏。"二十四年（1898）正月初六总理衙门作出回奏，认为严修筹划周密，当今急需人才，仿照博学鸿词科例，开设经济特科，然不能成定制。当天光绪帝准许实行。随后总理各国事务衙门会同礼部拟出经济特科章程六条，五月二十三日光绪帝批准："着三品以上京官，及各省督抚学政，各举所知，限于三个月内迅速咨送总理各国事务衙门，会同礼部奏请考试，一俟咨送人数足敷考选，即可随时奏请，定期举行，不必俟各省汇齐再行请旨，用副朝廷侧席求贤至意。"（《德宗景皇帝实录》）

严修的思想观念、学识与胆识，促成他提出开设经济特科专取时务人才的建议。《蟫香馆使黔日记》恰恰是此一重大疏议形成的忠实记录。而这一条陈，被梁启超（1873—1929）视为发科举改革、戊戌新政之先声，意义重大。

严修致力于西学知识的学习

严修在出任贵州学政以前致力于研究西学

严修在贵州岁科两试中要求学子重视实学、学习数学，创办具有中西学堂雏形的学古书院专修班、官书局，传播西学知识，并且亲自讲授算数课程，这是他将自己的认知和学识付诸实践，而其认知，是他多年学习西洋近代科学技术知识积累所致。

笔者在《严修日记（1876—1894）》的导读——《从日记观察严范孙成为教育家的历程》[1]中述及严修在1894年以前学习西学的情形："阅读日记，有一种强烈的感受：严范孙（严修，字范孙。——编者注）渴求西洋近代知识，对数学尤为钟爱。"他在21岁开始学习算数，于光绪十二年（1886）九月初十制订的

---

1 严修：《严修日记（1876—1894）》，天津古籍出版社，2015。

读书时刻表显示，在 13 点至 14 点半，读罢古文，"余暇看西
学各书，演算术"。数学领域，他阅览的是清人华蘅芳、傅雅
兰、屈曾发等编译的书籍，包括《学算笔谈》《代数术》《九数
通考》《心算初学》《西算启蒙》《句股六术》《算法统宗》《对数
详解》，以及康熙间诚亲王允祉集中外学者编著的《数理精蕴》
等书。看来他学习了代数、几何、三角函数、对数，会开平方
开立方，涉猎微积分、三角函数，无疑掌握了数学的基本知识。
他学习算数，主要通过自学，另外请陈璋作辅导，听朋友华瑞
安"谈算法，使人乐而忘倦，既别犹恋恋也"。同时，他为学习
算数结社，31 岁时有所谓"九九小课"，从乘除法入手习算。以
"九九"命名，是因成员陶喆牲行九，王荣卿行七，严修本人行
二，合为两九；而九九又与习算之意吻合。这一学社真是习算
史上佳话。习算与天文学关系密切，严修阅读《天元问答》《天
文启蒙》《地球新录》《天地图》《四时图》，知道赤道及经纬度
长度，地球、日球面积，并于光绪十三年（1887）十一月初八
冬至午正测日影。此外，严修对机器制造颇有兴趣，阅览《汽
机图》八张，对天津一位磨坊主试造机械磨取代畜力，表示乐
观其成；在世界历史方面，阅读《瀛寰志略》《万国史记》；关
注西医学，知晓在京城米市南大街药店可以买到治疗颈椎病的
西药，从梁绍壬的《两般秋雨庵随笔》得知西医种牛痘法，令
种痘"儿无所苦，嬉戏如常"，诚善法也，点读《化学卫生论》；
从物理化学知道石与水、铁、铜、银、铅、水银、黄金、白金

的比重；听友人介绍西人绘制的《南北洋沙线图》；对西洋画亦
有所知。以今人观看，严修的数学水准一般，其他西医学、科
技知识有限；但是，他是在一百二三十年前的清代晚期学习西
洋文化，是在大多数国人不屑西学、基本不懂西学的情况下，
主动自学西学，其精神令人感佩，而其所得，是开阔眼界、获
取近代西洋科学知识，有益于开放思想的形成及其日后近代教
育思想的确立与践行。

持之以恒地学习西方文化知识

严修禀赋强烈的求知欲，在出任贵州学政时期也表现出来，
如他在光绪二十二年（1896）委托管理官书局的雷廷珍向中西
典籍、报刊的出版聚散地——上海购书，可是书迟迟没有寄来，
直到二十三年（1897）六月才见到发书单，遂后严修在七月初
八将原订书单重抄一份，交给雷廷珍，请他新书一到，立即派
人送给他。（《严修日记（1894—1898）》七月初八日日记）他急
于阅览新书的心情表露无遗。

《蟫香馆使黔日记》中记述了严修阅读有关西学书籍，显示
出他关注西方文化和西方国家的现状。

严修点读《泰西新史揽要》：光绪二十三年三月初三，"看《泰
西新史》一卷"；十六日、十七日均"点《泰西新史》"。点读，是
极其郑重地阅读，不同于泛览、翻阅，如此认真阅读，给人如饥

似渴地获取西方知识的感觉。此书作者是英国人麦肯齐，出版于光绪六年（1880），李提摩太与蔡尔康译成中文，光绪二十一年（1895）广学会出版单行本。该书写 19 世纪英、法、德、奥、意、俄、土、美等国历史，主要是英国和法国史，叙述各国政体演变，军事、外交、财政、工商、教育、科技发明、著名人物及殖民地史。甲午战败之后，中国社会精英奋起谋求变法图强之道，该书的欧美变法内容，恰可作为参照。严修成为热心读者，就在于他关心时务，更想从中获得实践经世致用之学的启示。

严修获得《广学会书目》等书。光绪二十二年（1896）十月二十一日，严修收到友人陶仲敏寄来的《译书事略》《格致书室书目》《广学会书目》。广学会的创办人是英国新教教士韦廉臣（Alexander Williamson，1829—1890），于光绪十三年（1887）创立于上海，其宗旨是以西学增益中国之学，是基督教组织在中国设立的出版机构，《广学会书目》是汇录其出版品的目录。《译书事略》，疑为《江南制造总局翻译西书事略》。

严修收藏《万国公法》。此书作者是美国外交官、国际法学者惠顿，书由传教士丁韪良（1827—1916）译出，并于同治三年（1864）在京师同文馆印行。该书论述的不是西方某一个国家的法律，而是国际公法，讲解各国平时交往、国际战争法。自鸦片战争以来，清政府签订几个不平等条约，爱国者严修自然而然地关注国际公法。

严修收藏《中西纪事》。二十一年七月初五，严修收到陈惟

彦寄来的《中西纪事》。夏燮
（1800—1875）留心时务，于
道光末年写出《中西纪事》
初稿，同治四年（1865）以
二十四卷本刊刻，不久即有
光绪十年（1884）江山草堂
印本。夏燮采取纪事本末体
写法，将明末至同治初年中
外关系史区划为通番之始、

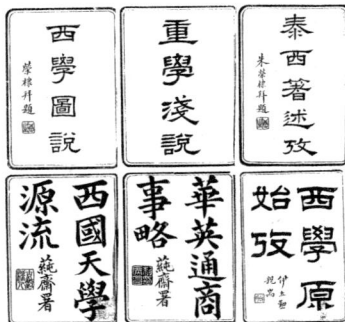

图 2-7　王韬编译西书六种

华夏之变、粤民义师等专题，叙其原委。

　　严修收藏并赠送他人《西学书目表》及《读西学书法》。光
绪二十三年（1897）五月十一日，严修收到《西学书目》并
《读法》各五十部。梁启超在《时务报》主笔政，于二十二年
（1896）在《时务报》刊登《西学书目表》，汇集中国近代译书
目录，约三百种，区分成西学、西政和杂类三大类，并对每种
书说明著者、译者、刻印处、数量、价值。《西学书目表》后附
《读西学书法》，介绍各书之成就与缺略。这两部书适应了向西
学求知的学人需要，严修早有收藏，及至可以购到大量图书时，
乃多买送人——《严修改建贵阳学古书院具有"中西学堂"性
质并亲自执掌数学课教鞭》篇提到的数学专修班学生。

　　严修拥有《万国公法》《西学书目表》《读西学书法》及《中
西纪事》等书，显然不是为了收藏图书，而是为了自身阅览，了解西学及中西关系史知识。

自修数学及向友人请益

严修在贵州学习西方数学，有三个特点。其一，勤学，不间断地学。就以他学《代数术》来说，在翰苑时期，不下三十回，在出任贵州学政时期依然如此。其二，边阅读边演算，以求读懂，真正掌握所学知识。其三，讲求学习方法，与友人裕增共同学习、研讨，相得益彰。

严修所读中西数学书籍十余种，有《代数术》《代数提叙》《代数积拾级》《微积须知》《三角举要》《算法须知》《数学理》《数学启蒙》《学算笔谈》《中西算学大成》《代数备旨》《形学备旨》《数理精蕴》《八线备旨》《几何原本》等。严修的学习状况，略述数种。

《代微积拾级》。光绪二十三年（1897）四月十一日日记，"从（诸生）杨德懋假《代微积拾级》一部"。严修向学生借书，可知《代微积拾级》是他渴望学习的数学著作，即于十三日"看《代微积拾级》"。此书是美国数学家 E·罗密士（E. Loomis，1811—1889）的著作，咸丰元年（1851）出版，内容包括今之解析几何、微分学和积分学三大部分；中译本由英国人伟烈亚力（Alexander Wylie，1815—1887）和李善兰合译，这也是西方微积分著述的第一部中文译本。

《代数术》。严修经常阅读与演算的"课本",英国人华里司(W. Wallace,1768—1843)著,英国人傅兰雅(John Fryer,1839—1928)与华蘅芳(1833—1902)合译,江南机器制造总局于同治十三年(1874)出版。

《学算笔谈》。光绪二十二年(1896)二月十四、十五两日,严修在从铜仁往松桃厅"途中看《学算笔谈》"。该书系华蘅芳编著,成于光绪八年(1882),是通俗的教科书,但作者对数学教育的主张甚有价值。

《代数备旨》与《形学备旨》。美国传教士狄考文(Calvin Wilson Mateer,1836—1908)等编译,前书是中国最早使用阿拉伯数字的代数,后书是初等几何教科书。

《几何原本》,欧几里得著,李善兰与伟烈亚力从英文本合译一部分,同治四年(1865)刊于金陵(南京)。

严修所阅读与演算的《代微积拾级》诸书,笔者并不知他的数学达到何种程度,乃请教友人、南开大学数学院王公恕教授,他给笔者电子邮件说:"严氏关注数学的进展,是中国早期接触、学习微积分和解析几何的人。从日记中看,他还是在学习、演算,并未进入研究阶段。日记中所列的书,从上面这部书,以及《微积须知》《微分术》(大概是较浅的介绍微积分的书),都可归为初等数学。"[1]感谢王公恕教授指教,令笔者得知

---

1   感谢王公恕教授指教。

严修"是中国早期接触、学习微积分，解析几何的人"。作为非数学专业人士，严修能达到这个程度，不能不说他是 19 世纪末热爱数学的士人，是深知数学社会价值及其与"时务"变革密切关系的士人。

学英文及其反映的学习西方文化的积极热情态度

光绪二十三年（1897）四月，严修开始学习英文，聘请祁祖彝（字听轩）指导；十二日日记："祁听轩始来译书。"他们的认识始于正月二十六，严修得知他生于上海，是同治十三年（1874）清朝派遣出洋学生的一百二十人之一，他在美国十年，懂得制造业。光绪十七年（1891）来黔帮办青溪矿务，二十二年（1896）为贵州巡抚奏劾青溪矿亏空案所涉及，祁祖彝遂在贵阳听候质讯。严修在四月十四日请他来教授英文，日记云："始学洋文。延听轩每日来署口授，兼译《算书》，月酬八金。"果然，十五日，"学洋文二十六字母大楷"。此后天天"学洋文"。"每日祁（祖彝）以辰正（八时）来，午初（十一时）散。"（七月初十日记）每天学英文两三个小时。严修为加强记忆和提高兴趣，采取抄单子和抄英译《聊斋》的方法。如到七月初十，他已经学会八九百字，但把单词放到课本中就认不出来了，于是决定"自明日起，选洋译《聊斋》手钞读之"；"且读且钞，手口并用"，以增强学习效果。学习英文，直到十一月三十日仍在进行。进入十二月，他因忙于离开贵州事务，停止了学习。

严修人在中年，开始学习英文，见识、勇气、毅力令人感佩。他是在担忧外患的忧国忧民思想状态下，在洋务运动、维新思潮勃兴、中体西用观念日益深入人心的社会背景下，从事学习的。显然，他隐隐约约地认识到中国被迫卷入资本主义世界活动，以自我为中心的老大帝国必须与外国打交道，要办外交，通商务，交流科学技术、文化知识，如果不掌握英文，就缺少了必要的工具。他学习英文，体现了他对时务的清醒认知，绝非偶然。严修从贵阳回到天津之后，于光绪二十四年（1898）十一月十二日恢复英文学习，二十三日在日记中写道：记英字注解，手抄之。从日记看，严修英文学习曾经中断几年，到光绪三十三年（1907）十月初二，严修和友人陈宝泉（小庄）"议学英文事，拟自明日始"。果然，严修次日再度开始英文学习，由陈宝泉、王用舟（季约）辅导，以《华英进阶》为课本，这天学的是二集第一课。初四，严修"与小庄习《华英进阶》"一课。此后学习英文成为常态。宣统元年（1909）闰三月十八日，严修阅读《礼记·檀弓》篇，读到"则将肆诸市朝而妻妾执"句，想到"此'执'字即《英文汉诂》所谓柔声云谓字也"。应用英文知识理解汉文字义，显见学有收获。（引文见陈鑫整理的《严修日记（1898—1910）》，天津古籍出版社，2025年4月出版。）

严修所笃信并传播的经世致用之学，远远超出清朝初年的内涵，成为具有近代意义的实学，即主张自强，富国强兵，裕民，开办工厂矿山。主导思想上"中学为体，西学为用"中的中学，主要是讲究实用之学，具体讲是有关开矿，发展机械制造业，讲求农桑生产，通洋务，学科学（数学、律学），培养科学技术人才。这里所说的近代经世致用理念，体现在他日记中关心的事务上。光绪二十年（1894）十二月二十八日记叙贵州绸缎："贵州绸又名府绸，廛肆招牌题'府绸发兑'者是也。……闻府绸以遵义为最。"次年六月二十四日，他从尹湛处得知《蚕桑实济》一书，及至二十二年（1896）五月十九日，在黎平"官厅晤俞太守，与商各学规费事，并劝其创办蚕桑"。他一贯关心蚕丝业，才会劝导俞知府改良蚕桑技术，以利民生。二十二年三月十三日在思州科试："昨与饶（星帆）大令谈青溪机器局事，大令述颠末甚详。据云，自亏累之后久停工作，刻上海有洋商欲以五十万金顶兑，议尚未谐。又云，闻中丞已出奏，将原派总办之曾太守参追矣。大令云，镇远、思州、青溪、玉屏一带煤铁之苗颇盛，原办者不能得法，未免靡费，以刻下言之，又苦于款项不足也。"这表明他关注矿业及机器制造业，希望明了国际大事及万国公法，学到了一些自然科学、西方历史与现状知识，获知"泰西之新制，月异而岁不同"。[1]

　　严修坚持为时务而学以致用的目标，力所能及地进行中学和西学知识的学习，以至在西洋数学方面达到非专业人士的较高水平，不能不认为他见识过人。

1　严修:《严修集·贵州武乡试录后序》，陈鑫、杨传庆整理，中华书局，2019。

第三编

清代人的谋生与
社会风貌

雍正间北京民间日常
生活状态

　　雍正帝继位后实行一系列新政策、新措施：奖励体现以农为本的老农顶戴花翎；大力推行保甲制，以维护基层社会治安；从思想上全面开展教化民众活动，旌表路不拾遗，宣讲依据康熙帝"上谕十六条"制作的做顺民孝子的《圣谕广训》，等等。这些都是强化对民间控制的政策。这些政策实行之后，民间社会、民众日常生活究竟是怎样的情形呢？笔者将主要依据《雍正朝起居注册》[1]资料，对雍正中期的首都和地方民间社会状态分别作出说明。这一篇就专讲"首善之区"——北京的民间生活。

1　中国第一历史档案馆编《雍正朝起居注册》，中华书局，1993。

流动人口众多，政府驱逐"游民"

帝都必然是五方杂处之地，汇聚各地来的民众，人们为谋求生计从四面八方蜂拥而至，遇到灾荒的直隶饥民更是奔向北京，诸种情形就形成所谓游民众多的状态。

雍正五年（1727）三月二十六日，雍正帝就京城流动人口和治理办法发出上谕。他说京师游民多有不良行为，有的呼朋引类，讹诈钱财；有的捏造浮言，煽惑众听；有的打探官吏信息，嘱托衙门舞弊；有的开设赌局，引诱人赌博为非。他要整顿治理，首先进行清查，从居停场所着手，就是清查客店、寺庙（传统社会寺庙接受行人居停）、房屋租赁人，以及游民投靠的亲友。查清之后，这些人被区分为两类，符合条件者允许留住，无正当理由者被驱逐出京。凡是候选候补之人，读书应试者，处馆、作幕之士，买卖人、工匠、医卜、艺人、小贩，听其在京居住；无恒业者，立即驱逐。倘若有人敢非法容留流民，事发连坐治罪。负责执行的是步军统领、巡城御史和顺天府，雍正帝并令九卿参与议论具体措施。在雍正帝的意识里，"京师为辇毂重地，理宜肃清"。

雍正帝的指令，有关衙门须立即执行。同年闰三月，雍正帝得到以负责京城治安为重要任务的步军统领阿齐图奏报，有游方僧道装扮成神仙做法会，聚集多人。雍正帝把这些僧道看作是捏造谣言、诓骗愚民的歹徒，遂下令拿究治罪，递解回籍，交由地方官严加管理，不许出境。为使地方官认真查办，雍正帝要求他们每年汇报被管制的僧道情形，由此可知雍正帝的管控办法既严密又严厉。五月二十一日，在刑部汇题的一个案件中，涉及世子（亲王之下、贝勒之上的高等爵位）弘升（康熙帝第五子恒亲王允祺之子）家放出的太监任礼等五人，雍正帝指示，从前内务府放出为民之太监，除效力年久，本管本主保留外，不许仍留京师。由任礼等人可知，他们未被发回原籍，在京生事，而主管衙门并未查禁，因此雍正帝指令内务府、步军统领、巡视五城御史查拿非法留住太监。雍正帝也知道太监有后台，查拿不易，故命令主管不力者要交部议处；放出太监生事，其担保主人也要被议处。

在王府服役的太监被放出之后都不许留住京城，其他无业、无正当职业的流动人口自然被视为容易生事的无业游民，被驱逐出京师。《雍正朝起居注册》雍正五年（1727）八月记载，步军统领阿齐图奏报刘老儿、高有成妄造讹言，煽惑人心；但北京流动人口多至驱逐不尽，如乾隆嘉庆之际，直隶河间人张三到北京开烧饼店；他认识的人里，任大也开烧饼店，且雇有佣工王大。[1]

这里将在京居停的一则谣谚附带一叙。礼科给事中陈沂震

1　中国第一历史档案馆藏档案，"内阁全宗·刑科题本·土地债务类·嘉庆朝"，第 4607 包。此处档案包数，系该馆在 20 世纪 80 年代所示，后来档案包装状况有所改变。

为人贪婪吝啬，凡有亲友求助，则云"将来密云城下，永定河边，不知谁为亲友"，予以拒绝。这个谚语是说，外乡人在京城做官，有官做时固然不错，但一旦丢官在京城待不下去了，流落在附近的密云县、永定河边，那时谁来管我?！人情不过如此，你们也不必指望我什么。这种话虽不是针对京师讲的，但亦表明这里不是外乡人的久恋之地。陈沂震后来被免职了。雍正五年（1727）闰三月十七日，雍正帝就以他这种话作话茬，并及他的贪污，令其出银一二十万两修治江南水利，并说密云城下、永定河边之语，"向来实有，此言甚属悖谬"，但如陈沂震这种人，"从前之密云城下、永定河边，岂可得哉！"确实如此，"密云城下永定河边"，易得与不易得，均可知外籍京官亦有其难处。

京师居民作息时间受到限制和盘查

关于京师居民生活细节的规定，雍正六年（1728）六月初一，步军统领阿齐图奉谕旨：今年天气炎热，不必俟秋暑之时，凡临街居住人等，晚间若有开窗夜坐乘凉者，许其乘凉至二、三更，不必拦阻。今日即行传谕。这道谕旨使后世之人知晓，临街居住者，一般日子不得二更三更开窗在家中活动，必须紧闭门窗，否则会有步军统领衙门的番役或其他差役前来干涉，只有到了酷暑三伏天，在特许的日子才可以开窗乘凉到二三更

天。雍正帝下此旨令，表示对平民的关怀，而且要求当天传达
下去，似乎有爱民如子的味道。不过由此上谕可知京师平民、
贫民并不能自在过日子，其作息时间受到限制。官府如此管制，
自然是治安管制的需要。那时城市有夜间管理制度，有更夫报
时与巡查，十二个时辰的亥时（21 时—23 时）是二更天、子时
（半夜 23 时至翌日凌晨 1 时）是三更天，更夫在二更打梆子唱
道"关门关窗，防偷防盗"。

北京前门外有个"大栅栏"，是商业繁华地区，此处之名称
显示，这里是清代京城管制宵禁处所。宵禁，清朝人因为习以为
常，倒不怎么留意记载，可是西洋传教士留心此事，不止一人
予以著录。如马若瑟是白晋奉康熙帝之命从法国招募的西洋技艺
人员，于 1698 年 11 月 6 日到广州，住在驿站，他在 1699 年 2
月 17 日写的信件中叙述广州城市面貌及保安情形：马路狭窄，
石块铺路，房屋低矮，几乎都是店铺，没有窗户；街上很少见
到妇女；每条街道的路口有栅栏，夜间关闭，保障安全："这
种制度可以防止许多不测，使得许多大城市在夜间也可以平安
无事。"[1] 又如在江西饶州的传教士殷弘绪（Père François Xavier
d'Entrecolles，1662—1741）于 1712 年 9 月 1 日讲瓷都景德镇的
状况："每个街道都有栅栏，夜里，街栅就关闭了。有的大街有
好几个街栅。每道街栅，都有一个人守夜。只有看到某几种特

1　杜赫德编《耶稣会士中国书简集——中国回忆录》第一卷，郑德弟、吕一
民、耿昇等译，大象出版社，2005，第 2 页。

定的信号，他才打开栅栏。此处地方官还不时巡视一圈。还有，陌生人不能在景德镇留宿。他们只能在船上过夜，他们的行动由亲友作担保。这种警察制度维持了社会秩序，在这个引起贪得无厌的盗贼垂涎的富裕之地，建立了一种完全的安全感。"[1] 看来全国各个城镇都有例行的宵禁制度；不过京城、景德镇这类流动人口众多的地方宵禁控制更加严格。

居民交纳铜制器皿

铸造货币所需的原料铜严重缺乏，虽在铜矿资源丰富的云南加强生产，由雍正元年（1723）的年产八九十万斤，提升到四年（1726）的二百一十五万斤，任仍是供不应求。为了不制造劣币铜钱，雍正帝于四年下令，民间不许使用铜制器具，已有的铜制器具应交售官府，以便用作铸造铜钱的原料。为推行这一政令，雍正帝指令地方官派专人在指定地点收购。御史高维新为在京师增设收购网点，于雍正五年（1727）五月上疏奏请（京师）五城增设收购铜厂，户部不赞成这个提议，雍正帝虽然也没有批准此提议，但指示官吏在收购中不得压低等级和斤两，免得户家因受损失而不愿交售。在铜产量不足的情况下，为了保证钱币中铜铅比例合格，不致出现铸币中铅多铜少而无

1　朱静编译《洋教士看中国朝廷》，上海人民出版社，1995，第 71 页。

法流通的局面，收铜器是不得已的下策。而民间连铜制器具都不得使用，只能任由官府收购，可知民间生活中受政府干涉较多，这只是其中一例。

民间赌博，惩治案犯

前述强制放出太监离京，是由拜三开设赌场案引发的。雍正帝因之严禁赌博，惩治罪犯。雍正六年（1728）六月，刑部奏报庄亲王允禄（康熙帝第十六子）审理的制造赌博器具的十三个案子，其中骰子是在京城制造的，贩卖到外地。雍正帝就此指示，以后有赌博者，务必将造卖赌具之人查明治罪。他禁赌，把惩治对象扩大到制造赌具的人方面，似乎是一种抓根源且能见效的方法，但这方法的效果也只是一时的。道光二十五年（1845）御史朱琦奏请"查拿赌博"[1]。士人钱泳在《履园丛话》中说："上自公卿大吏，下至编氓徒隶，以及绣房闺阁之人莫不好赌者。"[2] 太监张道忠赌博，管理步军统领耆英职司查拿，却对他加以保护。[3] 如此看来即使在天子的眼皮底下，赌博照样盛行。

1 《清实录》第 39 册，《宣宗成皇帝实录》卷四一三，中华书局，1986。
2 钱泳：《履园丛话》，中华书局，1979。
3 《清史列传》卷四〇《耆英传》，中华书局，1987。

拐卖人口案件不断发生，严行处治

京城乞丐杨三尧、梁二拐带七名儿童，案发，雍正五年（1727）四月，刑部拟议，比照同谋哄骗的案例，刺字，发往宁古塔（今黑龙江海林）给八旗披甲人为奴。雍正帝不以为意，指明他们所犯之罪，按律只应徒刑、杖责，应按律完结，何必从重处刑。儿童、妇女被拐卖，是当时常见的现象。杨、梁二犯拐卖七名儿童，可见事情的严重性，刑部为加重惩罚才拟出发配为奴的治罪意见，有其不得已的思考。

修治京城街道

雍正五年（1727），京城全面整修道路。六年（1728）九月十六日，步军统领奏请，京城内外大街经过一年刨挖平整完毕，但偏僻小巷需要修治；雍正帝允准，说京城内外地方广大，一年之内实在不能完工的，可以延续一年。巡查人员亦须继续工作，不许扰害民人。

街道状况是京城居民居住环境好坏的标志性内容之一，需要经常整治。康熙帝在二十四年（1685），就京城内城平整道路、疏浚城河之事发出指示，令大学士勒德洪、明珠等人商议：平整街道和城河挖出的泥土送至何处，街道与街心的牌楼取齐，势必影响街道两边房屋的安全，提出具体办法。随后康熙帝令传教士南怀仁、闵明我测量各牌楼街道高低，以便刨挖。他们测量完毕，建议依据道路高低，提高牌楼底座，不必刨挖高处，免得大动工程。工部予以接受，街道不刨挖，停止挑河，同时规定疏通街渠，不许居民向街道抛弃粪土。二十五年（1686），康熙帝批准这个方案。[1] 事隔四十多年，雍正间再事平整街道。

朝廷为弓箭定价

为了整顿京师社会秩序，雍正帝还干预物价，主要是为弓箭定价。雍正五年（1727）闰三月十七日，雍正帝说近来京师箭矢价格昂贵，兵丁购买维艰，操演受到影响，因此命兵部会同步军统领、五城御史酌定价格，晓谕铺户遵行，不许抬高定价，违者治罪。这大约是因为兵器行业物价向来由官府掌控，当价格不利于军士时，官府就会干预。

冬、春季节的京师粥厂

按照惯例，进入冬季，北京五城开设粥厂供给贫民饭食——稀粥。雍正六年（1728）九月二十二日，户部奏请，京

1　韩琦、吴旻校注：《熙朝崇正集、熙朝定案（外三种）》，中华书局，2006，第 158-163 页。

城煮粥赈济贫民，照定例自十月初一起，至次年三月二十日止，由五城官员操办，每城每日发米二石，柴薪银一两。雍正帝批准，并令煮赈米银由五城御史亲自散给，务使贫民得到实惠，不得让胥役侵蚀中饱，都察院堂官亦应不时察看。总计下来，京师粥厂开办将近半年时间，用米约一千七百石，用银八百五十两，为数实在微乎其微。开粥厂是善政，让饥寒交迫的人能够领到粥喝，有所值得称道；但就实际效果来说，其实是"小惠未遍"。

寒冬腊月春天青黄不接之时，京城官方、寺院开办粥厂是惯例，如《帝京岁时纪胜·燕京岁时记》所载，京师广宁门外的普济堂"冬施粥，夏施冰茶"。康熙四十三年（1704），直隶河间府水灾，很多饥民逃荒到北京。康熙帝对传教士苏霖（Joseph Suarez，1656—1736）、巴多明说，"你们说是为慈善来中国，现在就让你们办粥厂，赐银子两千两作为开设粥场的经费"。苏霖、巴多明筹办开来，感到经费不足，又在传教士内部筹集五百两；于是在阜成门外传教士墓区内办起来，购置炉灶锅碗、米、咸菜，向灾民施粥。粥厂开办四个月，每日千人领食物。[1]道咸同三朝大学士、管理工部尚书事务的祁寯藻写有《打粥妇》诗，描述一个 19 岁的少妇，怀抱奄奄待毙的 6 个月大的婴儿，

1　杜赫德编《耶稣会士中国书简集——中国回忆录》第二卷，郑德弟、吕一民、耿昇等译，大象出版社，2005。

打粥以延其性命的惨状:"长椿寺前打粥妇,儿生六月娘十九。官家施粥但计口,有口不论年长幼。儿食娘乳娘食粥,一日两盂免枵腹。朝风餐,夕露宿。儿在双,儿亡独,儿病断乳娘泪续。"京师虽有粥厂的救济,但贫民的生活仍是痛苦万状。

京城居民生活环境

城市居民的生活:首先是就业环境和就业状况;其次是居住条件和环境,涉及房屋建筑和街道整治,商业状况和物价,安全程度和治安建设,有无慈善机构及其活动状况。京师是特别行政区,是所谓"首善之区",应当适宜居住,容易找到职业,安全保障应当没有问题。前面叙述了京城居民八个方面的情形,职业确实是多种多样:流动人员有候选候补的官员,准备参加举人、进士考试的有功名人士,教家馆的老师,为高官做幕客的人士,商人,工匠,医生,算命的,演艺人,小贩等。此外的京官、八旗驻防官兵、皇亲国戚是常住人口。当然,京官也有流动性。流动人口多,赌博、拐卖人口是城市常见的现象,治安事故多,因此维护社会秩序就成为统治者、城市治理者的头等大事。所以北京的治安事务,除地方官顺天府管理之外,步军统领衙门要管、五城御史也要管,并严格实行宵禁制度。雍正帝最为关注的便是此事,之前的康熙帝、之后的乾隆帝亦是如此。稳定京城社会秩序,是任何统治者都必须关注的大事要事，连临街住户开关门窗的小事也要"操心"，真是"宵衣旰食"！尽管康熙帝、雍正帝关注北京的街道整治，但街道环境并不好。雍正帝建设后世有名的圆明园，经常在那里上朝理政和休憩，而少在紫禁城居住，对此，他说出的三个原因之一便是皇宫气味不好，而圆明园的空气清新。皇宫居住人数少，空气尚且如此，可想而知居民区的空气之浑浊了。

附说：18 世纪北京与伦敦居民生活习俗之迥异

北京居民生活状态是自然经济社会形成的，雍正年间的半个世纪之后，英国使臣马戛尔尼使团于乾隆五十八年（1793）到达北京，成员审计官约翰·巴罗在《巴罗中国行记》中就北京与伦敦居民的一天生活情况作出对比性的叙说："北京的大街上，傍晚五六点钟，难得看见有人行走，到处都是猪狗。居民干完了白天的活，此时都各自回家、吃饭，同时按他们皇帝的习惯，日落就睡觉。同时候的伦敦从海德公园一端到迈尔区则人群拥塞，几乎阻断了道路。在北京，一大清早百姓就像蜂群嗡嗡喧闹；而此时，相反的，清晨的伦敦街道几乎空无一人。晚上八时，哪怕在夏季，北京城门也是关闭的，门钥匙交给城守，不得以任何理由开启。"[1] 看来，北京居民一天的生活，是日

---

1 马戛尔尼等：《马戛尔尼使团使华观感》，何高济、何毓宁译，商务印书馆，2013，第 365 页。

出而作，日落而息。这种生活状态来自农业社会，是农夫的生活习俗，首都居民亦复如此，可以说是传统农业社会的表征。北京居民没有近现代社会的"夜生活"，而伦敦居民夜晚活动频繁，以至街头热闹非凡，是工商业社会居民的正常生活现象。北京、伦敦居民日常生活的迥然有别，显然是社会制度不同所造成的。

雍正间地方民间日常生活
实态点滴谈

地方民间社会常见的现象繁杂多样，这里仅仅叙说笔者所知的几种情状，就是民间"妖言"、谣言流行，私盐犯、民众习武、民间组建互助会形成习惯，百岁老人偶有出现。

查拿"妖言"、谣言造作者

在《雍正间北京民间日常生活状态》一文中说到有谣言的流传，其实这种"谣言"在各地时有发生。雍正五年（1727）夏天，社会上流传浙江海宁屠城的谣言，其时海宁籍的大逆不道查嗣庭案审结，故有此说。六年（1728）四月二十九日，雍正帝特地为防治妖言发布上谕说，妖言为法令所严禁，而陕西人习俗相沿，每每喜欢造作妖妄怪诞之言，互相蛊惑，甚至传授符术，召集匪类，为人心风俗之大害，不可不正其惑、清其源；地方文武官员均应不时查察，若有发现，严惩不贷。在信息不透明的社会，传言是必然现象，不过有多少之别。传言在雍正朝多有出现，是因为关于他继位一事的传言本来就很多，另外也与雍正帝实行严猛的政策有关——被惩治的人多了，各种传言就相继而生。

禁止民间有组织地习武

练习拳棒在北方、中原是民间习俗。雍正帝认为，教习武术的武师是游手好闲、不务本业之人，应予以禁止，特于雍正五年（1727）十一月二十八日发布上谕，以后仍敢自号教师教人演练拳棒，以及投师之人，即行拿究；并批驳习武防盗之说，谓众人若都知遵守法纪，就不用防身了。但这种说辞并无说服力。在皖北、河南、山东、山西、陕西、直隶，有一种名为"卦子"的习武兼杂耍群体周游各地，卖艺为生。在康熙年间，他们遭到禁止。雍正年间，他们仍然活动在各地。有一次，陕西地方官捉拿盗窃犯时，突然出现"卦子"数十人持械拘捕，致使盗贼脱逃。雍正六年（1728）九月二十八日，雍正帝就此案件颁布谕旨，令地方官悉心稽查，将"卦子"拿解原籍，编入保甲，严行管制。

严禁私盐

食盐系官卖品，因而必然会出现走私现象。山东邹平县把总（最低级军官）曲成贵缉拿私盐五车，邹平县令关佶的家人和亲戚竟敢拦截，妄图据为己有。雍正六年（1728）五月二十五日，雍正帝竟然以山东巡抚没有将此事报告为由，设置河东总督，由雍正帝欣赏的"模范督抚"田文镜出任，兼管山东事务。

民间互助会

民间有一种凑份子的互助会，由入会者出钱，借给急需使用者，限时归还，不收利息。浙江余姚民妇陆氏，借用陆靖周团组的"收布会"银一两二钱，至期不能归还。陆靖周遂强行取走陆氏棉纱三轴，致使陆氏胞兄陆永与陆靖周斗殴死人。这种民间的互利组织，规模很小，很常见，存在时间不一定很长，只要不出现事端，官府一般不予干涉。

旌表百岁老人

设立忠孝节义祠。对有特殊表现的大臣，历朝均有表彰办法，最高级的表彰是配享太庙、文庙，或设立个人的专祠。雍正帝为鼓励官员尽忠，特设贤良祠，奉祀良臣，把一批官员的牌位摆放进入。除此之外，为"彰善阐幽"，雍正帝命令地方建造忠孝节义祠，使得平民、士绅中的孝子顺孙、节妇烈女得到奉祀和表彰。但是，地方在建造忠孝节义祠时，出现了地方官侵吞官银的情况。雍正五年（1727）闰三月，山东巡抚塞楞额报告各属建祠，盖造坚固，没有浮冒银两。雍正帝令礼部查核具奏，并说建立忠孝节义祠宇，是为了表扬德行，地方官本应有奖善慕义之公心，即使捐输己资，亦当踊跃进行。朕今动用国帑建祠，而承办官员竟然忍心冒销钱粮，草率从事，以致祠堂易于倾圮。令各省查报。以后祠堂的维修，作为地方官的分内之事，自行出资修缮。朝廷动用钱粮，官吏反而侵贪，这样不能使祠宇经久保持。官建之外，把一部分没收的天主教堂改建为节孝堂。

旌表百岁老人，这是固有制度。我们可以从一件事例看出雍正帝的精细认真。雍正六年（1728）四月，山东巡抚塞楞额因商河县民张焕之妻李氏104岁，请旨旌表。雍正帝令礼部询问塞楞额为什么不在李氏一百岁时提请。七月，塞楞额回奏，李氏百岁时，恰值其夫病故，服孝期间，没有呈报申请，故而拖延。雍正帝遂大加赞扬，说她因服制未满，不忍举行百岁庆礼，深明大义，期颐淑范，均属可嘉，因而格外加恩，赏赐内府缎二端、貂皮四张、人参二斤。对李氏来说，这是意想不到的荣耀。百岁民妇懂得遵守丧礼，雍正帝表彰的正是她的知礼。

雍正朝直接关乎民间的政策还有一些，如兴办社仓，释放乐户、堕民、世仆、伴当、旦户等贱民，建设育婴堂等，不一一具述。至于各项政策的执行效果，在人治的传统社会中，就看官吏的作为了。即使在雍正帝大力整饬吏治的情况下，违法官员也时有出现。如赏赐老民，官吏就浮报人数来冒领；浙江钱塘知县杨梦琰将专款挪用；安徽太湖知县冒开老妇名数有两千余人之多。雍正朝的吏治比其他时期要好一些，但弊端是不可能清除的，这是人治社会无法解决的问题。[1]

1　本篇写作依据：中国第一历史档案馆编《雍正朝起居注册》，中华书局，1993。

乾嘉之际人口流动的趋向

——闯关东、走西口的征兆与湖广填四川的延续

18 世纪末 19 世纪初，中国有大量流动人口，从人们对流动者的称谓中充分反映出来。嘉庆年间（1796—1820）及以前离开原籍在新的居留地的人们，谈到他们同新居地的关系时，自称在这里是"浮住"，是"寄居""寄住"，而当地人则称他们为"客民"。这些名词、称谓，是笔者从北京中国第一历史档案馆的档案中得到的。该馆"内阁全宗·刑科题本·土地债务类·嘉庆朝"档案，约三万二千余件，是嘉庆年间地方督抚和中央三法司审理命案、重大盗案的记录，颇有反映流动人口活动的内容。不过需要明了，嘉庆朝所形成的命案文献，虽是记叙的时事，但是有些事发生的渊源是在乾隆后期，所以这里所交代的时间是 18、19 世纪之交的三四十年，即包含乾隆末年在内。笔者曾经阅览过嘉庆朝档案多件，参与编辑《清嘉庆朝刑科题本社会史料辑刊》（天津古籍出版社，2008 年），曾利用这

些档案资料撰写出关于乾嘉之际人口流动的论文，现在从中摘取部分内容，加工成两篇随笔，本文即为其一。

"闯关东"的征兆——山东、河北、山西人流向东北

"闯关东"是指20世纪初期关内（明清称山海关以西地区为"关内"。——编者注）人口向东北移民的潮流，它的形成必先有征候。笔者在《清嘉庆朝刑科题本社会史料辑刊》中见到的人口流动资料，发现闯关东的一些预兆，在此把有关材料公布出来。

嘉庆五年（1800）十二月，在吉林将军辖区吉林厅（今吉林省吉林市）发生李轸打死王勇咸的命案。王勇咸，直隶盐山县人，来吉林佣工，于嘉庆五年三月向吴涌利借钱5000文，冬天没有工做，借住业已歇业的丁魁豆腐店闲房。吴涌利，山东莱州府掖县人，44岁（本文所说的年龄是指其人或其亲属涉及命案时的岁数，下面所讲的涉案人员年龄也是如此），在吉林贺家屯附近卖工度日，十二月向王勇咸讨钱，被后者打伤。丁魁和恰恰到来的李轸见状，丁魁去报告牌头张忠，李轸看守伤人的王勇咸，称其欠钱打人不对，王勇咸不服，两人斗殴，致王勇咸死亡。吴涌利、王勇咸到吉林做工，一个来自山东，另一个来自直隶，都是后来闯关东的人们的祖籍所在地，可见山东人、河北人早有"闯关东"的历史。凶犯李轸，有年逾70的

母亲马氏，本人未婚，家中再没有其他人，他应当是随从父母到的东北，成为当地居民。丁魁开豆腐店，同时开荒，雇工干活[1]。笔者依据对早期吉林史的了解[2]，认为李轸和丁魁也是外来人，不过已经入籍吉林厅，他们是到吉林厅的先驱，王勇咸、吴涌利是步他们的足迹而来。

依然是嘉庆五年（1800）十二月，奉天府承德县（今辽宁沈阳）也出现佣工间的命案。郭琴与戴有德先后到武成有、张秉贵开的饭铺吃劳金（充当雇工）。郭琴于年底辞工，要求武成有给压岁钱，引起争打，郭琴嗔怪作为劳工的戴有德不帮助自己，也与他厮打开来，以致受伤而死。郭琴，山东堂邑人，原籍有父母、妻子和儿子，是只身闯关东；武成有，山西太原人，原籍也有妻、子；张秉贵，亦系山西太原人；戴有德显然不是当地人，只是我们摘抄的资料里没有他的籍贯信息。嘉庆年间，山东人、山西人到辽宁，山东人、直隶人去吉林，山东、河北、

1　中国第一历史档案馆藏档，《内阁全宗·刑科题本·土地债务类·嘉庆朝》第455包；下引该馆档案资料，仅注明"包"号；此包号系20世纪80年代中前期我和南开大学历史系学生参阅时的编号，此后，一史馆对土地债务类档案编号做出调整，笔者未能再作跟踪阅览，故抱歉不能提供新的编号。嘉庆朝的这类档案，业已由杜家骥主编、笔者为副主编汇编出《清嘉庆朝刑科题本社会史料辑刊》（以下简称《辑刊》），天津古籍出版社，2008。由于本文写作在2002年，未能利用《辑刊》，现在亦因工作量较大，未与《辑刊》核对注明《辑刊》页码，只好仍注出档案原件收藏的包件数。

2　参阅拙文《清初吉林满族社会与移民》，刊于中国社科院历史所清史研究室编《清史论丛》1995年号，辽宁出版社，1996。

山西共同成为移徙关东的关内居民来源地。

山东人李成年，来到奉天广宁（今辽宁北镇），受雇于敬发兴种地，与雇主住在同一窝棚里，与他们毗邻的住在窝棚的陈焕、陈开也是种地佣工[1]，包括雇主在内的这些人，无疑都是外来客民。山东聊城人王升，乾隆六十年（1795）到达广宁，受雇于郭三木匠，借住聂辅房屋，不给租金，房主向他借钱，以无钱回复，引发斗殴，打死房东[2]。清代直隶辖属的朝阳县，今为辽宁省朝阳市，乾嘉时期已有关内人前往开发。山东乐安人薛秉义前来，寄住水泉子村，其孙薛奎在杨树沟煤窑背煤，嘉庆六年（1801）三月煤窑倒塌，薛奎歇了几天又去找工，这时祖父薛秉义78岁，祖孙三代寄居朝阳已经有一些年头了，薛秉义的到来应当是在乾隆中后期。同他们相识的山东老乡潍县人冯怀荣，同样是寄住做工[3]。山东惠民人李云到直隶建昌（今辽宁凌源）种地，雇工成义学是他山东的小同乡，成义学的弟弟成博学也在这里务农[4]。

山东人、河北人、山西人到辽宁、吉林的不少地方寄住谋生，其时间不晚于乾隆朝，这些人是"闯关东"的先行者。

1　中国第一历史档案馆藏档，《内阁全宗·刑科题本·土地债务类·嘉庆朝》，第4568包。
2　同上书，第47包。
3　同上书，第4584包。
4　同上书，第4586包。

陕西、山西人流向大西北

山西曲沃人贾进玉寄居甘肃省西宁县（今青海西宁），贩卖布匹，与妻子、孩子生活在一起，可能是全家一起迁移到大西北的[1]。如果说贾进玉的行为，尚不能表示内地人向大西北流动，下述王兴才等六人不期而遇地向甘肃哈密厅（今新疆维吾尔自治区哈密市）进发，就在一定程度上反映这种流向了。嘉庆六年（1801），29 岁的王兴才、23 岁的吴备贵、王进宝三人，原籍都是陕西泾州，"向来各在口外佣工，大家熟识"，他们因找工不容易，结伴往西走，五月初四上午在路上又遇到赵建金、南显荣、孙时忠三人，于是六人行走到哈密厅沙泉子乡，一更天才歇脚。王兴才与王进宝因金钱借还问题产生冲突。[2] 关中平原的人向甘肃西北部和新疆哈密流动，有点今日所说"走西口"的味道。

湖广人流向四川

湖南零陵人何兴俸，寄居四川苍溪县，嘉庆五年（1800）19 岁，父母已故，有弟兄三人，娶妻杨氏，生有女儿，犯案后

1　中国第一历史档案馆藏档，《内阁全宗·刑科题本·土地债务类·嘉庆朝》，第 4597 包。
2　同上。

口供云，"早年搬到案下佃种度日"。他有个姐姐，姐姐的婆家就住在附近。看来，是何兴俸之父在乾隆年间由零陵迁移而来，将女儿嫁在新居地，并为十几岁的儿子何兴俸娶亲[1]。一个湖广移民家庭就这样在四川扎根，逐渐变成土著。湖南邵阳人杨显荣，父母俱故，兄弟二人均未成亲，来到四川江油县，佣工度日，因雇主短缺工钱 300 文于嘉庆六年（1801）生出命案，其时他 37 岁[2]。显然他是新移民，这表明嘉庆年间湖广人还在继续向四川移动。

河北、山西、山东人流向内蒙古南部

向内蒙古的处女地进发，同样是值得注意的移民动向。

山东济阳人刘进孝早年到多伦诺尔（今内蒙古自治区多伦），生有三子，长子刘贵，次子刘祥，老三刘玉，妻故世，种地为生。刘祥于嘉庆四年（1799）四月与山东人张中魁合伙开麻花铺，几个月后，张中魁因为不能赚钱回原籍。山东新城人王立先赊欠麻花铺 90 文，刘祥要清账，王立先抵赖，王立先被打伤而死，王立先的表兄何承旭报案，求为死者申冤[3]。这一事

1　中国第一历史档案馆藏档，《内阁全宗·刑科题本·土地债务类·嘉庆朝》，第 547 包。
2　同上书，第 4584 包。
3　同上书，第 4549 包。

件使我们得知，同时期有刘、张、王、何四个姓氏的山东人到多伦诺尔谋生，其中有一个家族还有一对表兄弟，表明是结伴而来，或虽分先后，但系牵引而至。山西阳高人岑家善自云早年到多伦诺尔"寄住，佣工度日"，儿子岑魁同样是雇工；与他们父子毗邻居住的有李大黑，直隶献县人，回民，赶车为生；乐幅，直隶密云人，佣工，没有妻室；杨文盛，不知何方人士，佣工，有家属，借欠乐幅 3000 文[1]。这是山西人和直隶的不同县的人移民至多伦诺尔。

直隶蓟州人华信到平泉（今河北平泉）寄住种地，嘉庆五年（1800）48 岁，有妻子和四个儿子，雇有工人刘义；刘义是山西平定州人，与弟弟刘二都给人打工[2]。这些雇主与雇工皆来自外地。

山西代州人姚礼，到归绥道萨拉齐地方（今内蒙古自治区土默特右旗萨拉齐），至嘉庆五年 62 岁时已来此地有不少年头，所以他说自己"向在达赖贝子巴拉亥托亥地方卖烟酒营生"[3]。朔州人宋四小子，多年在清水河（今内蒙古自治区清水河）做佣工[4]。山西人所处的地理位置前往内蒙古南缘的中部较为方便，

1　中国第一历史档案馆藏档，《内阁全宗·刑科题本·土地债务类·嘉庆朝》，第 4547 包。

2　同上书，第 4564 包。

3　同上书，第 4582 包。

4　同上书，第 4718 包

姚礼、宋四小子的选择去向，路程都不远，应该说是有充分理由的。

此外，有人前往邻近的外省、外府州县谋生，如嘉庆六年（1801）闰三月十八日，河南叶县发生了 23 人合伙打劫樊曰恭家的大案。这些人并非职业盗匪，其中有汝州人方添佑、董狗、陈铁匠、陈有牙、赵第二、王兰、宁有幅、赵悦惠、郭骆、张撤，裕州人刘和、倪群，宝丰人煤黑儿，鲁山人王第二、郭来成，不明籍贯的汪金八等四人，也有叶县当地人裴四、李忝成、李传玉、胡六玉。他们多系离家外出找工的人。如鲁山人郭来成，母亲以外没有亲属，到汝州瓦店圭觅工；汝州人董狗，有父亲，以做佣工度日，也是到瓦店圭找工的，与郭来成、方添佑、陈铁匠等相识，大家说起穷苦，起意打劫[1]。他们不是一个府县的人却互相熟识，显然是在觅工、打工中结识的，可知在外地打工已有多年了。又如江西瑞金人古奕祖、古喜奇堂叔侄和冯起中均到福建长汀当挑夫，另一位江西石城人邹细丰也到长汀谋生[2]。田大怀从陕西富平迁移到临潼，因借钱被人打死[3]。此类省府内部流动甚多，不赘述。

人口流动的去向，由于笔者掌握资料不多，不可能对他们

1　中国第一历史档案馆藏档，《内阁全宗·刑科题本·土地债务类·嘉庆朝》，第 4584 包。

2　同上书，第 4547 包。

3　同上书，第 4556 包。

的动向作出规律性的说明，但是也根据有限的资料而产生一点印象。中国历史上历来有所谓"狭乡"居民向"宽乡"移徙的事实。"狭乡""宽乡"的概念流行于唐代，表明其时有众多民众从狭乡迁居到宽乡；明代南北方的居民奔赴河南、陕西、湖北三省交界的山区（以湖北郧阳地区为中心），并发生过重大的事件——流民暴动，朝廷在移民地区建立行政机构，承认移民的既成事实。笔者认为，乾嘉之际人口流动仍然带有这种特点，即人口密集地方的居民迁移到人口稀疏的地区去。不过这时的流动更有一个显著的特征，就是到边疆去，到被清政府封禁的龙兴之地——吉林、辽宁去，到执行蒙古法的内地与内蒙古交界的地方去，到甘肃西北和新疆哈密去。

　　清朝与明朝的辖区治理有所不同，清朝皇帝由东北入主中原，以盟旗制度管辖蒙古地区，在新疆建立伊犁将军的管理方式。边疆的稳固，给人口密集地区的民众在客观上提供了去处，虽然吉林、奉天是封禁的，但是民众还是冒险偷着进入。因此笔者认为在乾隆后期和嘉庆时期，"闯关东"、赴内蒙古的先驱者业已产生，后来的大规模移民现象渊源于此，绝不是偶然的事情。这种先驱者的出现，表明移动人口中有一部分人的行动是有目标的，往哪个方向去是明确的，而不是盲目行为。由家人、亲戚、同乡的共同行动或先后而至的情况看，流动有试探性，如果适合于谋生与生存，就停留下来，成为移民。

乾嘉间流动人口不稳定的职业和
灾难频发的生活

在《乾嘉之际人口流动的趋向——闯关东、走西口的征兆与湖广填四川的延续》篇中主要是叙述移民的流向，也涉及了他们的不幸生涯，这一篇就来了解他们的职业和他们灾难频发的生活。

卑微、多样而不稳定的职业

资料显示，流动人口的职业，占据第一位的是佣工，第二位是自家耕作的农民，第三位是小商贩，第四位是手艺人，此外还有挑夫、教书先生、奴婢、流丐、僧侣，以及配遣犯，多系下层社会人士。

佣工。在上一篇已经讲到的吴涌利、王勇咸、成义学、岑魁、杨文盛、乐幅、何兴俸、贾进玉、王兴才、王进宝、吴备贵、赵建金、南显荣、孙时忠、刘义、刘二、杨显荣、李成年、陈焕、陈开、冯怀荣等人都是卖工度日的佣工，叶县盗窃案中的 23 人（郭来成、董狗等）也多系佣工队伍的成员。他们是做农活的。农业雇工只是佣工的一种，此外在商业、手工业方面也有一些佣工，如郭琴在饭店打工；薛奎在煤窑干活；陈映奉从原籍黄陂到天门，在罗大云剃头店当雇工[1]。江西人到湖南浏阳的泻银店做佣工[2]。安徽合肥人曹明山到全椒，受雇在豆腐店，为雇主挑卖豆干[3]。总体来说，农业雇工是佣工的主体，不仅如此，佣工还是移动人口的主要职业。可以想象移民所拥有的只有劳动力，他们到新居地只有出卖劳动力维生，而在农业社会，基本上也只有农村能容纳他们，他们也只有选择做佣工，特别是农业佣工这一个职业。

　　农民。这里指"自家耕作的农民"，是租佃、典当田业、自有田产的农民，以此区别前述农业佣工。少数农民离开故土时带有一点钱，到了新地方租地耕作；有的农民积累一点钱，典当少量耕地，或者还能买一点田地，务农为生。河南淇县人郭林江迁移到湖北房县，在乾隆五十九年（1794）当得一块山地[4]。

1　中国第一历史档案馆藏档，《内阁全宗·刑科题本·土地债务类·嘉庆朝》，第 4713 包。
2　同上书，第 4856 包。
3　同上书，第 4538 包。
4　同上书，第 4586 包。

甘肃泰州王提于嘉庆十二年（1807）来到陕西宝鸡种地，十年后的嘉庆二十二年（1817）六月用价 30 千文典当赵文蔚的 12 亩耕地。四川名山人黄曰智，早年到雅安种地，后来有山地出租，每年仅收地租芊麦七斗，可知地亩很少，不过表明他有余田了[1]。陕西白水人移居周至，开始做佣工，后来典当山地耕种[2]。嘉庆二十二年，王善与长子王贵谦早已分家各过，都是"种地"度日[3]。前文提到过的刘祥，他的口供："向在案下白岔敦都坤兑沟种地度日。"[4]在刑科题本文字表达方面，涉案人员口供所云维生手段为"种地"，而未及"种地"之地的主人问题，则此种田地，不是租佃来的，就是自家所有的。周元珑、周元贵弟兄从四川合川移居邻水，分别租种熊姓地主的田地，他们的同乡陈盛潮亦是租佃熊姓的耕地，于是又成了邻居[5]。湖北蕲水周维太到达陕西洋县，打短工，也自己种地，家里养着猪[6]。他可能是佃农，并有余力充当短工。四川大足人谢平章至兴文县，佃种游李氏田地，交押租三两银子，乾隆六十年（1795）未交租谷，以二两作抵，退佃，仍借住田主草房[7]。这种有一定田产的寄籍

1　中国第一历史档案馆藏档，《内阁全宗·刑科题本·土地债务类·嘉庆朝》，第 4716 包。
2　同上书，第 4875 包。
3　同上书，第 4718 包。
4　同上书，第 4549 包。
5　同上书，第 4586 包。
6　同上书，第 4717 包。
7　同上书，第 3084 包。

人已经在当地生根，与寄住有很大的差别。

小商贩。开酒店、豆腐店的不乏其人，太原人张秉贵、武有成在奉天（今沈阳）开饭铺。山西太谷人张泽宇到直隶蓟州桑梓村开设酒店，比在马庄开酒店的杭奇本钱要多一点[1]。江西临川人吴明珍到贵州威宁开设酒店，因脚伤不能挑水，雇用四川兴文县来的宋老大临时帮工，每月工钱七钱五分[2]。陕西清涧人郑魁到肤施，与姜保儿伙开饭铺[3]。山西猗氏人王崇亮和弟弟王崇奇与荆泳谷到汾阳，于嘉庆元年（1796）合伙开油坊，王氏兄弟出钱30千文，获利王氏兄弟得一分六厘，荆泳谷得一分[4]。安徽当涂人在浙江兰溪开糕点店，雇用堂弟做帮工[5]。萧友三从衡阳到长宁"小贸营生"[6]。贵州广顺州人李锦连、李才连弟兄到义兴府贸易[7]。陕西渭南人李澍带着妻子至汉中开磨坊[8]。可能是北京作为大城市好谋生，直隶河间人张三来此卖烧饼[9]。河南人任宗尧到江苏铜山开烟店，雇有伙计沈九秩[10]。有的人无力开店

---

1 中国第一历史档案馆藏档，《内阁全宗·刑科题本·土地债务类·嘉庆朝》，第 4598 包。

2 同上书，第 3222 包。

3 同上书，第 4718 包。

4 同上书，第 3229 包。

5 同上书，第 4870 包。

6 同上书，第 4556 包。

7 同上书，第 4589 包

8 同上书，第 4574 包。

9 同上书，第 4607 包。

10 同上书，第 4535 包。

铺，就肩挑负贩，如刘世发从麻阳到凤凰厅挑卖零酒[1]。

　　小手艺人。湖南麻阳人谭征桂到凤凰厅编织草鞋出卖[2]。甘肃成县人王世兴来到两当，会做纸手艺，串街走村，应人雇役，完活即离开雇主[3]。浙江金华府兰溪县胡联魁、胡联发兄弟与族兄弟胡顺苟是泥水匠，到衢州府龙游县做工[4]。

　　此外还有一些人从事少见的职业，有的临时应雇干杂活，如挑夫，湖北潜江人苏昌周到东湖就是做挑夫，为人家喜事抬轿子[5]。有私塾老师，如李澍修，从原籍渭南到汉中，以教蒙馆为生[6]。有僧人，如道悟，原籍四川郫县，出家在彭县净水寺[7]。有乞丐，如许老五，老家浙江兰溪，长期在龙游乞讨，而且强要、强赊欠，是流丐[8]。有奴婢，比如腊梅，是山西太谷人，于乾隆五十九年（1794）被在直隶柏乡做知县的武先振契买为婢女，来到县衙伺候主人；嘉庆四年（1799），因为还嘴，被主人的儿子打死[9]。至于腊梅的主人武知县也是离开原籍的人，清朝制度

1　中国第一历史档案馆藏档，《内阁全宗·刑科题本·土地债务类·嘉庆朝》，第 4565 包。
2　同上书，第 4565 包。
3　同上。
4　同上书，第 4556 包。
5　同上书，第 4719 包。
6　同上书，第 4574 包。
7　同上书，第 4604 包。
8　同上书，第 4590 包。
9　同上书，第 4578 包。

不许官员在原籍做官，所以官员具有流动性，古来如此，不在本文讨论的范围，故不涉及。

流动人口中有一种配遣犯，就是被发配的犯人，离开原籍或原居地，到新的地方接受管制。广东顺德人梁亚树因抢劫诓诈于乾隆五十七年（1792）被发配至河南遂平，在马号当差；徐亚执，和梁亚树是同乡，也被发配到一起，很可能他们是同案犯，在遂平他们合伙摆摊。在遂平还有配遣犯关亚好、周氏夫妇[1]。王允发，四川昭化人，在陕西宁陕州犯案，发遣至湖北大冶拘役[2]。

流动人口的职业，如标题所示有三个特点。一是卑微性。流动人口多是些务农、理发、背煤的佣工，编织草鞋、卖零酒的小商小贩、小手艺人，赶车的车夫，卖苦力的脚夫、轿夫，卑贱的奴婢，方外的僧侣，讨人嫌的流丐，开饭铺、酒店、烟店、糕点店、磨坊、油坊的小商人，能做自耕自食的农民和教书先生已经是很不错的职业了。二是多样性。流动人口从事的行当比较多，不过多属于下层社会，把官员及依附于他们的幕宾、应试的读书人除外，流动人口中几乎不会有上层社会的成分。三是不稳定性。佣工中的短工根本就是不稳定的职业，所以时而有工，时而无工，并且具有很强的季节性。小商小贩，

1　中国第一历史档案馆藏档，《内阁全宗·刑科题本·土地债务类·嘉庆朝》，第 4549 包。

2　同上书，第 4719 包。

赚不到钱而歇业破产。这种不稳定性，往往造成流动人口的生活没有保障，因此继续游动或者返回原籍。

艰难和灾难频发的生活

流动人口多系被迫只身外出谋生，缺乏经济实力，他们来到一个陌生的地方，自然是举步维艰，生存上糊口不易。相当一部分流动人口没有家室，生活孤寂无聊。在地域观念强烈的传统社会，外来人会受到歧视，更会被当地恶势力欺凌；若是处于佣工的处境，又会自觉、不自觉地为雇主卖命，甚而成为法律上的罪人。流动人口造成的命案较多，各种灾难事件的出现，源于他们的悲惨生活，标题所说的"灾难"，即指斗殴之类的恶性事件。

繁多的零星借欠、赊欠纠纷所反映的生活艰难

小额借欠的纠纷。寄住者之间或寄住者与土著之间，借钱、借粮的数量都很小，多的不过几千文，少的只有一二十文，但常常因一个时期不能归还，发生争执，以致闹出人命。福建顺昌人文亨到南平做佣工，借本地人康有魁 180 文，约定五天还钱，过期失约，被康有魁打死 [1]。胡顺苟借给胡联发 150 文，讨要中争执出事。四川安县人李有贵到武平帮工度日，嘉庆四年

1　中国第一历史档案馆藏档，《内阁全宗·刑科题本·土地债务类·嘉庆朝》，第 4584 包。

（1799）三月向杨畛借钱 40 文，五年闰四月杨畛讨要，并要剥他的衣服作抵偿，李有贵就把杨畛刺死 [1]。广东归善人罗亚四在永宁做工，嘉庆四年十一月借给黄亚水 1600 文，次年八月去讨要，对方愿将一块地里种植的花生顶抵，罗氏同意了，后对方反悔，引起斗殴，导致黄亚水的母亲周氏死亡 [2]。以上是无息借款的事例。亦有非高利贷性质的有偿借贷，如配遣犯王允发于嘉庆二十年（1815）三月借给杨鸣南 5300 文，三分起息，嘉庆二十二年（1817）七月去讨债，杨家不能归还，就把其妻子、长媳打死，又打死其次子夫妇。

欠工钱的纠纷。农村雇主家中难得有现钱，要等粮食收成出卖后才会有钱，故而不能及时发给雇工工钱，而后者的讨要工钱往往出现事故。直隶涿州人李广显寄居保安，嘉庆五年（1800）三月受雇为武金文耕地，讲明工钱 333 文，当时得了300 文，余欠 33 文。次年四月李广显在众人面前讨要，武金文认为栽了自己的颜面，打伤李广显的妻子耿氏，后反被李广显打死 [3]。四川庆符人罗贵给西昌刘自贵做雇工，年工钱 4000 文，少得 400 文，罗贵讨要，刘自贵说他偷懒，不愿再给，罗贵就将雇主打死 [4]。陈映奉在罗大云剃头店做佣工，每月工钱 500 文，

1　中国第一历史档案馆藏档，《内阁全宗·刑科题本·土地债务类·嘉庆朝》，第 4556 包。

2　同上书，第 4583 包。

3　同上书，第 4584 包。

4　同上书，第 4591 包。

三个月没有拿到工钱，发生殴打死亡事件。

赊欠的纠纷。开店，尤其是饭店、布店、杂货店向来允许常客记账赊购。陕西清涧人郑魁，自幼随父母寄居肤施，嘉庆九年（1804）同姜保儿伙开饭店。嘉庆二十二年（1817）二月从怀远县来的何天禄在附近做佣工，赊欠饭钱530文。郑魁六月找到何天禄的雇主樊保海家，将樊保海打死[1]。贩布的贾进玉，赊给同院居住的蔡希玉315文的布，到期没有收到钱，致死蔡希玉。卖草鞋的谭征桂赊购刘世发16文的酒钱，因而杀死讨账的刘世发。曹明山为雇主卖货，寄住在全椒的含山人王胜高赊购18文钱的豆干，曹明山替主家讨要，被王胜高打死。

高利贷的纠纷。周维太于嘉庆十七年（1812）四月借贷王棕贵苞谷九斗，合钱1800文，约定秋后还清，周维太到期未还；王棕贵提出每1000文每月加利100文，周维太没有答应。嘉庆十八年（1813）还过400文；嘉庆十九年（1814）还荞麦四斗二升，作钱800文；此后常给王棕贵做短工，日工钱44文，做了一个月，应得工钱1320文，被全部扣去。嘉庆二十二年三月，王棕贵叫周维太上工，周维太不去，被拉到他家遭到殴打。同年四月王棕贵到周家，说还欠他本利十串零八十文，要立即收钱，无钱便拉走周维太家的猪一头，并说等周维太地里麦子熟了再去收割，激起周维太谋杀王棕贵。在清水河做佣工的宋四

1　中国第一历史档案馆藏档，《内阁全宗·刑科题本·土地债务类·嘉庆朝》，第4718包。

小子，于嘉庆二十二年（1817）三月向王加善借豌豆一斗，王加善言明秋后加利五升，宋四小子九月给王加善做工半个月，每天工钱40文，计600文，王加善要债，宋四小子想用工钱抵债，王加善不从，宋四小子在争打中杀死债主、雇主王加善[1]。

争工价的纠纷。胡第元租佃山地烧石灰，雇工马四，每月工钱四钱，马四要求增加到六钱，发生争打命案。

其他经济纠纷。湖南衡阳人萧友三到长宁"小贸营生"，于乾隆六十年（1795）租借杨世元的房子，年租金6400文，按季交租，均系按期给予。嘉庆五年（1800）第三季度，萧友三才将这年的房租交出2000文，九月初二被房东打死[2]。萧友三多年来一直按期交房钱，至此不能做到，显然不是图赖，而是生意不好，维持不住。直隶盐山人王七，寄住通州，做工度日，有房，出租给刘敬纯，收押金2500文，不收房租，退房时退押金；房客退房时要求退押金，被王七推倒摔死[3]。黄曰智佃出小块山地，将欠租的佃户刘泗荣致死。

双方在讨要少量的借欠、赊欠、拖欠工钱和地租中，一言不合，便互相辱骂，继而厮打，进而动用凶器，终至酿成人命。在局外人或后人看来，这种出人命的事是不应当发生的，是不

1　中国第一历史档案馆藏档，《内阁全宗·刑科题本·土地债务类·嘉庆朝》，第4718包。
2　同上书，第4556包。
3　同上书，第4549包。

值得的；然而仔细思量两方的处境和心情可能会对他们的行为
有所理解。纠纷命案的负欠一方和小额无息出借的一方，即允
许赊欠的小商人，这些人大都是生活在贫困线上的人，得一钱
就可以去吃饭，少一钱就会挨饿，没钱生活的压力之大，是难以
想象的。贫困使人生活在压抑中，如若受刺激而爆发争斗，那是
很难抑止的，自然会做出不理智的事。应当说，争吵、殴打往往
是难于避免的，而致死他人，除了周维太类的极少数故意杀人
之外，其他的都是清代法律上所说的"误杀""戏杀"，是带有
极大偶然性的。这类人命案件的出现反映出流动人口生活的艰
辛、生存的极度没有保障和恶劣的心境。这里只是从经济生活
观察流动人口的生活状况，下面再从家庭生活等方面进行考察。

流动者孤苦的独身生活

流动人口中，尤其是刚刚流动的人，极少数是携家带口的，
多系只身行动，到新居地依然是"茕茕孑立，形影相吊"，孤苦伶
仃。比如 35 岁的李有贵，由四川安县到武平做佣工，没有妻子，
父母亡故，也无兄弟，孤身一人[1]；34 岁的任士保同李有贵一样没有
父母兄弟妻子[2]；同是 34 岁的周维太，没有结婚，老家有个哥哥[3]；

1　中国第一历史档案馆藏档，《内阁全宗·刑科题本·土地债务类·嘉庆朝》，
第 4556 包。
2　同上书，第 4578 包。
3　同上书，第 4717 包。

37 岁的杨显荣，没有婚姻史，父母也都弃世[1]；28 岁的罗贵，没有兄弟妻子，故乡有 60 岁的父亲[2]；30 岁的苏昌周，无妻室，只有76 岁的老母[3]；等等。

在新住地，流动者有的同雇主居住在一起，有的借住在别人家，如山西孝义人武三周到石楼做佣工，借住在佃农周武汉家[4]。有的人租房子，如外来佣工在山西平遥典窑房居住[5]。有的人有了自己的住房。有一些短工只好栖身于饭店，四川岳池的周贵从乾隆五十五年（1790）到南江县做佣工，时常在黄沛坤饭店吃住，待到嘉庆二年（1797）欠钱 6450 文，被店主黄沛坤要剥衣服抵债，情急之下将黄沛坤打死[6]。伙住、借住、住店，不仅居住环境差，更是无家的明证，又何谈好的生活情趣！

还有一些春去冬返的流动者，原来在家种田，有时春天出门打工，冬天返回家园。浙江淳安徐善喜、徐添贵、徐来太、徐盛喜、徐馨贵、徐富顺、徐有喜等七人，"佣工外出，十二月底回家"[7]。他们似乎是这种类型的人。季节性流动的人离开家乡，不稳定，有反复移动之苦。

1　中国第一历史档案馆藏档，《内阁全宗·刑科题本·土地债务类·嘉庆朝》，第 4584 包。
2　同上书，第 4591 包。
3　同上书，第 4719 包。
4　同上书，第 4584 包。
5　同上书，第 4876 包。
6　同上书，第 4600 包。
7　同上书，第 4579 包。

流动、无家、无固定住所，孤苦和不稳定的生活让人难熬，无处去找乐趣。在传统社会，没有正常的家庭生活的人群，一方面因自身生活缺少欢乐而痛苦，另一方面也容易生事，遭遇更严重的不幸，他们同时也是社会的不稳定因素。

流动人口遭受地方恶势力的欺凌

传统社会地域观念特别强烈，所以寄住、寄籍、原籍、籍贯的概念才那样地分明，土著与客民容易发生纠纷，而地方恶势力、无赖更以鱼肉客民为能事，常常是事端的制造者。任宗尧从河南到江苏铜山做小生意，当地人张忠于嘉庆五年（1800）四月借去 500 文，不还，六年（1801）二月要借 2000 文，任宗尧不应允，张忠大打出手，任宗尧被迫还手，与伙计沈九秩把他打死。张忠强借，实际上是强要，无非是欺负任宗尧是客民，认为他不敢怎么样，想不到把人家逼急了，于是两个人合力回敬他[1]。案中的死者是本地人，是因为客民厉害，不容本地人侵犯他们的利益，但是成了凶犯，而怯懦的流动者只能忍受本地人的欺凌了。

---

1 中国第一历史档案馆藏档，《内阁全宗·刑科题本·土地债务类·嘉庆朝》，第 4535 包。

乾嘉之际形形色色小业主的
经营状况

　　涉及生产关系领域的研究，业界通常留意的是主佃、东伙关系的两极状况，特别是其中的极富、极贫者的情形，而对处于中间状态的层级关注甚少。这里将要写的小业主的历史，希望对这种研究状况有所改善。笔者所说的"小业主"，比社会上一般所指的手工业者、小商人（零售业者）要宽泛一些，还把一般农民、小土地出租者、农民而有雇工者，以及佃农而有雇工者包括在内。确定这个写作范围的原则是，拥有少量的生产资料和特殊手艺（技术）的人，家庭经济来源主要靠自家劳动生产，雇工所得不占主要成分。佃农基本上没有固定资产——田地，但是若能够雇工，从理论上说经济状况不应低于一般小业主，故而也纳入这个范围来讨论，并且也是从生产关系的角度来容纳和考察的。笔者能够进行这种讨论的基本条件，就是前面两篇随笔利用的中国第一历史档案馆所藏《内阁全宗·刑科题本·土地债务类·嘉庆朝》档案史料。由于小业主的情形相当复杂，若都写下来文字太多，故而分为《乾嘉之际形形色色小业主的经营状况》和《小业主的经营特点与社会地位》两篇。本篇中的小业主将从农业、商业和手工业各业次第写来。

小土地出租者

自有耕地不多，出租的田亩很少，或拥有田地不一定很少，但租出去的并不多，这样的人家，是这里讲的小土地出租田主。

生员出租田地。江苏常州金匮监生蔡益谦，有田三亩三分，租给陆幅，每亩收租一石米，他同时雇有工人许小大，嘉庆五年（1800）闰四月让许小大去收陆幅上年的欠租。蔡益谦的雇工估计不是用来从事农业的，若那样蔡益谦不会再将三亩地的少量耕地租出去，不知他是否开有商店，才会雇工。安徽宁国俞加可，监生，有田三亩，由何狗儿、邵童儿、邵光元三人佃种，年租谷 310 斤，嘉庆二十二年（1817）八月何狗儿等因遭虫灾，要求按收成平分，不能包租，因而发生争执，俞加可之子祥松（秀才）致死何狗儿[1]。

农民出租田地。四川剑州王三宇有地租给同曾祖弟王模，

---

[1]　中国第一历史档案馆藏档，《内阁全宗·刑科题本·土地债务类·嘉庆朝》，第 4718 包。

嘉庆五年（1800）十一月要收田自种[1]。看来他接受的是小量祖遗田产，而王模或自卖，或父祖就没有给他留下田业，才佃田承种。广东潮阳陈振名将田租给梁阿汉，佃户历年拖欠租谷二石二斗，嘉庆四年（1799）冬天，陈振名起田另佃，并派其子陈太平屡次讨要欠租[2]。湖北黄陂王纯把田四斗五升（在南方一些地区，用石、斗作为计算田亩面积的单位，这可能是以需要种子数量核算田地面积，故讲述有多少田地，往往说是"几石种"。究竟一石种田合多少亩，各地有所不同，大约是六亩左右）租给万应秀，嘉庆六年（1801）秋收系正常年景，万应秀完租迟缓，王纯夺佃，转租给汶光玉，造成两佃户相残[3]。直隶灵寿安成全子将小块田地租给安保小子，每年租谷五斗，嘉庆六年夏天发生水灾，佃农没有收成，佃农要求免租，田主开始同意，次年又反悔[4]。四川名山人黄曰智寄住雅安，把小块山地租给刘泗荣，每年收租芋麦七斗，后因欠租引起纠纷[5]。浙江龙泉邱沅贵有四亩田，佃给姜培忠耕种，嘉庆七年（1802）欠租200斤，次年起佃[6]。

1　中国第一历史档案馆藏档，《内阁全宗·刑科题本·土地债务类·嘉庆朝》，第 4575 包。

2　同上书，第 4586 包。

3　同上书，第 4715 包。

4　同上。

5　同上书，第 4716 包。

6　同上书，第 4717 包。

　　向佃户借钱的小土地出租者。浙江仙居应文标有七分田租给张钦法，秋租谷一石四斗，麦租一斗四升，嘉庆三年（1798）向张钦法借钱 3600 文，五年（1800），张钦法自动扣留租谷抵欠，次年夏天，应文标怕得不到租子就去强割一半的麦子，到七月三十日又去抢收稻谷，斗殴因之而发生[1]。

　　让人代耕的小土地出租者。安徽宿州宋玉一面自家种地，另有旱地八亩交给王克己代种，王克己是宋兹荣的佃户，宋兹荣怕因此影响王克己种他的地，遂于嘉庆五年七月与宋玉发生冲突[2]。

　　小量公有田地的出租者。胡培、胡阳等有祖遗公田一丘，佃户沈曹，年租三石五斗，嘉庆三年拖欠一石，五年四月胡培夺佃，另租给沈纵，致使两个佃户争斗，酿成命案[3]。

　　典当业主成为小土地出租者。乾隆六十年（1795），湖南绥宁苏时春用十四两价银典得李昌太塘田一块，仍由李昌太佃种，四六分租；嘉庆六年（1801）李昌太用潮湿谷子交租，引起苏时春的不满，起田自种，一场人命案子因而发生[4]。嘉庆四年（1799）十一月，四川东乡马士韬因欠张柱三十两银子，将田一块抵押给他，田仍由原来佃户李升魁耕种，向张柱纳租，违

1　中国第一历史档案馆藏档，《内阁全宗·刑科题本·土地债务类·嘉庆朝》，第 4614 包。
2　同上书，第 4565 包。
3　同上书，第 4588 包。
4　同上书，第 4712 包。

约则由张柱耕种，可是李升魁连续两年没有交租；七年（1802）春，张柱要收田自种，李升魁答应付租，可是收割时不通知张柱，张柱儿子张应山在斗殴中杀死李升魁[1]。

租牛的业主，在这里附带说明。广东河源县罗元和向来把牛租给乌逸保耕田，乌逸保欠租谷八斗，嘉庆五年（1800）十月中旬见稻谷成熟，罗元和向对方讨租，竟将乌逸保打死[2]。直隶藁城王书在嘉庆九年（1804）春天将牛驴租给张幅荣耕地，后者欠价240大钱[3]。耕牛是农民在除了田地之外的重要生产工具，有富余畜力的人就出租耕牛进行谋利。

档案资料有出租田地较多的人家，如四川邻水熊姓，有田庄，把田地分别出租给周元珑、周元贵、陈盛潮、王明绍[4]。像熊姓这类的土地出租者，笔者还有几个事例，不过他们可能是出租地主，不是本文的论述对象，不再赘述。

雇工的小土地经营者

可供耕作的田地不多，而雇工负责生产。

湖北松慈县曹全昌雇佣堂侄曹中寿帮工，嘉庆五年七月购

1　中国第一历史档案馆藏档，《内阁全宗·刑科题本·土地债务类·嘉庆朝》，第 4711 包。

2　同上书，第 4553 包。

3　同上书，第 4870 包。

4　同上书，第 4586 包。

买谭之敏水牛，由于牛弱不能胜任耕作，遂让曹中寿退货，争斗中曹中寿被害[1]。浙江玉环厅姚阿娄于乾隆五十六年（1791）用银 40 千文，典得张添锡一亩二分田，收其田纸为凭，可是该田纸载明一亩八分田，含有未典卖之田六分，可是到嘉庆六年（1801）二月，姚阿娄却要按单管业，带领弟弟阿五、雇工洪兆通、陈阿田去犁田[2]。陕西咸宁县班得还于嘉庆五年（1800）雇用沙瓜儿，年工钱 7000 文，陆续预支，四月初十又要预支 1000文，不给，沙瓜儿就另受班世礼雇佣，班得还为殴打他出气，竟失手打死人[3]。四川仁寿县董文成雇用董乔保，雇主与佣工共同在地里干活[4]。山西永宁州白世耀于嘉庆七年（1802）三月雇用刘红家儿，月工钱 800 文，刘红家儿五月要借支，被拒，辞工不让，斗殴中致死白世耀[5]。陕西宁陕厅王棕贵常雇短工，雇用张大笼 10 天，言明每天工钱 50 文，但是最后总额少给 50文，说是人家做工平常；于嘉庆二十二年（1817）春天又要雇他，张大笼不愿去，应允给现钱才上工。王棕贵曾经短雇周维太，又借给他苞谷九斗，周维太陆续给他做工一个月，工钱全部被扣除，周维太又还过四斗荞麦，几年下来，利滚利仍欠十

1　中国第一历史档案馆藏档，《内阁全宗·刑科题本·土地债务类·嘉庆朝》，第 4547 包。

2　同上书，第 4601 包。

3　同上书，第 4590 包。

4　同上书，第 4547 包。

5　同上书，第 4714 包。

多吊钱，王棕贵强夺周维太猪一只，还扬言要割他家麦子，引起周维太仇恨，于是与张大笼合谋，将王棕贵杀死[1]。山西清水河（今内蒙古清水河）王加善在嘉庆二十二年（1817）三月借给宋四小子豌豆一斗，言明秋后加利五升，九月雇用宋四小子做短工，每日40文，宋四小子做了15天，王加善应给工钱600文，宋四小子要用工钱抵借债和利钱，王加善不允，宋四小子在斗殴中将其杀死[2]。

雇主欠工钱。四川清溪县李炳文雇用张碧魁，张碧魁辞工，于嘉庆六年（1801）二月讨欠工银五两五钱四分，并致死李炳文[3]。嘉庆四年（1799）八月，四川洪雅县李赵氏和幼儿短雇谢兆言，欠工钱300文，次年五月谢兆言到家要钱，未得，强牵她的牛只，李赵氏要告官，谢兆言将其母子杀害[4]。四川西昌县刘自贵雇用罗贵、龚满大，每人每年工钱4000文，嘉庆六年三月十五日，三人在地里做活，龚满大、罗贵各自向刘自贵讨要所欠400文工钱，刘自贵说他们偷懒，要多欠几天再给，当即被罗贵等打死[5]。仍是四川的长寿县，彭承祖于嘉庆五年（1800）六月请彭添鹤帮助收谷，欠其工钱520文，七月彭添鹤讨要，彭

1　中国第一历史档案馆藏档，《内阁全宗·刑科题本·土地债务类·嘉庆朝》，第4717包。
2　同上书，第718包。
3　同上书，第4606包。
4　同上书，第4583包。
5　同上书，第4591包。

承祖拉牛作抵，彭添鹤将彭承祖打死[1]。湖南安化县邱庆云雇用外甥陈明信，没有及时给工钱，陈明信就将他的牛卖了，然后外出贸易[2]。

雇短工。前述姚阿娄等去犁张添锡的田，带有抢种性质，那一点地用不了四个人，笔者估计他的两个雇工，可能是短工，此存疑，短工的雇主却有一些人。山西隰州张红兴在嘉庆五年（1800）十月雇任士保做工十几天，欠其工钱400文；次年二月任士保讨要，张红兴要用二斗油麦顶抵，任士保不依，将张红兴打死[3]。贵州广顺州黎荣短雇罗成才，未给工银一钱三分，罗成才要剥黎荣的衣服作抵押，反被雇主打死[4]。嘉庆五年四月，山西汾阳县贺建幅雇用郭兴荛几天，工钱240文，五月给140文，郭兴荛年底来讨，获补给100文，然而郭兴荛记错了，以为应给140文，终于生出命案[5]。

雇主命案私和。四川忠州邹谷仕于嘉庆七年（1802）雇用袁成，短缺工钱300文，在十二月讨要中，邹谷仕将袁成打死，然后求人要死者之妻秦氏私了，愿意养她终身，并安葬袁成，

1　中国第一历史档案馆藏档，《内阁全宗·刑科题本·土地债务类·嘉庆朝》，第4604包。

2　同上书，第4574包。

3　同上书，第4578包。

4　同上。

5　同上书，第4602包。

秦氏因贫穷无依靠就答应了，邹谷仕于是用银20两安葬[1]。从欠工钱情形看，邹谷仕经济状况不好，然而私和需要很多钱，他应当还是有经济实力的。

雇主欠债。四川南川县姚在华，有雇工金德陇，嘉庆三年（1798）正月向郑洪伦借钱5000文，郑洪伦来讨要，也不能归还[2]。

佃户雇工经营

佃农雇用工人或偶尔雇短工，这种情形不多见，但是有此种现象。

山东惠民人李云到直隶建昌县租地20多亩，与雇工成义学共同耕作，觉得地薄，与他的租地相邻的托果齐，也是租种田地，并有雇工少都巴；李云以为他的地好，想和他换地种，他同意，种了一年，李云反悔，又要换回来，于是两个佃户及他们的雇工争打，造成雇工成义学的死亡[3]。

四川成都人韩光耀，佃种刘景耕地，每年租谷五石，嘉庆五年（1800）七月雇张俸帮同收割，收了五石多谷子，韩光耀想要刘景让租，谎说只收了三石，可是张俸不明隐情，照实说

1　中国第一历史档案馆藏档，《内阁全宗·刑科题本·土地债务类·嘉庆朝》，第4717包。
2　同上书，第4556包。
3　同上书，第4586包。

出，导致二人撕斗[1]。陕西韩城冯根盛、梁收子合伙佃种北池寺田地，雇用从陕西河津县来的李杠子锄地八日，每日工钱40文[2]。安徽阜阳县倪焕佃种的田多，于乾隆六十年（1795）凭中人倪洪亮说合，雇用童良，一年工钱2300文，平日你我相称，同坐共食，因为童良做活不力，找中人将他辞退，童良因此怀恨把雇主儿子打死[3]。江西南丰人汪显凡到福建建阳天壶庵看守香火，承佃寺院耕地，雇用黄连生耕作[4]。嘉庆二年（1797）四川仁寿显辜仕明用240千文押租钱佃得洪相寺田耕种，黄潮依也佃种洪相寺的田地，押租钱30千文，并雇工刘金成、李开机[5]。

山东李成年到奉天广宁，受雇于敬发兴，与其同住在一个窝棚；嘉庆六年（1801）六月，住在邻近刘家窝棚的种地工人陈焕、陈开来到敬发兴窝棚，四人赌博，李成年打死讹赖的陈焕[6]。这些人都是外地来的流动者，敬发兴所种的田地不会是他的，应当是租佃来的。与敬发兴情况相同的华信，很可能是租地雇工的人，直隶蓟州人，寄住平泉种地，雇工刘义[7]。

1　中国第一历史档案馆藏档，《内阁全宗·刑科题本·土地债务类·嘉庆朝》，第4547包。

2　同上书，第3163包。

3　同上书，第31包。

4　同上书，第3162包。

5　同上书，第3233包。

6　同上书，第4568包。

7　同上书，第4564包。

雇工的经济作物、农副业经营者

广东英德县钟毓化种植甘蔗，嘉庆七年（1802）九月雇吴书城帮工，每月工钱 500 文。次年二月吴书城辞工，被欠工钱 300 文，于三月讨钱，雇主无钱支付，吴书城强拿寮棚里的被子，并致死来争夺的雇主儿子钟元德[1]。

山东昌乐县姜进贤于嘉庆四年（1799）十二月雇用韩小水牧羊，年工价京钱 20 千文，韩小水打死两只羊，雇主没有让他赔偿[2]。山西大同县赵诚雇用赵德成牧羊，每月工钱 900 文；嘉庆六年（1801）正月五只羊羔出生后迅即死掉，赵诚怪赵德成牧养不经心而被赵德成扎死[3]。

江西崇义人黎林养种茶，嘉庆五年（1800）七月雇叶秀兴、叶贱狗、李仕才帮摘茶梓，各人月工钱 1500 文；九月二十四日因叶秀兴懒惰而将其辞退，但欠工钱 1000 文，遂约定卖油后找给，叶秀兴于几天后的二十八日来讨钱，被叶贱狗等害死[4]。

四川成都县人周复仁到新繁县种菜园，雇徐林、刘顺二人帮工，蔬菜经常被人偷盗，并因此生出命案[5]。

1　中国第一历史档案馆藏档，《内阁全宗·刑科题本·土地债务类·嘉庆朝》，第 4717 包。
2　同上书，第 4603 包。
3　同上书，第 4593 包。
4　同上书，第 3535 包。
5　同上书，第 4870 包。

商业、手工业小店主

小业主经营商业、手工业，最主要的是饮食业，其次是杂货业、布业，再次是铁业等日用品加工业，有开矿业而不发达，兹分别陈述从业者的状况。

饮食业的饭店、茶馆。江西大庾县刘克昌开酒店，嘉庆五年（1800）七月初一晚上，有两个客人吃饭，但无钱付账，吃住在酒店的刘行元帮助店家向刘克昌要钱，从而打死一位客人[1]。四川南江县黄沛坤开饭店，有从岳池县来的周贵，靠做佣工度日，时常在店里吃住，并欠饭钱6450文[2]。福建长汀县有刘贵宫饭店、邹细丰饭店，挑夫古奕祖、古喜奇就住在刘贵宫店里[3]。湖北东湖县甘士安开饭店，外地人、挑夫苏昌周和阚明山住在店里[4]。上述刘克昌、黄沛坤、刘贵宫等人所开的饭店，不只卖饭，还包括住宿，这是饭铺的特色之一。河南洛阳人杨振甲在庞村镇开饭铺，住在对门的马天锡陆续欠饭钱4100文，杨振甲屡次讨账不还[5]。陕西肤施县姜保儿与郑魁伙开饭铺，外地

1　中国第一历史档案馆藏档，《内阁全宗·刑科题本·土地债务类·嘉庆朝》，第4547包。
2　同上书，第4600包。
3　同上书，第4547包。
4　同上书，第4719包。
5　同上书，第4565包。

来的何天禄在附近做佣工，赊欠饭钱 530 文[1]。山西太谷人张泽宇
到直隶蓟州桑梓村开酒店，在马坊庄有杭奇开的小酒店，常向
张泽宇店里取酒转售，欠钱 13 千文[2]。江苏海州新坝镇董文方开
饭铺，王可有赊欠其干面 300 文，引出斗殴命案[3]。浙江龙游徐
凤鸣、得丰父子开饭铺，遇到流丐许老五强行讨要，强吃欠钱，
便将他捆绑送官，许老五路上死去，使得徐凤鸣受绞刑、徐得
丰杖一百[4]。由此看来饭店赊账是常见现象，是饭店特色之二。
直隶怀来新保安王化兴开饭店，武金文在此吃饭时，李广显见
而讨欠，不给人面子，引发斗殴命案[5]。安徽桐城县鲍小开茶馆，
提供的不仅是饮茶休闲场所，更是人们谈生意的地方；嘉庆
二十一年（1816）九月，开灯笼店的朱在宽约夏德兴来此商谈
雇佣的事，生意未成，夏德兴反而把朱在宽打死[6]。饭店、茶馆
这种公共场所容易出事，可算作特色之三。饭铺开设在城镇村
庄，遍布各地，具有普遍性，这是它的基本特点。

　　饮食业的烧饼店。直隶河间人张三到北京开烧饼店，他认
识的人里，任大也开烧饼店[7]。山东人刘祥、张中魁在直隶多伦

1　中国第一历史档案馆藏档，《内阁全宗·刑科题本·土地债务类·嘉庆朝》，
第 4718 包。
2　同上书，第 4598 包。
3　同上书，第 4602 包。
4　同上书，第 4590 包。
5　同上书，第 4584 包。
6　同上书，第 4719 包。
7　同上书，第 4607 包。

诺尔开麻花铺，不能赚钱，很快歇业[1]。

饮食业的豆腐店。萧远轻在直隶'不来新保安租赁房屋两间，开豆腐店，每年房租 5333 文，还要应酬房东儿子的滋扰[2]。丁魁在吉林吉林厅贺家屯开豆腐店，后来关闭[3]。

饮食业的粮店。丁国锡在直隶新乐县南苏村开粮铺，允许赊购[4]。贵州黄平县石潮奉开张米铺，同样可以赊欠[5]。湖南新化县张刘氏开烟米店，由其父资助 7000 文做本钱，开张不久折本歇业[6]。

粮食加工的磨坊。陕西渭南人李澍澂与妻子移居汉中，在孝义乡开磨坊，折本歇业，谋图重新开张而未能实现[7]。

油坊。陕西咸宁贾维精开油坊，一次卖油渣，值银 11 两[8]。

肉铺与屠户。四川新津县刘炳屦宰维生，借欠人家 10 千文[9]。山西朔州张家堡村任三贵宰羊营生，一次被人找去做活，得工钱 200 文，生活拮据，借钱 6500 文，借麦子、谷子各四

1　中国第一历史档案馆藏档，《内阁全宗·刑科题本·土地债务类·嘉庆朝》，第 4549 包。
2　同上书，第 4588 包。
3　同上书，第 4556 包。
4　同上书，第 4595 包。
5　同上书，第 4593 包。
6　同上书，第 4575 包。
7　同上书，第 4574 包。
8　同上书，第 4607 包。
9　同上书，第 4867 包。

斗[1]。河南洛阳县马寅屠宰营生，通常到集市卖艺[2]。江苏溧阳县史一沅，孤身一人，杀猪度日[3]。

　　食品小贩。湖南麻阳人刘世发在凤凰厅挑卖零酒度日，生活艰难，为了向顾客谭征桂讨要16文的欠账，被对方打死[4]。江西南昌县胡仁贵，削卖甘蔗维生，并养活义母杨氏[5]。

　　杂货店。山西代州人姚礼到归绥道萨拉齐开设烟酒铺，因赊欠酒钱，与蒙古喇嘛发生纠纷[6]。

　　布铺与织布手艺人。广东永安县王亚满开布铺，余亚有于嘉庆五年（1800）三月请人作保，赊购夏布一匹，价钱1200文，约定四月给钱[7]。山西曲沃人贾进玉到甘肃西宁县卖布，与家属一起，可能是开小布店，赊账，但紧着收账[8]。四川仁寿县孟惠先开布铺或成衣铺，周代有赊购布衫一件，价钱250文[9]。陕西华州城内朱起秀卖布营生，父故母嫁，嘉庆九年（1804）37岁，并未娶妻，打死赊购人胡添珍[10]。江西万载人李参牙会织布

1　中国第一历史档案馆藏档，《内阁全宗·刑科题本·土地债务类·嘉庆朝》，第4549包。

2　同上书，第4565包。

3　同上书，第4603、4588包。

4　同上书，第4565包。

5　同上。

6　同上书，第4582包。

7　同上书，第4606包。

8　同上书，第4597包。

9　同上书，第4583包。

10　同上书，第4873包。

手艺，串乡走街，为人织布，嘉庆六年（1801）三月给卢李氏织布四丈，被欠工钱100文，再次被找做活，就不应承活计了[1]。

染坊。四川广安州邱占魁开设染坊[2]。湖南邵阳县徐立任开染店[3]。染店是为客户来料加工染色。

灯笼店。前面介绍鲍小茶馆说到的夏德兴，原来是在朱在宽灯笼店帮工，后来自己开店，生意不错，所以朱在宽让他再去做活，不能应承。

织草鞋。湖南麻阳人谭征桂到凤凰厅编织草鞋出卖。

铁铺。江苏上海县（今上海市）陈忝林开铁匠店，多半是做人家订的活，如纺棉纱铁桄、农具，不合格的可以退换，生意比较忙[4]。

铸锅。山东昌邑县王小豹于嘉庆七年（1802）四月出资京钱15千文，与隋加爵、滕来贵合伙于店铸锅，见难获利，就退出来，应允将本钱留下，将来由他们加利归还，但隋加爵等寻即倒闭[5]。

烧木炭。江苏萧县李横德，烧炭生理[6]。山西永宁州吴敏和

---

1 中国第一历史档案馆藏档，《内阁全宗·刑科题本·土地债务类·嘉庆朝》，第4584包。

2 同上书，第4588包。

3 同上书，第4592包。

4 同上书，第4564包。

5 同上书，第4716包。

6 同上书，第4586包。

高旭合伙烧卖木炭，烧炭的 窑为吴敏所修，高旭应摊给工本钱[1]。

采煤。贵州广顺州陈岩保向金滋云租煤山，嘉庆五年（1800）十二月预付地租 2000 文，挖煤出售，不久，金滋云要撤佃自行开采[2]。山东滕县张四和张珊合伙贩卖煤炭，农忙停业[3]。湖南醴陵县成奉山、于兴武等八人共集资 10 两银子，合伙租冯光裕的山地挖煤，每月付其租金 1000 文[4]。

篾匠。浙江奉化县人周芳友到定海做篾匠，并入赘金志裕家，他们后来分开过活，周芳友仍资助金志裕[5]。

制纸。甘肃成县人王世兴（王纸匠）做纸营生，应两当县成居之请，在他家做纸，完活离去[6]。

制盐。前述赊购董文方干面的海州人王可有晒盐池度日。

烧砖瓦。陕西澄城雷大创烧卖砖瓦，赊购雷鸣春石炭作原料，烧成砖瓦后给他转卖作抵押，另欠 9 两银子[7]。

1　中国第一历史档案馆藏档，《内阁全宗·刑科题本·土地债务类·嘉庆朝》，第 4582 包。

2　同上。

3　同上书，第 4874 包。

4　同上书，第 3112 包。

5　同上书，第 4602 包。

6　同上书，第 4565 包。

7　同上书，第 3107 包。

雇工店主

商业、手工业小店主中，有雇工的情形，不过雇工的人数很少，只是一二人而已。

任宗尧在江苏铜山县开烟店，雇用沈九秩帮工[1]。

江西万安县喻汉源出本钱 24 千文，于嘉庆六年（1801）正月和刘帼顺合伙开设杂货店，雇用郭茂发为掌柜，后来患病，陆续支用本金。八年（1803）正月，刘帼顺因亏本，遂与喻汉源拆伙，而与郭茂发另做，并清账，要喻汉源归还亏欠 5000 文[2]。山西忻州人孙名升在陕西府谷开张杂货店，收买粟谷，雇用他的同乡郝曾先做帮工，采取股份制，东家得六分，伙计得一分[3]。

安徽全椒县范玉阶，职员，开豆腐店，雇用曹明山挑卖豆腐[4]。安徽潜山人程燮堂开豆腐干店，兼卖肉，雇用合肥人陈沛海，每月付其工钱 2560 文[5]。湖北汉川人虞大居到四川达县开豆腐店，雇涂兴禄帮工，每年给他工钱 4 两银子，让其挑豆腐到

1　中国第一历史档案馆藏档，《内阁全宗·刑科题本·土地债务类·嘉庆朝》，第 4535 包。
2　同上书，第 4716 包。
3　同上书，第 4873 包。
4　同上书，第 4538 包。
5　同上书，第 38 包。

街上叫卖[1]。

山西太原人武成有和张秉贵寄居奉天府承德县（今沈阳市）开饭店，雇用郭琴和戴有德[2]。广东嘉应州人钟金鼎于乾隆五十五年（1790）来广西容县石寨墟开酒店，雇同乡张老二帮工；乾隆六十年（1795）因利润微薄，只得歇业，打算到他处另觅生意[3]。

四川峡江县邹饶九开剃头店，雇有伙计曾欢保和陈新保，二人一个17岁，一个13岁，是少年徒弟[4]。湖北天门县罗大云也开剃头铺，于嘉庆七年（1802）四月雇用陈映奉，每月工钱500文，但因连续欠发三个月工钱，引发厮打[5]。

安徽凤阳县殷燮开猪行，有两个帮工——郁廷兰和张文焕，采取分红的计酬方法，每卖出一头猪，给辛苦钱30文，如果二人都上工，则二人平分这30文。这是在猪行所在地开集（赶集）的日子才有买卖[6]。开猪行基本上是无本生意，但是在赶集的那半天生意忙，猪要过秤，就需要雇人帮工。

鱼行和贩鱼。江苏吴县冯兆隆与沈关观合伙贩鱼，租赁沈

1　中国第一历史档案馆藏档，《内阁全宗·刑科题本·土地债务类·嘉庆朝》，第65包。
2　同上书，第4582包。
3　同上书，第10包。
4　同上书，第4598包。
5　同上书，第4713包。
6　同上书，第4717包。

二的渔船，在太湖厅领船照，雇水手顾忝瑞，从福山贩鳇鱼到顾忝发鱼行出售。鱼贩要租船，雇水手，贩来的鱼到鱼行发卖，应当是本小利微，而鱼行是铺户，鱼贩卖完货，鱼行给他们酒钱，每船 200 文[1]。四川岳池县敖大春钓鱼为生，雇胡五帮工，每月工钱 100 文，有一个月未及时给工钱，胡五私自从柜里拿 80 文，被敖大春打死[2]。

朱在宽开灯笼店，雇用过前述的夏德兴，嘉庆二十一年（1816）有雇工汪大，还要雇人，闹出事端。

任大在北京开烧饼铺，雇有佣工王大。

安徽当涂人吴廷辉到浙江兰溪开糕点店，雇用堂弟吴心田帮工[3]。

胡第元在四川长宁租佃山地，雇短工马四帮助他烧石灰，每月给工银四钱；嘉庆六年（1801）四月，马四要求增加工价二钱[4]。

直隶朝阳县杨树沟有人开煤窑，雇用薛奎背煤；嘉庆六年三月煤窑倒塌，佣工失业，主家当然损失更大[5]。山西长治县李

1　中国第一历史档案馆藏档，《内阁全宗·刑科题本·土地债务类·嘉庆朝》，第 4595 包。
2　同上书，第 4589 包。
3　同上书，第 4870 包。
4　同上书，第 4570 包。
5　同上书，第 4584 包。

维其开煤窑，有伙计牛魁，另雇用日工牛招第[1]。河南禹州人田高举没有报官，私开煤窑，雇工密县人梁遂、偃师人郭粪[2]。顺天府（今北京市）宛平县人王朝宾贩煤度日，雇刘二赶车往城里送煤，每月工价京钱1800文[3]。

黎林养雇用叶秀兴、叶贱狗、刘仕才制茶油，以月计工钱，可能不在摘茶梓的时候用不了三个人，这三人显然是季节工。桐城鲍小的茶馆，有雇工汪大。

直隶藁城县生员范恭在县城西街开张茶叶店，雇有工人冯六[4]。

江西南丰人饶子周到浙江江山县开炭厂，雇用同乡李双得砍柴作燃料烧炭，欠其工钱而被打死[5]。

广西容县李益寿，雇工陈亚二、刘瑞元二人装稻谷50多担乘船往陇江口发卖[6]。河南卢氏县铁匠郑兴，活计忙时就雇用王秀帮工，乾隆五十年（1785）五月因铁货堆积，又去找王秀，后者因农忙，不能应承[7]。

1　中国第一历史档案馆藏档，《内阁全宗·刑科题本·土地债务类·嘉庆朝》，第4856包。

2　同上书，第26包。

3　同上书，第52包。

4　同上书，第4870包。

5　同上书，第3229包。

6　同上书，第10包。

7　同上。

江苏泰兴县王春明开银匠铺，雇伙计石长[1]。湖南浏阳县萧锦煌、萧显荣开银匠店，雇用江西人徐魁宗[2]。

山西蔚州吹手王元子，有伙计刘照，有生意时临时雇用四人，按股分红，有一次雇用曹义胜、任六等四人[3]。

安徽泗州戚昌祚开酒店，雇工孙八月子、刘文理，还有外甥李自贤，他同时有佃户耿继业；他的儿子宁宇原来是秀才，因欠月课被革退。戚昌祚家庭可能已超出小业主的行列[4]。

各种类型的小业主经营的行业及从业状态就说到这里，至于他们经济不稳定的状况，以及怎样认识他们的经营特点和社会地位，请阅览下一篇。

---

1 中国第一历史档案馆藏档，《内阁全宗·刑科题本·土地债务类·嘉庆朝》，第 4868 包。

2 同上书，第 4856 包。

3 同上书，第 4876 包。

4 同上书，第 4549 包。

小业主的经营特点与
社会地位

　　我们在上一篇叙述了小业主经营的各色行当和经济状况，基本上没有涉及他们的经营特点、社会意义，以及他们自身的社会地位；现在应当有所说明，以表达笔者研讨这种对象的学术关注点。

一般农民家庭经济具有波动性，或者说处于一定程度的不稳定状态

　　关于自耕自食的一般农民的家庭经济情形，从档案材料看，可以区分出几种类型：有的是比较稳定的；有的波动较大，或向好的前景发展，或滑落下去，而下滑的原因和走势亦有某种迹象可寻。

　　经济情况较为稳定的农民。嘉庆五年（1800）春粮开征之

后，山西孝义县农民张士信已经交纳春粮，但是将单据遗落；闰四月二十五日，甲头张发祥催他完粮，张士信说明业已完纳，甲头不信，威胁他要以抗粮禀究，张士信害怕，害死张发祥[1]。张士信能及时完粮，表明他经济上过得去。山西霍州张兴太，其继母邢氏生张兴顺，嘉庆六年（1801）正月，邢氏主持分家，除田亩分配之外自留一亩水田养老，田由两兄弟轮流耕种，她在两家轮流吃饭。他们家有北房砖窑房三间，由邢氏居住，东西瓦房各三间，分别由两兄弟使用南房三间，一为门洞，另二间给人住[2]。由住宅可知，他家的经济方面应当是可以的。陕西澄城县李洪恩种地，家有三株梨树，把梨果卖钱补助家庭生活[3]。浙江临海人娄允彩，在乾隆十五年（1750）买田一亩，分给次子娄中凯管业，而将田契交给长子娄中奇收存；嘉庆六年娄中凯、娄正连父子向娄中奇要契纸，产生家难[4]。河南商丘县韩四、韩五兄弟分家已久，他们在分家以前有七亩地出当；嘉庆六年四月，韩四独自用钱赎回出当的田地，贫困的韩五要求分给自己二亩，以便出卖维生，韩四自然不同意[5]。韩四父亲在世的时候家庭经济不稳定，等到韩四赎地时，家业回归稳定状态。

1　中国第一历史档案馆藏档，《内阁全宗·刑科题本·土地债务类·嘉庆朝》，第4549包。

2　同上书，第4592包。

3　同上书，第4594包。

4　同上。

5　同上书，第4605包。

买卖田产的农民。自耕农民出卖田地，反映家庭经下滑，以至衰落；农民买产，或将典当出去的田地赎回来，是家庭情况好转的表现。从田产买卖当中，我们容易了解农民家庭经济的变化。四川阆中县邢洪先将一份地以 39 千文当给王士奇，在嘉庆五年（1800）十二月要求加找当价，显示出他家经济进一步恶化，而王家经济状况不错[1]。陕西凤翔人程鹏飞，在乾隆四十年（1775）中式秀才，但为人不守本分，于嘉庆五年被褫革，因家贫把一亩地当给田种玉，价银 3 两，可是承当者反悔，他竟然将人家打死[2]。四川彰明县马魁文于嘉庆四年（1799）十月把二亩水田卖给四哥马化文，次年四月向四哥要找价[3]。陕西澄城张汝温于乾隆六十年（1795）将五亩坡地卖予杨靳，得钱 12 800 文，之后杨靳把田整治成好地，张汝温在嘉庆五年要求找价[4]。张、杨二家一降一升，形成鲜明对比。甘肃泰州人王提于嘉庆十二年（1807）寄住在陕西宝鸡县种地，二十二年（1817）六月，典当赵文蔚的十二亩田，当价 30 千文，因为当时是农忙时间，遂约定八月初交价立约，同时陆续把 30 千文的当价借给赵文蔚[5]。可见他有条件典田，并且心情迫切。

1 中国第一历史档案馆藏档，《内阁全宗·刑科题本·土地债务类·嘉庆朝》，第 4546 包。
2 同上书，第 4535 包。
3 同上书，第 4600 包。
4 同上书，第 4583 包。
5 同上书，第 4717 包。

一路衰落下去的农民。从典当压地，到出售田地，再到找价绝卖；在典当之时，希望能够赎回来，不成而至绝卖。这些农民在卖时或许尚能把田承佃下来，而后连佃种的能力也失去。安徽宿松县项佳士于乾隆五十九年（1794）将四十亩田卖给项忝禄，田仍由卖主佃种，并交田价 20 千文为押租钱，项佳士随后故去。嘉庆三年（1798），其子项万盛欠租，经族亲公断，项万盛还清欠租，项忝禄退还押租钱另给项万盛出屋贺仪，共计 76 千文，解除租佃关系。项忝禄后因无钱实行协议，依旧让项万盛佃耕田地[1]。项佳士、项万盛父子原有之田不算少，但是一步步败落下去，而项忝禄家业发展得并非那么快。四川眉州赵均明在嘉庆三年将田当给李万兴，价银 30 两 5 钱，并承佃耕种；四年（1799）十一月又把这块地卖给李开明，却不给李万兴典当钱[2]。他是先当后卖，家业越来越支持不住，由自耕的农民变为佃户，以至无力佃种。贵州仁怀县黄添桂于嘉庆六年（1801）二月决定将祖遗田一丘出卖给黄添俸，因原先欠他 3 两银子，就在田价中扣除，但寻即改悔，要把田出让给黄添潮，原因大概是他可以得到全部田价银两，免得卖给黄添俸有 3 两银子不能到手[3]。黄添桂这是由借债而滑落到卖产。乾隆六十年（1795），

1　中国第一历史档案馆藏档，《内阁全宗·刑科题本·土地债务类·嘉庆朝》，第 4601 包。

2　同上书，第 4603 包。

3　同上书，第 4535 包。

湖北崇阳县黄钟山兄弟将水田三斗五升卖给陈得荣，田价内扣掉 6 两银子，作为出卖者承租的押金，同时言明起田归还押租银；嘉庆五年（1800）四月，陈得荣表示退还押金，自己耕种[1]。这些事例表明卖田者几乎有一个共同点，就是从自耕的农民，降为佃农，甚而破产到佃农都做不成。

农民卖田产的原因是多方面的。其一是家庭丧失主要劳动力，以及因此而产生的家庭困难。嘉庆五年六月，安徽寿州陈松年亡故，其妻马氏借钱 10 千文办理丧事，旋因债主讨要，要将二石五斗田出当还债，因宗族成员干涉而未能卖成[2]。其二是家庭贫困至极，所以卖产度日。四川温江人刘体林，嘉庆六年（1801）35 岁，父亲亡故，有母亲，兄弟四人都没有妻室子女；他把水田一段以 43 千文卖给刘体中，刘体中当时交钱 30 千文，余下 13 千文议定年底交清，刘体中过期未能践约，出了人命[3]。刘体林自有田地，没钱不能成亲，在买主钱不足的情形下也要将田出手，可见他卖田得钱的迫切心情和家境窘迫的状况，贫困使他非卖田产不可。湖北孝感县汤家有四兄弟：老大早故；老三汤洪富，子故，有一孙；老四汤洪桂，有两个儿子都外出做佣工。看来他们的情况都不好。兄弟们当初是承受祖遗田产，

1　中国第一历史档案馆藏档，《内阁全宗·刑科题本·土地债务类·嘉庆朝》，第 4570 包。

2　同上书，第 4600 包。

3　同上书，第 4589、4600 包，前件系四川总督题本，后件是主管刑部的大学士和三法司的题本，并有皇帝的批红，是案件的决审文。

分家后使用公塘的水灌溉田地。嘉庆七年（1802），汤洪富将二斗水田卖给丁万桂，得价 9200 文，汤洪桂等得知后，认为将来用水会发生与外姓人的争执，愿意凑钱帮助汤洪富把田索要回来，可是丁万桂不同意退田，汤洪富因而生气发病，汤洪桂丧心病狂，竟将三哥勒死，企图嫁祸于丁万桂[1]。此种情况的出现，自然也是贫穷逼迫所致。其三是丧失家庭成员和娶亲。安徽泾县人王延沃遵从生父王道传之命，出继三叔王道效，接受遗产三亩田，但仍随生父生活。嘉庆五年（1800），王道传病故，由大儿子王延汪接管家务，王延沃因妻子故世，打算将三亩田卖去，以便续弦[2]。其四是偿还欠债，被迫卖产，前述的四川东乡马士韬因为借欠张柱银子 30 两，于是把田抵押给他。

小土地出租者的一些特点

一是出租的田地都很少。一般出租的田地是几亩，多不过一二十亩、二三十亩，因之地租量也就不大。有的因田地很少，出租兼有代耕性质，佃户帮助耕作，收成交给田主的比平常的地租还要多一些。另外，耕牛出租，是牛力有余之家把牛租给无牛耕作的人，这也是小土地所有者的一种出租现象。

1　中国第一历史档案馆藏档，《内阁全宗·刑科题本·土地债务类·嘉庆朝》，第 4713 包。
2　同上书，第 4549 包。

二是出租田地的人与土地所有权关系并非那么单纯。不是所有的土地出租者都是田地所有权的拥有者，有的仅有典当权，随之有使用权和出租权；有的业主不是单个的人，而是家族中的几个人，系祖遗小量田产。还有佃农将租来的田地继续出租的，这是因为他交了押租钱，具有田面权，就可以将所获得的耕种权出让（及出租）。

三是有的业主经济状况不好。业主向佃户借钱，到收租时去抢割，固然是其人品不端，但也是因家庭经济困难而耍无赖。

四是业主的身份大多数是平民，也有监生和秀才，不过这种情形并不多见。

五是出租现象颇具复杂性。小土地所有者出租，与有较多田地出租并依靠地租维生的出租者不同，后者一般是地主，两者不是一种类型的人群。因此需要区分出租类型，不能一见出租现象，就断定其人为地主。小土地出租及小土地出租者的历史，关系到农业经营方式、规模、农民结构、人群关系的问题，需要进一步深入研究，避免因出租表象而忽视事物的本质特征与性质。

总之，小土地出租者与土地所有权关系复杂，他们是农民的一分子，不同于地主。

对小业主雇工的认知

关于小业主雇工，笔者拟从五个方面分析其实质和意义。

一是自身劳作。无论是经商者，还是从事手工业、农业的人，雇工的小业主几乎都是亲自操持业务，亲身力作，甚至是主要的生产者，他们与雇工共同作业，一同下地，共同接待顾客。

二是雇工数量少。雇工一般只有一二人，多不过二三人，而且有不少是日工、季节工。如果雇用的人多，就不一定属于小业主范畴的事情了。

三是雇工出现在各个行业。农业中有雇工，其中经济作物的精细劳作需用较多劳动力，雇工就是自然的事情。商业、手工业分工较细，在其各个部门多有雇工现象，如饭铺（酒店）、茶馆、豆腐店、烧饼店、糕点店、烟店、杂货店、猪行、鱼行、剃头店、灯笼店、茶油坊、石灰厂、煤窑、炭厂、铁匠铺、银匠店、吹鼓行等，其中豆腐店、烧饼店、烟店、糕点店、灯笼店、剃头店，虽营业项目单一，但雇用工人，是业务发展的需要。

四是雇工的常见类型。小业主雇工，大致可以区分为长年工、短工、日工三种类型。根据行业特点、经营规模和经营者财力的需要，采取多样化的雇工方式。一般情形是雇长年工时，雇主、雇工双方事先讲好工时、工钱，或凭中口头言明，或立有合同。短工、日工多系季节工，如农业收割的大忙时日，雇主雇用日工，即所谓"忙工"。有的行业颇有季节性，如灯笼业，正月是忙季，雇主需要人，而到淡季，就不需要季节工了。

五是雇工的目的与意义。雇工的目的大体上有四种：其一是经营的行当所必须，即活计非一家一户所能进行，不得不借助于外人，比如煤窑，挖煤、运煤，没有几个人不能运转，因此常年雇工，而被雇的人不一定是长工，可能是流动性很大的短工；其二是规模稍微大一点的经营，如耕地略多，家中只有一两个劳力不够，于是请少量的帮工；其三是以家庭劳力为主、雇人干活为辅，当然这不是说佣工干的是辅助性活计，而是说他所创造的劳动价值在雇主家庭收入中不占主要比重；其四是家庭缺少劳力，如四川李赵氏母子的短雇谢兆言作为孤儿寡母家庭雇工。雇工经营，不仅为家庭创造、增添财富，对家庭经济生活有益；而且对社会生产发展、增加社会财富和活跃经济有促进作用，促进商品的流通，适应人们的消费需求，对维持社会运行有积极意义。

小业主的雇佣关系属于传统的生产关系，是否能产生新的生产关系呢，这几乎是不可能的，因为他们的经营规模太小，只有大规模的经营才可能出现新的生产关系。如果是在未经开垦的少数民族边疆地区，具有一定资金的流动者在那里租地，并雇用一定数量的工人进行生产，由于那里耕地多，租金相对少，投资者有钱可赚，会扩大经营规模，发展为租地农业家。而在内地，土地金贵，地租重，像韩光耀那样雇佣佃户，是他在大忙时期找人帮助收割，而非常年雇工，是极难发达而成为租地农业家的。笔者在档案中见到一则合伙雇工经营、实行按股分红的事例：在直隶正定城里，苗洛双与全洛立、张洛达合伙开茶叶铺，他们又合伙租佃监生魏本的 160 亩田地，并雇工刘进孝、史壮进行耕种，收成按七股分配，即苗洛双等三个出资人分五股，刘进孝等二人各一股；这份地的年租 58 千文，平均每亩地租约 363 文，地租是比较少的，若是经营得好，应该有利可得[1]。这也许可以生出租地农业家——富农，不过这不是小业主单个人所能做到的。

雇主一般来说可以正常经营，维持生活，有的雇主产业有向上发展的趋势，如灯笼店主朱在宽要增添雇工；有的经济状况不好，借钱，拖欠工钱，以致歇业，甚而因欠工钱被戕害。有的雇主对雇工非常刻薄，他们要维生、要积累，拼命压榨雇工。雇主经营，有各种投入和开支，这些资产不一定好筹措，比如商店、作坊必须有房屋场地，有的自家有，有的就要租赁，而租金就是一笔不小的支出。湖南衡阳人萧友三于乾隆六十年（1795）到长宁"小贸营生"，租住杨世元房屋，年租 6400 文，按季交纳，连续几年如期交租，到嘉庆五年（1800）十月不能如约，被杨世元索租打死[2]。萧友三到嘉庆五年不能交房租，显然不是图赖，而是生意不好，维持不住，所以如此，不能不说房租是他一个不小的负担。可见经营成本大，赢利受影响，雇主经济难于发展。

---

1 中国第一历史档案馆藏档，《内阁全宗·刑科题本·土地债务类·嘉庆朝》，第 3166 包。
2 同上书，第 4556 包。

小生意中常见的经营方式与赊销

笔者在前面的叙述中，说到许多赊销的事情，无论在各种商店中，还是在手工业作坊里，都允许赊购，约定日期交钱，这可以说是小生意的共同特点。为什么会有赊销这种普遍现象？采取这种经营方式，第一是为促销，吸引顾客来采购、消费，这样买卖灵活，生意就好做、多做。第二是适应传统社会人际关系的需要，顾客一时没有现钱，先取走物品或先行消费（如吃饭），允许赊尔显得颇有人情味，从而赢得顾客好感，使其回头再来光顾。邹细丰在福建长汀开饭铺，相熟的冯起中用餐不能交现钱，叫邹细丰记账，邹细丰因乏本不同意，拉住冯起中索讨；旁观者古喜奇就数道邹细丰，说冯起中既是"主顾，不该这样追迫"，引发打斗，古喜奇死亡。古喜奇是指责邹细丰不敬顾客，不讲人情，邹细丰也不能反驳，只能以本钱少、赊不起为理由。可见讲人情赊销是生意人的常见现象。赊销、赊购，反映商品经济发展程度不高，人们普遍不富裕，缺少货币，很难即刻进行现钱交易。可以设想雇工的农民，只有粮食收成了，卖出钱，才会给佣工工钱，他也才会有钱进行其他的消费；同样佣工到领了工钱的时候，也才有现钱使用，否则主顾双方只能赊购。商家不让赊购，货物就销售不出去，客观环境决定他采取赊销的营销方式。赊销也有不良的后果，一方面，不能及时收到现金，小业主经营者缺乏周转资金，难于扩大经营规模，以至生意难于维持，像邹细丰那样的做法，就是为持续经营，不得已而为之；另一方面，赊销意味着会有讨账现象，从而发生债务纠纷，自然也会出现意外的事情，特别是斗殴人命案件，乃至闹得家破人亡。

雇工、出租小业主的社会地位

上面说到的各个行当的小业主纳粮缴税，他们是法律上的凡人、良人，也即平民百姓，那么使用雇工及出租田地的小业主的身份是否就高了一些呢？档案材料显示，他们在法律上和雇工一样，依然是平民，地位并没有提升，但实际上，有的能够指挥佣工做分外的事情，无形中在地位上高于佣工。现在就来看这两方面情形。

明代后期，尤其是乾隆以降，有所谓"雇工人"法，即农民和店铺所雇的佣工，平日与雇主"同坐共食，尔我相称"，这样的雇主、佣工双方相犯，以凡人论处。关于这种法律身份史，学术界早有论述，也早有人利用刑科题本史料进行了研究，笔者在这里不过是使用几条档案材料作一点补充。西昌刘自贵雇佣四川庆符人罗贵，约定年工钱 4000 文，后来少付 400 文；罗贵讨要，刘自贵说他偷懒，不愿再给，罗贵就将雇主打死。审案中刘自贵的妻子杨氏供词说，雇工罗贵"与丈夫平等称呼，并没主仆名分"，罗贵供词也说，"与刘自贵同坐同吃，平等称呼"，因此四川总督勒保等人断案云："罗贵帮刘自贵种地，并无主仆名分，应同凡论。"所以判处罗贵绞监候，与常人一样[1]。

安徽宁国监生俞加可，有田三亩，由何狗儿、邵童儿、邵光元三人佃种，年租谷 310 斤。嘉庆二十二年（1817）八月，何狗儿等因遭虫灾，要求俞加可减租，发生争执，俞加可之子祥松（秀才）致死何狗儿。官司中因主佃之间平等相称，无主仆名分，依凡论断，俞祥松被判处绞监候[2]。在这些案例中，佣工、佃农都被视作凡人，与雇主、田主处于同等的法律地位，也就是说，雇主、田主并没有特权，其社会地位只是平民百姓。

雇主能在劳作中指挥雇工，有时就能在其他方面支使他们，令雇工参与雇主同他人的竞争，有时雇工还自觉去做，以致本人成为受害者。四川仁寿县董文成雇用董乔保，雇主与佣工共同在地里干活。廖富兴来向董文成索债，董乔保帮助雇主，成为杀人凶犯[3]。石长南受雇于王春明银匠店，宰猪营生的印明良去打造银首饰，欠钱 1300 文，石长南屡次索讨也未成功；一天晚上两人相遇，石长南又讨要欠钱，遂起争斗，致死印明良[4]。佣工为何替雇主卖命？被雇佣的处境所致。看来他们的实际地位低于雇主，或反过来说，一般情况下，雇主比佣工地位要高一点。

1　中国第一历史档案馆藏档，《内阁全宗·刑科题本·土地债务类·嘉庆朝》，第 4591 包。

2　同上书，第 4718 包。

3　同上书，第 4547 包。

4　同上书，第 4868 包。

清代前期江南商品生产中的
农民男女

　　清代前期，江苏南部的苏州、松江、常州、江宁、镇江五府和太仓直隶州的商品经济有了较明显的发展，商品生产在农业和丝棉织业中都有了增长，市场交易随之扩大和繁荣，人们的消费水平也在上升；与此同时，丝棉织业的生产关系出现了变化，农民成为小商品生产者，而不只是传统的农业生产的自耕自食者。

农业单一经济作物（棉桑）区的出现

　　江南沿海种棉，明代已有了一定规模，清朝前期进一步发展。两江总督高晋（1707—1778）经过两次调查，于乾隆四十年（1775）作出报告，他说松江府和太仓州地方"每村庄知务本种稻者，不过十之二三，图利种棉者，则有十之七八"[1]。同时期，太仓州嘉定县人、大学者钱大昕（1728—1804）说他的家乡"种棉花者，亡虑十之七"[2]。这就是说，乾隆间，松江和太仓的农田百分之七十至百分之八十种植棉花，几乎成为单一的产棉区。江南其他地方也生产棉花，如苏州府的常熟县棉花种植较多[3]，不过都没有松江、太仓发达。

江南农民把棉花称作"花"，把棉田叫作"花田"，表示珍视棉花种植及其收益，所谓"用花以代名，实重之也"[4]。因为棉花在农民生产、生活中占重要地位，所以生产者才这样看重它。

松江、太仓、苏州的农民种棉，不是为了自家消费，甚至也不是为自己进行纺织，而是直接出卖。明末清初太仓人吴伟业（1609—1672）写当地棉花出售的情景："看花人到花满屋，船板平铺装载足。黄鸡突嘴啄花虫，狼藉当阶白如玉。市桥灯火五更风，牙侩肩摩大道中。二八倡家唱歌宿，好花直属富家翁。"[5]农民生产的棉花由牙行作中介，被外来商人贩载各地。乾隆中基本上还是这种情形，钱大昕说农民收早花时，"市牙估客

1　魏源编《皇朝经世文编》卷三七《请海疆禾棉兼种疏》，上海广百宋斋校印本、1992 年中华书局《清经世文编》版。

2　钱大昕：《潜研堂文集》卷二二《记加漕省卫运军行月钱粮始末》，商务印书馆，1935。

3　习隽：乾隆《苏州府志》卷十二《物产》。

4　黄世祚：民国《嘉定县续志》卷五《物产》。

5　叶廷琯：《鸥陂渔话》卷四《木棉吟》。

频停驶，得钱捆载渡江去，吾庐依旧空沉沉"；等到收二遍时，"卖饧老翁打鼓过，倾筐换取目眈眈"。[1]农民边收棉花边出售，用来换取零星食物。在上海县，棉农卖花，天不亮就挑到市上，当地称为"花主人家"的牙人用竹竿挑着灯笼，招徕买主，这个灯就叫作"收花灯"[2]。

苏州府农民虽也种植棉花，但夏多的是养蚕缫丝，太湖沿岸尤盛。湖中诸岛"以蚕桑为务，地多植桑，凡女未及笄即可育蚕"[3]。震泽县民"视蚕事最重，故植桑尤多，乡村间殆无旷土。春夏之交，绿阴弥望，别其名品，盖不下二三十种云"[4]。吴江县"桑麻被野"[5]"桑麻万亩"[6]。江宁的丝织业在乾嘉时期有较大发展，它所用的原料，上好的是浙江海宁的，其次是镇江府溧阳县的（溧阳的蚕桑业，是在乾隆初年经知县吴学谦的倡导发展起来的[7]），再次才是本地产的[8]，可见镇江、江宁二府也生产蚕丝。当然，江南蚕丝生产比起棉花种植，规模与数量要小得多。

棉花在松江、太仓的大量种植，使这里基本上成为单一经济作物区；苏州一些地方进行蚕桑培育，也使它向单一作物区

---

1 钱大昕：《潜研堂文集》卷一《木棉花歌》，商务印书馆，1935。
2 杨光辅：《松南乐府》。张春华：《沪城岁事衢歌》。
3 习隽：乾隆《苏州府志》卷二，引康熙《具区志》。
4 陈和志：乾隆《震泽县志》卷四《物产》。
5 张海珊：《小安乐窝文集》卷一《湖滨备御事宜》。
6 张士元：《嘉树山房集》卷五《俞定甫诗集序》。
7 陈鸿寿：嘉庆《溧阳县志》卷九《吴学谦传》。
8 莫祥芝：同治《上江两县志》卷七《食货》。

图 3-1　采摘荆桑

图 3-2　织丝

图 3-3 解线

转化。一个农业地区，种植一种或一两种经济作物，是实现农业专业化的重要途径，它的生产物用于出卖，而不是为了自身消费，所以这是商业性农业。同时生产者必须买进食粮，这使得经济作物区与粮产区互相开辟市场，扩大了商业交换。因此说江南地区，特别是苏州、松江和太仓的棉业、蚕业的发展，是该地农业中商品生产发展的标志。

城乡居民的棉布、绸缎个体加工业

康雍乾时期江南农业中棉花、蚕丝生产的扩大，使一些州县向单一作物区发展，从事棉花、蚕丝生产的农民，不像种植粮食作物那样为自家食用，而是为投入市场，出卖产品，换取食粮和零用钱。

江南的家庭纺织，宿有"布码头"之称的常州府无锡县是个典型地区，其基本情形，当地人黄卬在乾隆前期有一个简要的说明：

"常郡五邑，惟吾邑不种草棉，而棉布之利独盛于吾邑，为他邑所莫及。乡民食于田者，惟冬三月，及还租已毕，则以所余米舂白而置于囷，归典库以易质衣。冬月则阖户纺织，以布易米而食，家无余粒也。及五月田事迫，则又取冬衣易所质米归，俗谓种田饭米。故吾邑虽遇区年，苟他处棉花成熟，则乡民不致大困。布有三等，一以三丈为匹，曰'长头'，一以二丈为匹，曰'短头'，皆以换棉花。一以二丈四尺为匹，曰'放长'，则以易米及钱，坐贾收之，捆载而贸于淮、扬、高、宝等处。一岁所交易，不下数百万。尝有徽人言：'汉口为船码头，镇江为银码头，无锡为布码头。'言虽鄙俗，当不妄也。坐贾之开花布行者，不数年即可致富，盖邑布轻细不如松江，而坚致耐久则过之，故通行最广。"[1]

他对织布的原料、从业人员、产品、交换，以及对从业者经济作用都有所说明。下面以此为线索，了解这几个方面的

1　黄卬：《锡金识小录》卷一《力作之利》，光绪刊本。

图 3-4　织布

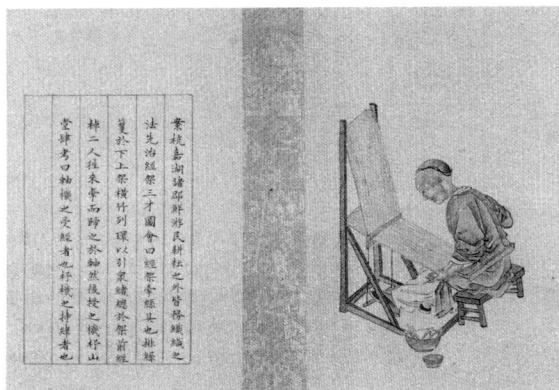

图 3-5　《太平欢乐图》中的织布图

情况。

　　原料。农民生产的棉花，随收随卖，待到纺织时，所用之花，绝大部分不是自家生产的，而是返销的。农民卖出的棉花，一部分被商人贩到江南以外地区，一部分则留在了本境内，但有府县的转移，所以不产棉的无锡也有棉花可织。有一种商人，专门向从事纺织的农民和城市居民出售棉花，如钱焜在无锡北门外开设棉花庄，"换布以为生理"[1]，即用棉花收购布匹，把布卖给商人，再收进棉花，和生产者换布。黄印说的乡民生产的长头、短头两种布匹，"皆以换花"，就是同钱焜这类的棉花庄商人进行交换，获得原料，从事再生产。这样的以布换花加工，在无锡以外的植棉区亦复如此。如松江府的华亭县，"里媪晨抱纱入市，易木棉以归，明且复抱纱以出，无顷刻间"[2]。这是以纱易棉，只纺纱，还未织成布。

　　棉布的生产者，大部分是男女农民，他们在农事稍一间歇之时，就进行纺织，如常熟、昭文的农民在秋收之后，"男女效绩，夙夜不遑"。当地人周桢撰《纺纱词》，写农人纺织极其辛勤："西风夜起棉花落，似雪弦头弹得薄。家家彻夜纺纱声，芦芭壁满灯火明。手冷频呵响乍稀，怀中儿醒呜呜啼。机空且莫叹无裤，换来朝炊满身露。"[3]钱大昕咏词云："促织初鸣河射角，

1　钱泳：《履园丛话》卷二三《换棉花》，中华书局，1979。

2　姚光发：光绪《华亭县志》卷二三《杂志》。

3　邓琳：《虞乡志略》卷八《风俗》。

篝灯一缕光犹弇。黄纱夜纺轩车闹，抱布贱售忧如淡。"[1]可见农民白天黑夜勤于纺织。常州阳湖人、阳湖派散文创始者之一的张惠言（1761—1802），出生在极其贫困的读书人家，祖父早逝，祖母白氏带领他的两个姑姑织布维生[2]。

城市居民织布的也不乏其人，如长洲县，对于纺纱织布，"家户习为恒产，不止乡落，虽城中亦然"[3]。华亭县人："俗务纺织，不止乡落，虽城中亦然。"[4]

江南棉布的生产技术高。纺纱，一般用手摇纺车，上海人用"脚车"，一人同时纺三支纱。织布，一人一天生产一匹，少数人可以织成两匹[5]。华亭"织者率日成一匹，有通宵不寐者"[6]。大体上说，由于生产者的勤劳和熟练的技术，一人一天可以织成一匹布；又因广大农村和城镇居民从事纺绩，所以生产量较大，像康熙时的松江，当"农暇之时，所出布匹，日以万计"[7]。

1　钱大昕：《潜研堂诗集》卷一《木棉花歌》，商务印书馆，1935。

2　张惠言：《柯茗文编》。

3　曹允源：《民国吴县志》卷五一《物产》引康熙《长洲县志》，广陵书社，2016。

4　姚光发：光绪《华亭县志》卷二三《杂志》。

5　俞樾：同治《上海县志》卷一《风俗》综合康雍乾诸志。

6　姚光发：光绪《华亭县志》卷二三《杂志》。

7　宋如林：嘉庆《松江府志》卷五《风俗》引康熙志。

农民、棉花庄、棉布字号（坐贾）三者关系中的农民男女是小商品生产者

标题中三者的状况，前面已多所交代，至此归纳一下，对三者分别明之。

织布的农民男女

松江、常州、太仓、苏州的农民和城镇居民用从棉花庄领来的棉花纺纱织布，成品一部分交给棉花庄，一部分由棉布字号收购，并由后者行销全国。一家一户男女老少从事个体生产，基本没有投资，以成品布匹换取原料棉花，维持简单的再生产，因此可以认为它是个体棉布加工业，棉花商、布商在很大程度上控制它的生产。

农民的个体棉布加工业是农民的家庭副业，但是不同于以前的家庭纺织，它紧密地联系着市场。过去农民用自己生产的棉花织布，主要是为本身消费，即便有多余的可以出卖，其数量极其微小，因而这种家庭副业维持农民自给自足的自然经济。江南个体棉布加工业，原料来自市场，成品又回到市场，它是商品生产，促进着棉花种植业的商品交换和货币流通，即商品经济的发展，在一定程度上起着分解自然经济的作用。但是农民又以棉布加工而得以维持其农民地位，基本保持旧的生产方式，所以他们的家庭棉布加工业并不能真正改善自身在生产中、

生活中的处境，尤其是对置身重赋区的农民来说只是维生而已。

苏州府、松江府是明朝以来的重赋区，一个府的钱粮比云南、贵州、广西、甘肃等省的还要多，小自耕农的赋役负担沉重。康熙末年，山西兴县人孙嘉淦游历苏州，见景色甚好，但人民困于征敛，他说："登（苏州）虎邱而四望，竹树拥村，菱荷覆水，浓阴沉绿，天地皆青，然赋税重，民不堪命焉。"[1]佃农则要交纳高额的地租，有的农民还受着高利贷的盘剥。农民为了维持生活，只有进行纺织，正如黄印所说"以布易米而食"，即织布出售买回口粮。当时当地人对于纺织业在农民经济生活中的这种重要地位看得非常清楚，康熙、乾隆、嘉庆诸朝编写的《上海县志》，指出该县农民，"田所获输赋偿租外，未卒岁，室已罄，其衣食全恃此"[2]。官员尹会一在奏疏中说："江南苏松两郡最为繁庶，而贫乏之民得以俯仰有资者，不在丝而在布。女子七八岁以上即能纺絮，十二三岁即能织布，一日之经营，尽足以供一人之用度而有余。"[3]

棉花庄小业主

棉花庄的换布性质就较简单明了了。就棉花商这一行业来

1　王锡祺：《小方壶斋舆地丛钞》第五帙《南游记》，上海著易堂于光绪十七年（1891）、二十年（1894）、二十三年（1897）陆续出版。

2　俞樾：同治《上海县志》卷一《风俗》。

3　魏源编《皇朝经世文编》卷三六，尹会一《敬陈农桑四务疏》，上海广百宋斋校印本、1992年中华书局《清经世文编》版。

说，买进棉花，交给有业务往来的农户、城市居民，收回他们纺织成的布匹，而后出卖。他们卖的是布，而不是原来的原料（棉花），其中的生产过程，虽然他们中的任何个人都没有进行组织，但从这个行业来说是组织了，即它不是组织在一个作坊当中，而是组织在一个行业之中。棉花商的商业资本已投入生产过程，这也是商业资本向产业资本转化的一种低级形式。这种棉花商在某种意义上也是一种"包买主"。

棉布字号的大商家

采买大量布匹的是外地来的富商大贾。西北、北方及关外商人"挟资千亿"，来江南购布和棉花。[1] 在明朝末年，山陕巨商到松江，投奔本地人开的牙行，由牙行代购布匹；到了清朝前期，他们熟悉了江南情况，遂自行设庄采买，所以称为"坐庄"。他们购进布匹之后，往往在当地染色，交由染踹业包头（作头）加工，而后运往发售地。因此他们也成为棉布加工者。他们由于长途巨量贩运，安全没有保障，就雇用保镖保护货物。如上海居人姚大汉，能"挟弹射物，百不失一，尝为布商护其货，往来秦晋间，盗不敢近"[2]，以保证贩运的正常进行。江北的商人也过江买布，江阴出产雷沟大布，"淮（安）、扬（州）各

1　魏源编《皇朝经世文编》卷二八，钦善《松问》，上海广百宋斋校印本、1992 年中华书局《清经世文编》版。

2　褚华：《沪城备考》卷六《姚大汉》。

郡商贩后至，秋庄尤盛"。[1]松江府宝山县罗店镇因出产棉花、纱布，"徽商丛集，贸易甚盛"[2]。江南的棉布，通过各地来的商人和江南商人运往外地。

在棉布生产运销的全部过程中，值得注意的是：其一，织布农户、棉花庄及棉布字号三者都成为商品生产者，缺一不可；其二，生产棉布的农户已经不完全是传统意义的自然经济的农民，而是具有了商品经济生产者的某种成分，是自然经济向商品经济转化过程中的产物。

---

1 李兆洛：道光《江阴县志》卷十《物产》。
2 朱延射：光绪《宝山县志》卷一《市镇》。

清代前期江南棉织业的包买商、包头与踹匠

在《清代前期江南商品生产中的农民男女》篇中写到棉布字号（"坐庄"），说明各地商人到江南开布店，收购布匹，加工后运往各地销售。本文主要描述他们是怎样加工布匹的，以及他们与包头、踹匠的关系，进而明了题目中的三种人在生产、生产关系中的状况。

棉布字号"坐庄"收购的都是元白布，即没有经过漂白，也没有染成花色，更不讲究光泽的布，因而不能适合各种消费者的需要，比如大量销往山西、陕西黄土高原的布匹，黄土高原的尘土多，若布质稀疏，黄土易于附着，为避免这个缺陷，必须把棉布碾踹压光[1]。因此棉布字号收进元白布之后，须对它进行加工，染坊、踹坊遂发展起来。

1　参阅褚华:《木棉谱》,《上海掌故丛书》本。

端布作坊的开办者叫"作头"，或称"包头"，负责备置场房和生产工具，管理生产者——端匠，将布压光。端坊加工原料的布匹，不是作头备办的，而是由棉布字号发来，端坊代为加工。其间情状，雍正年间，浙江总督兼管江苏督捕事务李卫、署理两江总督史贻直、江苏巡抚尹继善共同作过概括的说明："苏郡五方杂处，百货聚汇，为商贾通贩要津。其中各省青蓝布匹，俱于此地兑买，染色之后，必用大石脚踹砑光。即有一种之人，名曰包头，备置菱角样式巨石、木滚、家伙、房屋，招集踹匠居住，垫发柴、米、银钱，向客店领布发碾，每匹工价银一分一厘三毫，皆系各匠所得，按名逐月给包头银三钱六分，以偿房租、家伙之费。习此匠业者，非精壮而强有力不能，皆江南、江北各县之人，递相传授牵引而来，率多单身乌合不守本分之辈……从前各坊不过七八千人……现在细查苏州阊门外一带，充包头者共有三百四十余人，设立踹坊四百五十余处，每坊容匠数十人不等。查其踹石已有一万九百余块，人数称是。"[1]在这种棉布加工中有几点需要明白的事情：

第一，布商提供布匹，发放工钱。李卫等说包头"向客店领布发碾"，即布号把布发给踹坊碾光。布号交给哪一家踹坊，交给多少，完全由其自主，所谓"听布号择坊发踹"。踹匠的工

1　江苏省博物馆编《江苏省明清以来碑刻资料选集》，生活·读书·新知三联书店，1959，第53页。

钱，并非由指挥他们劳作的包头发给，而由布号发放，不过经由包头转发。这样，生产原料和工资均由布号发给，踹坊成了布号的加工场，棉布字号支配着包头。苏州地方政府规定："作头应听商家约束。"[1]就是这种关系的反映。棉布字号成了这种生产的真正主人和组织者。

第二，包头备办轴木、巨石，所需的投资有限，预备场房需要一笔钱，但实际上他们的场房往往是租赁的，所以开设踹坊并不需要多少资本。他们不但不向踹匠发钱，反从踹匠工钱中索取房租和工具损耗费。因此他们不是踹布生产过程的真正支配者。他们在现场指挥生产，在很大程度上起着领工的作用。

第三，踹匠按完成的件数领取工钱，工钱由布号发给，经过包头转发，所以踹匠实质上受雇于布号。踹匠每月向包头交纳固定金额三钱六分银子，是"房租家火之费"，或者说是"赁租银"[2]，等于他们向包头租赁生产工具轴木、巨石和场房，这就使得他们的生产具有家庭手工业的味道。他们都是外乡人，只身异地，因同乡、亲戚作保，进入踹坊劳作，实际上是被棉布字号主人役使的生产者。

第四，踹坊的生产规模，以雍正年间说，有坊四百五十余处，工匠一万多名，平均每个作坊约二十多人。就踹坊和匠人

1　江苏省博物馆编《江苏省明清以来碑刻资料选集》，生活·读书·新知三联书店，1959，第 33 页。

2　同上书，第 36 页。

的总数讲，这个行业人员多，规模大，它的生产虽然简单，却是棉布生产不可缺少的工序，而棉布业在当时的商品生产中占有重要地位，因之对踹坊加工业不宜忽视。

乾隆间修成的《长洲县志》记载："苏布名重四方，习是业者……谓之字号，自漂布染布及看布行布，一字号常数十家赖以举火，惟富人乃能办此。"[1]从中就可以把上述四点理解得更清晰了。这数十"家"的家，不是一家一户的家，而是说一家染坊、一家踹坊，换句话说，一个布号下设的染踹加工作坊，多至几十家，下属工匠有几百人。康熙三十三年（1694），常熟县踹坊作头张瑞等说："踹坊一业，俱在苏松冲要之所，其踹匠杂沓，每一字号，何啻千百，总计何止累万。"[2]一字号有千百工匠"赖以举火"，说明布号加工量相当大。如此看来，布号的全部活动，包括收购布匹，进行染踹加工，再运往各地出卖。能做到以上这些的，其资本之雄厚，自不待言。

至此，对布号——踹坊——踹匠的生产关系，似乎可以做出这样的结论：棉布商已不是与生产过程脱离的，而是部分投资于生产的包买商，它通过踹坊、机户雇佣踹匠、机匠生产，取得产品或成品的加工物，以便作为商品投入市场。他所获得的利润，不仅包含出卖购进的同种商品的部分所得，还包括对

1　曹允源：《民国吴县志》卷五二，引乾隆《长洲县志》，广陵书社，2016。
2　江苏省博物馆编《江苏省明清以来碑刻资料选集》，生活·读书·新知三联书店，1959，第626页。

购买的商品作了加工后所增值的部分。这种包买商采取了资本主义的经营，他们本身成为初期的资产者；领取计件工资的踹匠，是劳动力的出卖者，是初期无产者；包头是布号的代理人，其中个别人可能是资产者，但他们不是包头中的典型（包头内部的情况不完全相同，有的人开设几个踹房，可能是初期资产者，所以对其中某个人的社会地位要作具体分析，但总体来讲，它是布商的附庸）。这些人形成的生产关系，已具资本主义的雏形，即象征了资本主义生产关系的萌芽。

后　记

　　本书的编撰是在新冠疫情及其阴影中进行的，得以问世，在于曾辉先生的倡议，以及我们间的互相理解和尊重。在这里我郑重地向曾先生道一声："辛苦了！谢谢您！"

　　事情起始于 2021 年 3 月 5 日，曾先生通过我的学友陈鑫先生得知我的微信号，发来表示出版我新作愿望的微信。我很高兴，第二天就给他两部书稿的拟目。原来我在当年 1 月给河北教育出版社一部书稿，在此之前我设想了三个书目，所以立即把拟议的书目——《宅居思考生命史研究及其他》《尝新集续集——清前期天主教政策与对外关系》（拙作《尝新集——康雍乾三帝与天主教在中国》由天津古籍出版社 2017 年出版）发送给他。同一天，曾先生提出再版拙作《雍正传》（人民出版社，1985 年出版）的意向，我进一步领会到曾先生的善意。对于当前出版生态，我是有所认知的，故而将拟目中的若干文章微信发给曾先生，以便他和他的同事讨论文章内容是否合于时宜，因为我也不愿意在这类事情上多费精力，是以先期亮明观点。一个多月后，曾先生函示：涉及宗教史的选题难于操作，即将拟目《尝新集续集——清前期天主教政策与对外关系》暂时搁置。对此我充分理解，因为我在出版《尝新集——康雍乾三帝与天主教在中国》时就知道了。至于疫情中的随笔，也因防治疫情在进行中，也宜稍后再说。曾先生同时建议出版一本通俗的面向大众读者的书，我同意，也乐于从事大众读物的写作，因为这是我多年的志向。自此之后，我与曾先生不时议论生命史论著的选目。兔年之初，曾先生与我互相拜年，他重提出版读史阅世随笔的事。我乃于 4 月中旬拟出《〈顾真斋读史阅世随笔〉主旨与拟目》，曾先生认可，因编目及字数较多，便提议分成两本书，即《生活与政治文化》和《社会生态与生命史研究》。5 月，曾先生进一步拟出书名：《顾真斋读史笔记：明清以来的生活与政治文化》，他还对拟议中的生命史研究书稿拟出三个栏目："一、从群体史、生活史到生命史；二、西南联大教授的生活与教学科研；三、美澳蛰居杂感。"我深深感到他的用力之勤劳和严谨的工作态度。至此，我遂集中精力从事《清代生活与政治文化》的编撰。9 月 10 日，曾先生到南开大学，我们一见如故，最终确定《清代生活与政治文化》配图扫描事务主要由出版社负责。曾先生回京后，中国大百科全书出版社就同我签订了出版合同。

在此我要重复一句，本书的形成，是出于曾辉先生的不懈努力，也因我不急于求成心态而合作的结果。最后，我还要对中国大百科全书出版社表示感谢，向编辑张琦女士、王红丽女士、常川先生致敬，您们辛苦了，多谢！

冯尔康

2023 年 10 月 23 日

纵横百家

"纵横百家"丛书书单

"纵横百家"是中国大百科全书出版社旗下的社科学术出版品牌。"纵横百家"丛书主要出版人文社科通识读物和有思想、有创见的学人专著。

01 《我的父亲顾颉刚》 顾潮著 88.00 元

02 《沈尹默传》 郦千明著 88.00 元

03 《梁启超和他的儿女们》（增订本） 吴荔明著 88.00 元

04 《但有温情在世间：爸爸丰子恺》 丰一吟著 98.00 元

05 《九十年沧桑：我的文学之路》 乐黛云著 79.00 元

06 《字字有文化》 张闻玉著 69.00 元

07 《一个教书人的心史：宁宗一九十口述》 宁宗一口述，陈鑫采访整理 99.00 元

08 《乾隆帝：盛世光环下的多面人生》 郭成康著 118.00 元

09 《但愿世界会更好：我的父亲梁漱溟》 梁培恕著 88.00 元

10 《中国的人文信仰》 楼宇烈著 68.00 元

11 《"李"解故宫之美》 李文儒撰文，李少白摄影 88.00 元

12 《法律、立法与自由》（全三册）［英］弗里德利希·冯·哈耶克著，邓正来、张守东、李静冰译 258.00 元